W0366665

Pratiquez l'anglais britannique

Langues pour tous

Collection dirigée par Jean-Pierre Berman, Michel Marcheteau et Michel Savio

ANGLAIS

□ Pour débuter (ou tout revoir) : • **Parlez anglais en 40 leçons** [●●]

□ Pour se perfectionner et connaître l'environnement :
- **Pratiquez l'anglais** [●●]
- **Pratiquez l'américain** [●●]

□ Pour mieux s'exprimer et mieux comprendre :
- **Communiquez en anglais** [●●]

□ Pour évaluer et améliorer votre niveau :
- **Score anglais :** testez votre niveau
- **Score civilisation USA**

□ Pour se débrouiller rapidement :
- **L'anglais tout de suite** [●●]

□ Pour aborder la langue spécialisée :
- **L'anglais économique & commercial** [●●]
- **Correspondance commerciale** [●●]
- **Vendre en anglais**
- **Exporter en anglais**
- **Score commercial**
- **Téléphoner en anglais** [●●]
- **Rédigez votre C.V. en anglais**
- **Dictionnaire économique, commercial et financier**
- **L'anglais des sciences et des techniques I (Productique)** [●●]
- **L'anglais du tourisme, hôtellerie et restauration** [●●]
- **Communiquer en anglais scientifique** [●●]
- **Dictionnaire de l'anglais de l'informatique**
- **L'anglais juridique**

□ Pour s'aider d'ouvrages de référence :
- **Dictionnaire de l'anglais d'aujourd'hui**
- **Grammaire anglaise pour tous** (débutants)
- **Grammaire de l'anglais d'aujourd'hui** (2ᵉ cycle)
- **Correspondance pratique pour tous**
- **L'anglais sans fautes** [●●]
- **La prononciation de l'anglais** [●●]

□ Pour les « juniors » :
- **L'anglais par les comptines** (3-6 ans)
- **Cat you speak English ?** (à partir de 8 ans)
- **L'anglais par le RAP** (à partir de 10 ans)
- **L'anglais par la BD** (à partir de 12 ans)
- **L'anglais par les hits d'hier et d'aujourd'hui**

□ Pour prendre contact avec des œuvres en version originale :
- **Série bilingue** (extrait du catalogue **avec plus de 45 ouvrages**) :

* = [●●] ➡ **Niveaux :** □ facile (1ᵉʳ cycle) □□ moyen (2ᵉ cycle) □□□ avancé

■ *À thème :*
- **L'anglais par les chansons* (GB/US)** □
- **La Grande-Bretagne à travers sa presse*** □□□
- **L'Amérique à travers sa presse*** □□□
- **Bilingue anglais scientifique* (US/GB)** □□

■ *Auteurs anglais :*

Carroll (L.) □□
Dickens (Ch.) □□
Doyle* (A.C.) □□
Greene* (G.) □□
Jerome* (J.K.) □
Kipling* (R.) □□
Lawrence* (D.H.) □□□
Mansfield* (K.) □□□
Maugham* (S.) □□
Stevenson* (R.L.) □□
Tolkien (J.R.R.) □
Wilde* (O.) □
Wodehouse (P.G.) □□

■ *Auteurs américains :*

Bellow (S.) □□□
Bradbury (R.) □□
Chandler* (R.) □□
Fitzgerald* (S.) □□
Highsmith* (P.) □□
Hitchcock* (A.) □□
James* (H.) □□□
King* (Steven) □□
London* (J.) □□
Nabokov (V.) □□□
Nouvelles classiques* □□
Twain* (M.) □□

[●●] = Existence d'un coffret : Livre + K7

Attention ! Les cassettes ne peuvent être vendues séparément du livre.
➡ Le livre seul est disponible (sauf **RAP** et **Comptines**).

Également :

ALLEMAND - ARABE - CHINOIS - ESPAGNOL - FRANÇAIS - GREC - HÉBREU - HONGROIS - ITALIEN JAPONAIS - LATIN - NÉERLANDAIS - POLONAIS - PORTUGAIS - RUSSE - TCHÈQUE - TURC

LANGUES POUR TOUS "JEUNESSE"

☐ **"DRÔLE DE FAÇON D'APPRENDRE LES LANGUES !"**
Un ensemble de séries pour les petits et les adolescents

3-6 ans ■ **série L'ANGLAIS PAR LES COMPTINES** (1 album + 1 K7)
- **I see the sun** / Je vois le soleil
- **This is a cat** / Voici un chat.

10 ans et plus... ■ **série L'ANGLAIS PAR LE RAP** (1 album + 1 K7)
Rap 1 10-12 ans 1re année d'anglais (classe de 6e)
Rap 2 13-14 ans 2e année d'anglais (classe de 5e)
Rap 3 15 ans et plus... 3e année d'anglais et perfectionnement

12 ans et plus... ■ **série L'ANGLAIS PAR LA BD** (un album)
- **Spider-Man** / L'araignée
- **Fosdick super détective**

☐ Pour apprendre ou réviser en famille,
une méthode avec une mini-grammaire et des tests

à partir de 8 ans
- **Can you speak English ?** (1 livre + 1 K7)

☐ Pour acquérir le rythme de la langue
avec 12 chansons anglaises et américaines à succès

à partir de 14 ans
- **L'anglais par les hits d'hier et d'aujourd'hui**
(1 livre seul ; ou coffret : livre + K7 ; ou coffret : livre + CD)

☐ **série "bilingues" - Niveaux :** ☐ facile (1er cycle) ☐☐ moyen (2e cycle)

à partir de 12 ans
- **L'anglais par les chansons** (1 livre + 1 K7) ☐
(Chansons traditionnelles des États-Unis, de Grande-Bretagne et d'Irlande)

à partir de 13 ans
- **Le livre de la jungle** (R. Kipling) (1 livre + 1 K7) ☐☐

à partir de 14 ans
- **Ferrant de Bourg-aux-Bois** (J.R.R. Tolkien) ☐

à partir de 15 ans
- **Contes** (O. Wilde) (1 livre + 1 K7) ☐

à partir de 16 ans
- **Nouvelles** (Ray Bradbury) ☐☐

Autres langues disponibles dans les séries
de la collection **Les langues pour tous**

Allemand - Arabe - Espagnol - Français - Grec - Hébreu - Italien - Japonais - Latin - Néerlandais - Portugais - Russe - Turc

© Pocket – Langues pour tous, 1986.

ISBN : 2 - 266 - 05642 - 5

Langues pour tous

Collection dirigée par
Jean-Pierre Berman
Michel Marcheteau
Michel Savio

PRATIQUEZ L'ANGLAIS BRITANNIQUE

par

Dominique Lescanne
Agrégé de l'Université

Christopher Mason
B.A. de l'Université de Leeds

POCKET

■ Contents

■ ANNEXES

■ La méthode **PRATIQUEZ L'ANGLAIS BRITANNIQUE** présente, traitées sous forme de dialogue, 40 situations de la vie courante au Royaume-Uni.
Conçue, comme tous les ouvrages de la collection LANGUES POUR TOUS, de façon à rendre possible l'apprentissage autonome, elle peut également être utilisée dans le cadre d'un enseignement de groupe (enseignement secondaire, formation continue).
PRATIQUEZ L'ANGLAIS BRITANNIQUE permet d'acquérir le vocabulaire et les tournures utilisés quotidiennement en Grande-Bretagne et dans les parties du monde — notamment le COMMONWEALTH — où l'anglais britannique est implanté. Cette méthode répond donc aux besoins de ceux qui, connaissant les bases de l'anglais, cherchent à s'exprimer plus naturellement et à enrichir leur vocabulaire. Elle s'adresse également aux voyageurs et aux touristes qui doivent faire face aux problèmes de communication au cours de leurs déplacements.
Cet ouvrage joue un double rôle :
— il perfectionne les connaissances linguistiques (vocabulaire, grammaire, prononciation) ;
— il introduit à la connaissance de l'environnement sous l'aspect quotidien et touristique.

■ **Chacune des 40 unités** comporte **8 sections :**

1. **Titre, dialogue** et **prononciation.**
2. **Traduction** du dialogue.
3. **Remarques** (grammaire, vocabulaire, explications).

4 et 5. **Environnement** I et II informent sur l'Angleterre d'aujourd'hui et fournissent les références historiques et culturelles nécessaires.

6. **Phrases-types** avec traduction. Elles donnent les expressions les plus courantes utilisées dans le contexte choisi.
7. **Vocabulaire** : cette section comprend une récapitulation du vocabulaire de la leçon et une liste complémentaire chaque fois que c'est utile.
8. **Exercices** : cette dernière section reprend les points principaux de la leçon ou propose une illustration complémentaire du domaine traité.

■ **Annexes :** dans cette dernière partie, le lecteur trouvera :
— un certain nombre d'informations pratiques (mesures, etc.) ou socioculturelles (la langue, les institutions, la religion) qui pourront contribuer à développer sa connaissance et sa compréhension de l'environnement britannique.

— un index lexical (avec renvoi à la section Vocabulaire de chaque leçon).

■ **Prononciation :** elle est représentée pour certains mots par des symboles entre crochets [ ]. **Les lettres en gras** signalent l'accent tonique.

Tableau d'équivalence entre les symboles utilisés ici et ceux de l'A.P.I.

Voyelles courtes			Voyelles longues			Sons doubles (diphtongues)			Consonnes		
A.P.I.	P.P.	Ex.	A.P.I.	P.P.	Ex.	A.P.I.	P.P.	Ex.	A.P.I.	P.P.	Ex.
æ	a	flat	ɑː	aː	calm	aɪ	aï	my	θ	ṡ	think
e	è	bed	ɜː	eː	work	eɪ	èï	may	ð	ż	that
ɪ	i	sit	iː	iː	seat	aʊ	aou	how	ŋ	ŋ	bring
ɒ	o	not	ɔː	oː	more	ɔɪ	oï	boy	ʒ	j	measure
ʊ	ou	book	uː	ouː	cool	əʊ	ôou	go	dʒ	dj	job
ʌ	œ	but				ɪə	ie	here	ʃ	ch	shall
ə	e	a (art.)				eə	èe	care	tʃ	tch	check
						ʊə	oue	tour		r	war

L'enregistrement de **PRATIQUEZ L'ANGLAIS BRITANNIQUE** comporte une grande variété de voix et d'accents et permet l'entraînement à la compréhension de la langue parlée.

■ Conseils d'utilisation

1. Lire attentivement le **dialogue,** en s'aidant de la traduction et des remarques.

2. Le relire ensuite, en s'assurant que l'on en a une compréhension parfaite (ce qui veut dire que l'on n'a plus besoin de la traduction ni des notes). Pour ceux qui disposent des **cassettes,** cette seconde phase consiste en une réécoute attentive, livre fermé.

3. Étudier les sections 4 et 5.

4. Essayer de traduire les **phrases-types** en partant du français. Les phrases peuvent être considérées comme acquises lorsqu'en en prenant une au hasard, on trouve immédiatement son équivalent en anglais.

5. Faire le point de l'acquisition lexicale en étudiant le **vocabulaire récapitulatif** (section 7) qui donne les mots importants dans leur ordre d'apparition dans la leçon, ce qui permet de les retrouver plus facilement dans leur contexte.

Le **vocabulaire complémentaire** élargit le thème de la leçon et facilite l'étude de la section 8 (Exercices et textes).

6. Vérifier la connaissance du sujet ou de la situation traitée, grâce aux **exercices.**

On the boat from Calais to Dover

A : Australian tourist   B : British citizen returning home

A— Excuse me, do you know when we're supposed to be sailing ?

B— Well, we should have set off[1] ten minutes ago. I can't say I'm looking forward to the crossing. Have you seen the waves ?

A— Mm, I know, you can feel the boat rocking[2] and we're still in the port. Are you going back to England ?

B— Yes, the holidays are over[3]. It's back to work[4] on Monday. I think I should have stayed in Italy after all.

A— I've just been to Rome myself. I can't wait[5] to get to London. What a pleasure to speak English again !

B— I gather you're Australian[6].

A— Yes, that's right. I'm from Sydney.

B— I come from Chester in the North-West of England. Have you ever been to England before ?

A— Only once[7], but I was too young to remember it.

B— How long are you planning to stay ?

A— Three weeks, a month ...It depends. Until my money runs out, I guess. I'd also like to see Ireland, Scotland and Wales. Could you suggest any interesting places to visit ?

B— Well, everyone has got to visit London... York is worth a visit and so is Edinburgh[8]. If you're anywhere near Chester, drop in[9]. I know what it's like to stay in youth hostels all the time[10]. I'll give you my address.

A— Thanks a lot ! I'll look you up[11] if I'm in the area. It looks like[12] I'll enjoy my holiday in England !

B— And you know, Chester is just as nice as York. It's not far from the Welsh border and you can always take a boat to Ireland from Holyhead[13] or even Liverpool ... What an awful day[14] for a crossing ! I'm sure I'm going to be sea-sick. I'm a terrible traveller.

American	[em**è**riken]	Edinburgh	[**è**dinbre]
sailing	[s**èi**liŋ]	Chester	[tch**è**ste]
Italy	[**i**teli]	vacation	[ve**kéï**chen]
Rome	[r**ô**oum]	Holyhead	[h**o**lihèd]
Ireland	[**aïe**lend]	awful	[**o**:foul]
Wales	[wèïlz]		

■ Sur le bateau de Calais à Douvres

A : touriste australien B : citoyen britannique rentrant au pays

A— Pardon, savez-vous à quelle heure est prévu le départ du bateau ?
B— Eh bien, il y a dix minutes qu'on devrait être parti. En fait, je ne peux pas dire que je suis pressé de faire la traversée. Vous avez vu les vagues ?
A— Oui, on sent le bateau bouger, et on est toujours dans le port. Vous êtes de retour en Angleterre ?
B— Oui, les vacances sont finies. Je reprends le travail lundi. Finalement, je crois que j'aurais dû rester en Italie.
A— Moi-même, je viens de visiter Rome. J'ai hâte de retrouver Londres. Quel plaisir de pouvoir reparler anglais !
B— Je crois comprendre que vous êtes australien ?
A— Oui, c'est exact. Je suis de Sydney.
B— Moi, je suis de Chester, dans le nord-ouest de l'Angleterre. Vous êtes déjà venu en Angleterre ?
A— Une fois seulement, mais j'étais trop jeune pour m'en souvenir.
B— Combien de temps comptez-vous rester ?
A— Trois semaines, un mois... Ça dépend. Jusqu'au moment où je n'aurai plus d'argent, je pense. J'aimerais voir aussi l'Irlande, l'Ecosse et le Pays de Galles. Vous pourriez me suggérer des endroits intéressants à visiter ?
B— Eh bien, tout le monde se doit de visiter Londres. York vaut le déplacement, et Edimbourg aussi. Si vous êtes à proximité de Chester, venez à la maison. Je sais ce que c'est que de rester tout le temps en auberge de jeunesse. Je vous donnerai mon adresse.
A— Merci beaucoup ! Je vous contacterai si je me trouve dans le coin. J'ai l'impression que je vais bien apprécier mes vacances en Angleterre.
B— Et vous savez, Chester est aussi jolie que York. Ce n'est pas loin de la frontière galloise, et vous pouvez toujours embarquer pour l'Irlande de Holyhead ou même de Liverpool... Quelle journée épouvantable pour une traversée ! Je suis certain que je vais avoir le mal de mer. Les voyages, c'est pas mon fort.

Remarques

1. **We should have set off ten minutes ago,** *nous aurions dû partir il y a dix minutes.* La présence de **ago** oblige à cette forme du passé (cf. **we should set off in ten minutes,** *nous devrions partir dans dix minutes)* ; to set off (verbe transitif) : *se mettre en route, partir.*
2. **feel the boat rocking,** *sentir le bateau tanguer* ; to rock, *balancer* (d'avant en arrière), *tanguer,* **rocking** chair ; to roll, *avoir du roulis.*
3. **over** (adverbe), *fini, achevé.* **To be over,** *être terminé.*
4. **it's back to work,** *c'est le retour au travail.* Remarquez la construction impersonnelle familière (sous-entendu : for me) = **I'm going back to work on Monday.**
5. **I can't wait,** *je ne sais pas attendre, j'ai hâte de.*
6. **Australian,** l'accent australien est bien entendu immédiatement reconnaissable pour un Anglais.
7. **once,** *une fois ;* cf. **twice,** *deux fois,* mais on dit **three times, four times,** etc., *trois fois, quatre fois,* etc.
8. **and so is Edinburgh,** *et Edimbourg aussi.* Inversion du sujet après **so** = **and Edinburgh is worth a visit too.**
9. **drop in,** *venez à la maison ;* **to drop in** , *entrer en passant, venir en visite chez quelqu'un* (sans être attendu, à l'improviste).
10. **what it's like to stay in at youth hostels all the time,** *ce que c'est que de toujours séjourner dans les auberges de jeunesse.* On pourrait dire également : **what staying in youth hostels all the time is like.**
11. **I'll look you up,** *je vous contacterai ;* **to look (somebody) up,** *chercher (à voir, à joindre) quelqu'un ; entrer en contact, contacter.*
12. **It looks like,** *il semble que, on dirait que* ; comme ce qui suit commence par un verbe, un Britannique dirait : **it seems that, it looks as if (I'll enjoy my holiday)** ; toutefois, en anglais britannique comme en américain, on emploie **to look like** devant un nom ou un pronom, avec le sens de *ressembler, avoir l'air :* **she looks like her daughter,** *elle ressemble à sa fille* ; **it looks like rain,** *on dirait qu'il va pleuvoir.*
13. **Holyhead,** port à l'extrémité nord-ouest du Pays de Galles, à l'ouest de l'île d'Anglesey.
14. **what an awful day,** *quelle journée épouvantable, affreuse.* On exprime l'exclamation en utilisant **what (a)...** quand l'adjectif est épithète d'un nom, **how...** quand l'adjectif est seul ou qu'il est attribut, p. ex. : **What a strange man ! How strange he is !**

The quickest way of getting to Britain is certainly by plane, but it is not always the most convenient or cheapest way of travelling. London has two major airports : Heathrow and Gatwick ; other main cities can also be reached by plane.

Most travellers however choose to take the boat. Car ferry services are very regular and there are a number of lines linking Britain to the Continent. The shortest crossing by boat (approximately one and a quarter hour) is between Dover and Calais. There are direct lines from France to Ireland too.

An even quicker way of crossing the Channel is by hovercraft. Hovercraft services operate between Calais/Boulogne and Dover/Ramsgate. There is also room for your car and the flight lasts about thirty minutes. But Britain might have once and for all stepped out of her splendid isolation on January 20th 1986 in Lille, when Mrs Thatcher and President Mitterrand signed the agreement to build a rail tunnel under the Channel !

Le moyen le plus rapide pour se rendre en Grande-Bretagne est certainement l'avion, mais ce n'est pas toujours le moyen de transport le plus pratique ou le meilleur marché. Londres a deux aéroports principaux : Heathrow et Gatwick ; on peut également aller en avion dans d'autres grandes villes.

Toutefois, la plupart des voyageurs choisissent de prendre le bateau. Les services de car ferry sont très réguliers et il y a un certain nombre de lignes qui relient la Grande-Bretagne au continent. La traversée la plus courte en bateau (approximativement une heure et quart) est Douvres-Calais. Il y a aussi des lignes directes entre la France et l'Irlande.

Un moyen encore plus rapide de traverser la Manche est l'aéroglisseur. Les services d'aéroglisseur fonctionnent entre Calais ou Boulogne et Douvres ou Ramsgate. Il y a aussi place pour votre voiture et le vol dure environ trente minutes. Mais il se peut que la Grande-Bretagne soit définitivement sortie de son splendide isolement le 20 janvier 1986 à Lille, où Mme Thatcher et le Président Mitterrand ont signé un accord pour la construction ferroviaire sous la Manche !

Due to the fact that Britain is an island, it is hardly surprising that the British have earned their reputation of a seafaring nation.

In the middle of the 16th century, Henry VIII reconstituted the Royal Navy and left a fleet that was to render outstanding services to Elizabeth I.

Two very famous names stand out in the Elizabethan period : Sir Francis Drake (1540-1596), privateer and explorer, and Sir Walter Raleigh (1552-1618), courtier, colonizer and writer. It was through Drake's tactical advice that the English won their most famous naval victory against the Spanish Armada in 1588. Sir Walter Raleigh is primarily known for his colonizing enterprises in the New World. He popularized the smoking of tobacco and introduced the potato.

Another important date in British naval history is 1805, when Horatio Nelson brought an end to Napoleon's plans for the invasion of England at the battle of Trafalgar.

Du fait que la Grande-Bretagne est une île, il n'est guère surprenant que les Britanniques aient gagné une réputation de nation de marins.

Au milieu du XVIe siècle, Henry VIII reconstitua la marine royale et laissa une flotte qui devait rendre d'inestimables services à Elisabeth Ire.

Deux noms très célèbres ressortent de la période élisabéthaine : Sir Francis Drake (1540-1596), corsaire et explorateur, et Sir Walter Raleigh (1552-1618), courtisan, colonisateur et écrivain. C'est grâce aux conseils tactiques de Drake que les Anglais ont remporté leur plus célèbre victoire navale contre l'Armada espagnole en 1588.

Sir Walter Raleigh est avant tout connu pour ses entreprises coloniales dans le Nouveau Monde. Il a popularisé l'habitude de fumer le tabac et a introduit la pomme de terre.

Une autre date importante dans l'histoire navale britannique est 1805, quand Horatio Nelson anéantit les plans d'invasion de l'Angleterre de Napoléon à la bataille de Trafalgar.

1. Pourriez-vous garder un œil sur mes valises pendant que je vais au bureau des passeports ?
2. J'ai réservé une cabine pour la traversée de nuit.
3. Quand devons-nous arriver à Southampton ?
4. Les passagers en voiture sont priés de bien vouloir quitter le pont des véhicules dès que possible.
5. Acceptez-vous l'argent français ?
6. Les passagers à pied sont priés de se rendre au pont de rassemblement pour débarquer.
7. Le magasin de produits détaxés n'ouvre que quand le bateau a quitté le port.
8. Où est le salon pour non-fumeurs, s'il vous plaît ?
9. J'y vais uniquement pour la journée, pour faire des courses.
10. Il y avait tellement de soleil que j'ai fait toute la traversée sur le pont supérieur.
11. Ça ne devrait plus être long, ils ont déjà abaissé la passerelle.
12. On aperçoit déjà les falaises blanches de Douvres.
13. Le capitaine et son équipage vous souhaitent la bienvenue à bord.
14. Ça doit être marée haute.
15. Est-ce que vous avez regardé par les hublots ?

---

1. **Could you keep an eye on my suitcases while I go to the passport office ?**
2. **I booked a cabin for the night-crossing.**
3. **When are we due to arrive in Southampton ?**
4. **Would all car passengers kindly leave the car deck as soon as possible ?**
5. **Do you accept French currency ?**
6. **Foot passengers are requested to proceed to the assembly deck for disembarkation.**
7. **The duty-free shop only opens when the boat is out of harbour.**
8. **Where is the non-smokers' lounge, please ?**
9. **I'm only over on a day-trip to do some shopping.**
10. **It was so sunny that I spent the whole crossing on the top deck.**
11. **It shouldn't be long now. They have already lowered the gangway.**
12. **The white cliffs of Dover are already in sight.**
13. **The captain and his crew welcome you aboard.**
14. **It must be high tide.**
15. **Have you looked through the portholes ?**

■ Vous devez connaître

to sail, naviguer, voyager en bateau
to set off, partir, se mettre en route
to look forward (to), se faire une joie de, attendre avec plaisir, espérer
crossing, traversée *(en bateau, etc.)*
waves, vagues *(mer)* ; ondes *(télécom.)*
to rock, balancer, tanguer
to be over, être fini, terminé
to gather, rassembler ; imaginer, comprendre
to run out, s'épuiser (argent, matière première) ; **~ of,** être à court de, manquer de
to drop in, passer voir *(sans prévenir),* rendre visite *(à l'improviste)*
youth hostel, auberge de jeunesse
to look up, chercher *(à voir, à joindre)*
area, zone, secteur, coin
to survive, survivre
crossing, traversée
to be sea-sick, avoir le mal de mer
convenient, commode, pratique
to link, relier, joindre
to operate, fonctionner, faire marcher
to last, durer
due to *(adv.),* en raison de, du fait de
to be due (to arrive), être attendu
to step out, sortir
to render services, rendre des services
outstanding, éminent, remarquable, signalé
to stand out, ressortir, se détacher
to bring an end to, mettre fin à
duty-free, détaxé, non soumis aux droits de douane
harbour, port, installation portuaire ; havre
deck, pont *(de bateau)*
border, frontière
to lower, abaisser, baisser
gangway, passerelle *(de bateau)*
cliff, falaise
crew, équipage
tide, marée
porthole, hublot

Vocabulaire complémentaire

barge, péniche
coast, coastline, côte
cruise, croisière
dock, bassin, dock
dune, dune
helm, barre
high tide, marée haute
knot, nœud ; mille marin (1 853 mètres)
lighthouse, phare
low tide, marée basse
merchant navy, marine marchande
port, port, ville portuaire
port (side), bâbord
reefs, récifs
port of call, port d'escale, escale
rigging, gréement
rock, rocher
rocky, rocheux
Royal Navy, marine de guerre, « la Royale »
sailboat, voilier
shipyard, chantier naval
starboard, tribord
storm, tempête
to go sailing, faire de la voile
trawler, chalutier
tug, remorqueur
wharf, quai
yacht [jo:t], yacht

A ■ Traduire en anglais

1. J'ai été malade car la mer était agitée.

2. Si tu es pressé, tu peux traverser la Manche en aéroglisseur.

3. J'ai l'intention de passer trois semaines à Londres.

4. Prends les bagages, on va bientôt entrer dans le port.

B ■ Complétez avec « how », « what » ou « what a »

1. ... terrible crossing !

2. ... nice to sit on the top deck when the sun is shining !

3. ... easy it is to travel by boat nowadays !

4. ... noisy people !

C ■ Lecture

Ce texte symbolise la G.B., première puissance impériale du XIXe et du début du XXe siècle, et reflète l'image traditionnelle qui persiste jusqu'à la Seconde Guerre mondiale.

A great ship ! For ages had the ocean battered in vain her enduring sides ; she was there when the world was vaster and darker, when the sea was great and mysterious, and ready to surrender the prize of fame to audacious men. A ship mother of fleets and nations ! The great flagship of the race ; stronger than the storms ! And anchored in the open sea.

Joseph CONRAD - *The Nigger of the « Narcissus »*

Corrigé

A ■ 1. I was sick because the sea was rough.

2. If you're in a hurry, you can cross the Channel by hovercraft.

3. I'm planning to stay in London for three weeks.

4. Take / Pick up your luggage, we'll soon be arriving in port.

B ■ 1. What a. 2. How. 3. How. 4. What.

C ■ Nef grandiose ! Depuis la nuit des temps, l'océan battait en vain ses flancs obstinés ; elle était là, quand le monde était plus vaste et plus ténébreux, quand la mer était un mystère immense, prête à payer le prix de la gloire aux audacieux. Nef mère de flottes et de nations ! Superbe navire amiral de la race, plus fort que les tempêtes, ancré en haute mer.

E : English person returning home C : Customs Officer

C— Have you anything[1] to declare[2] ?
E— No, nothing.
C— Are you sure about that ?
E— Yes I am. I've only got the official allowance[3].
C— Which[4] is ?
E— Two hundred cigarettes and a few bottles of whisky.
C— You do know[5], of course, that you are only allowed to bring one litre of duty-free[6] spirits into the country !
E— But I'm sure it said three litres on the boat !
C— I'm afraid you're mistaken, sir. The limit is one litre for spirits and two for wine... Could you step aside[7] while we take a look at your luggage[8] ?
E— I assure you it wasn't intentional.
C— Intentional or not, it's against the law, and the law is the same for everybody. It's no use pleading[9] ignorance, there will be duty to pay.
E— Do you know how much ?
C— We'll work that out[10] later. Let's start with the large suitcase... I see you've got a rather nice camera. Did you buy it in the U.K.[11] or abroad ?
E— In England !
C— Well, you'll have no problem in producing[12] the receipt[13] then, will you ?
E— But it's at home ! Who carries[14] receipts with them when they go on holiday, anyway ?
C— We'll, you're supposed to [15], if you're taking any foreign-made electrical or photographic appliances out of the country with a value of over thirty pounds. I'm afraid you'll have to pay duty on that, too.
E— I don't think it's fair play[16] at all !

customs	[k**oe**stemz]	ignorance	[**ig**nerens]
official	[ef**i**chel]	suitcase	[s**jou**:tkèïs]
allowance	[el**aou**ens]	camera	[k**a**mre]
luggage	[l**oe**gidj]	receipt	[ris**i**:t]
duty	[d**jou**:ti]	electrical	[il**èk**trikel]
intentional	[int**èn**chenl]	appliances	[epl**aï**ensiz]

A : Anglais de retour au pays   D : douanier

D— Avez-vous quelque chose à déclarer ?
A— Non, rien.
D— En êtes-vous sûr ?
A— Oui, j'ai simplement ce qui est autorisé par la loi.
D— Et c'est ?
A— Deux cents cigarettes et quelques bouteilles de whisky.
D— Vous n'êtes sûrement pas sans savoir qu'il est seulement permis de rapporter un litre d'alcool hors taxes !
A— Mais je suis certain que sur le bateau c'était marqué trois litres !
D— Je crois que vous faites erreur, Monsieur. Le maximum est d'un litre pour l'alcool et deux litres pour le vin... Veuillez vous mettre sur le côté un instant, le temps que nous vérifiions vos bagages.
A— Je vous assure que ce n'était pas volontaire.
D— Volontaire ou pas, c'est contraire à la loi, et la loi est la même pour tous. Nul n'est censé l'ignorer, il y aura des droits à payer.
A— Savez-vous combien ?
D— On calculera ça plus tard. Commençons par la grosse valise... Je vois que vous avez un bel appareil photo. L'avez-vous acheté au Royaume-Uni ou à l'étranger ?
A— En Angleterre !
D— Bon, alors vous n'aurez aucun problème pour présenter la facture d'achat, n'est-ce pas ?
A— Mais elle est chez moi ! De toute manière, est-ce qu'on se promène avec des factures quand on va en vacances ?
D— C'est ce qu'on est supposé faire, si on sort du pays avec des appareils électriques ou du matériel photo d'origine étrangère d'une valeur de plus de trente livres. Je crains qu'il ne vous faille payer des taxes sur ça aussi.
A— Je crois que ce n'est vraiment pas juste !

■ Remarques

1. **anything**, *quelque chose :* comme tous les composés de **any (anybody, anyone, anywhere)**, s'utilise avec ce sens uniquement dans les phrases interrogatives ou négatives (associé avec **not** ; dans ce cas, il peut alors être remplacé par **nothing** qui porte la négation). Dans les phrases affirmatives, il a le sens de *n'importe quoi.*
2. **to declare**, *déclarer,* au sens de *faire connaître* et non de *dire ;* cf. **to declare war on**, *déclarer la guerre à.*
3. **allowance**, *allocation, tolérance,* d'où **customs allowances**, *ce que la douane tolère.*
4. **which** est ici un pronom relatif, et non un interrogatif (lequel est toujours adjectif, cf. **which one is it ?** *lequel est-ce ?).* Il se rattache à la phrase précédente **the allowance which is...** On pourrait dire : **What is the official allowance then ?**
5. **You do know of course :** l'insistance est doublement marquée et accentuée par l'utilisation de **do** et celle de **of course**.
6. **duty**, *taxe(s), droit(s) à acquitter ;* d'où **duty-free** = **free of duty**, *hors-taxes ;* cf. **tax-free**, *exonéré d'impôts.*
7. **to step aside**, *s'écarter, se ranger.*
8. **luggage** est un collectif, *les bagages,* et est toujours suivi d'un verbe au singulier.
9. **it's no use pleading...**, *il ne sert à rien / ce n'est pas la peine de...* l'expression **it's no use** est toujours suivie de la forme en **ing**.
10. **to work something out** implique une idée de calcul.
11. **the U.K.** = **the United Kingdom**, *le Royaume-Uni.* Cette expression désigne l'entité politique constituée par l'Angleterre (**England**), l'Ecosse (**Scotland**), le Pays de Galles (**Wales**), et l'Irlande du Nord (**Northern Ireland**), et diffère du nom géographique strict **Britain**, ou **Great Britain**.
12. **to produce**, *produire, présenter.*
13. **receipt**, *reçu, quittance, acquit.*
14. **who carries with *them* when *they* go :** notez l'utilisation de la troisième personne du pluriel alors que le verbe est à la troisième personne du singulier (en français *ON emporte avec SOI*).
15. **you're supposed to...** sous-entendu **carry a receipt.**
16. **fair play**, *franc jeu* (l'expression est aussi utilisée en français) ; **to play fair**, *jouer loyalement.* C'est une métaphore sportive que l'on retrouve dans **that's not cricket**, expression synonyme de **that's not fair play.**

H.M. * CUSTOMS personal allowances

(Subject to changes in the regulations)

Listed here are the allowed quantities of wines, spirits, tobacco and other items which anyone, over seventeen years of age, can bring back to the United Kingdom when purchased duty-free :

• Tobacco goods : 200 cigarettes, or 50 cigars, or 250 gram(me)s of tobacco

• Spirits : — alcoholic contents over 22 % volume : 1 litre
— alcoholic contents under 22 % volume : 2 litres

• Wine : 2 litres

• Perfumes : 50 gram(me)s, and toilet water, 1/4 litre

• Other articles to the value of £ 30.00

All cigarettes, tobaccos and liqueurs are sold without the addition of Excise Duty in this duty-free shop. Imported goods are sold without the addition of Import Duty. All goods are sold without the addition of VAT.

TOLÉRANCES DOUANIÈRES BRITANNIQUES

(sous réserve des modifications de la réglementation)

Voici la liste des quantités autorisées de vins, alcools, tabacs et autres articles que toute personne âgée de plus de 17 ans peut introduire dans le Royaume-Uni si elle les a achetées hors taxes :

• Tabacs : 200 cigarettes, ou 50 cigares, ou 250 grammes de tabac

• Spiritueux : — plus de 22° d'alcool, 1 litre
— moins de 22° d'alcool, 2 litres

• Vins : 2 litres

• Parfums : 50 g, et eau de toilette : 0,25 litre

• Tous autres articles pour une valeur totale de 30 livres sterling au plus.

Dans ce magasin hors douanes, cigarettes, tabacs et liqueurs sont vendus sans droits de régie. Les marchandises d'importation sont vendues sans taxes douanières. Tous les produits sont vendus sans T.V.A.

* **H.M.** = **Her Majesty's** (cette abréviation se retrouve dans un certain nombre d'expressions : **H.M.P.O.** = Her Majesty's Post Office, les P.T.T. britanniques ; **H.M.S.** = Her Majesty's Ship, bâtiment de la Royal Navy ; **H.M. property**, propriété de l'État)

Excerpt from a notice issued by H.M. Customs and Excise.

Temporary Importation of a Private Vehicle.

A vehicle may be imported temporarily without payment of customs duty or taxes on condition that :

a) the importer either

1. has been outside the United Kingdom for at least twelve months in the twenty-four months ending on the date of his entry into the United Kingdom or

2. has already taken up residence outside the United Kingdom for a period exceeding twelve months and has returned temporarily, not yet having completed his first twelve months residence abroad ;

b) the importer intends to depart finally from the United Kingdom within twelve months from the date of his entry ; and

c) the vehicle is intended solely for the personal use of the importer or that of his dependants.

Extrait d'une note d'information publiée par les douanes britanniques.

IMPORTATION TEMPORAIRE D'UN VÉHICULE AUTOMOBILE PRIVÉ.

Un véhicule peut être importé temporairement, avec exonération des droits ou taxes douanières, à la condition que :

a) l'importateur :

1. ait soit passé, hors du Royaume-Uni, au moins douze des vingt-quatre mois précédant la date de son entrée dans le Royaume-Uni ;

2. ou bien se soit établi hors du Royaume-Uni pour une période dépassant douze mois et soit revenu temporairement sans que les douze premiers mois de résidence à l'étranger se soient écoulés ;

b) l'importateur ait l'intention de quitter définitivement le Royaume-Uni dans les douze mois qui suivent la date de son arrivée ;

c) et que le véhicule soit destiné exclusivement à l'usage personnel de l'importateur ou à celui des personnes à sa charge.

1. Venez-vous au Royaume-Uni en tant que touriste ou avez-vous l'intention de vous établir ici ?
2. Qu'est-ce que je peux passer à la douane sans avoir à payer de droits ?
3. Les mineurs ont besoin d'une autorisation de sortie du territoire.
4. Ma voiture a été fouillée à la douane.
5. Au Royaume-Uni les visiteurs peuvent rester six mois avant d'avoir à faire la demande d'un permis de séjour.
6. Il est impossible d'introduire un animal en Angleterre sans qu'il soit mis en quarantaine.
7. Mon permis de travail est arrivé à expiration. Je dois le faire renouveler.
8. Les ressortissants d'un pays du Marché commun n'ont pas besoin de visa.
9. Ils ont mis un tampon sur mon passeport.
10. J'ai eu des problèmes à la douane parce que ma carte d'identité était périmée.
11. Les douaniers paraissent très indulgents.
12. Y a-t-il une frontière entre l'Angleterre et l'Ecosse ?
13. Nous avons passé la douane en quelques secondes.
14. Votre livret de famille ou bien l'acte de naissance de votre fille, s'il vous plaît.
15. Elle a fait la demande pour être naturalisée française.

---

1. **Are you coming to the U.K. as a tourist or do you intend to take up residence here ?**
2. **What can I bring through customs without having to pay duty ?**
3. **Children under the age of eighteen need a letter of authorization to leave the country.**
4. **My car was searched at the customs.**
5. **Visitors to the U.K. can stay for six months before having to apply for a residence permit.**
6. **You can't bring an animal into England without putting it into quarantine.**
7. **My work permit has run out. I'll have to get it renewed.**
8. **People coming from an EEC country don't need a visa.**
9. **They stamped my passport.**
10. **I had problems at customs because my identity card was out of date.**
11. **The customs officials seem awfully lax.**
12. **Is there a border between England and Scotland ?**
13. **We got through customs in a minute.**
14. **Your family record book or your daughter's birth certificate, please.**
15. **She has applied for French citizenship.**

customs, la douane
customs officer/official, douanier
to declare, déclarer
official allowance, tolérance douanière
duty-free, hors-taxes, libre de droits
spirits, alcool(s) , spiritueux
to be mistaken, se tromper, faire erreur
to step aside, se placer sur le côté
luggage, bagage(s)
against the law, illégal
intentional, intentionnel, volontaire
to plead, plaider
to pay customs duty, payer des droits de douane
to work (sth) out, calculer *(qqch)*
suitcase, valise
camera, appareil photo
abroad, à l'étranger
to produce, produire, présenter
a receipt, reçu, facture, acquit
electrical appliances, appareils électriques
fair play, franc jeu, correct
to purchase, acheter
goods, marchandise(s), bien(s)
Excise Duty, droit de régie, taxe indirecte
VAT (Value Added Tax), T.V.A.
perfume, parfum
notice, note (*d'information*), avis
to issue, émettre
temporary, temporaire
vehicle, véhicule
on condition that, à condition/pourvu que
importer, importateur
to complete, achever, mener à bien, terminer, finir
to depart (from), partir (de), quitter
solely, uniquement, exclusivement
dependant(s), personne(s) à charge
to search, fouiller
residence permit, carte de séjour
quarantine, quarantaine
work permit, permis de travail
EEC (European Economic Community), C.E.E. (communauté économique européenne)
to stamp, timbrer, tamponner
out of date, périmé
border, frontière

Vocabulaire complémentaire

alien, *(sens administratif G.B.)* étranger
Common Market, Marché commun
consulate (general), consulat (général)
customs formalities, formalités douanières
embassy, ambassade
foreigner, étranger, citoyen d'un pays étranger
in transit, en transit, « sous douane »
cine camera, caméra
rabies, rage *(maladie)*
smuggler, contrebandier
to be refused entry, être refoulé à la frontière
to cross the border, franchir la frontière
to export, exporter
to import, importer
to seize, saisir
to smuggle, faire de la contrebande

A ■ **Compléter les phrases avec « anything », « something », ou « nothing » :**

1. Is there ..... for me ?

2. There is ..... in my suitcase. It's empty.

3. If you have ..... to declare, put the red sticker on your windscreen.

4. He didn't have a pen, so she gave him ..... to write with.

5. Did you buy ..... at the duty-free shop ?
— No, there was ..... which interested me.

B ■ **Traduire :**

1. Votre passeport est périmé. Nous ne pouvons pas vous laisser entrer dans le pays.

2. Je n'ai pas de carte de séjour. Je suis ici en tant que touriste.

3. J'ai laissé la facture d'achat chez moi.

4. Ce n'est pas la peine d'acheter autant de whisky si l'on doit payer des droits de douane dessus.

5. N'essayez pas d'emmener votre chien en Grande-Bretagne, il sera mis en quarantaine.

C ■ **Mettre les mots suivants dans la colonne a s'ils sont accentués sur la première syllabe, b s'ils sont accentués sur la seconde :**

1. declare. **2.** allowance. **3.** luggage. **4.** intentional. **5.** ignorance. **6.** electrical. **7.** camera. **8.** receipt. **9.** duty. **10.** suitcase. **11.** appliances. **12.** holiday.

Corrigé

A ■ **1.** anything. **2.** nothing. **3.** something. **4.** something. **5.** anything nothing

B ■ **1.** Your passport is out of date. We can't let you into the country.

2. I don't have a residence permit. I'm here as a tourist.

3. I've left the receipt at home.

4. It's no use buying so much whisky if we have to pay duty on it.

5. Don't try to bring your dog into England, it'll be put into quarantine.

C ■ **a. 3.** [**loe**gidj] **5.** [**i**gnerens] **7.** [**kam**re] **9.** [**djou:**ti] **10.** [**siou:t**kéïs] **12.** [**ho**lidèï]

b. 1. [di**klèe**] **2.** [e**laou**ens] **4.** [in**tèn**chenl] **5.** [i**lèk**trikel] **8.** [ri**si:t**] **11.** [e**plaï**ensiz]

■ At a hotel[1]

W : wife H : husband R : receptionist

H— Good evening[2]. Do you have any spare rooms[3] for the night, please ? We've just been to the Manor Hotel down the road, and they said you might be able[4] to help.

R— We're pretty full[5] ourselves at the moment, but I'll have a look at what we've got. Is it a single room or a double room you are interested in ?

W— A double, with a cot if possible.

R— Well, there's one double with private bathroom and a colour TV for £ 45, including continental breakfast[6] and VAT[7]. There isn't a cot in there, but we could always install one, that's no problem.

W— Haven't you got anything slightly less expensive ?

R— We do have a small double room with a shower for £ 25. It's not as well situated as the other one, but there's still enough space to put a cot in. Would you like to see it ?

H— We can take a look at both, can't we ?

R— Certainly. Will you[8] come this way please ? ...Here it is. I wouldn't worry[9] too much about the fact that it looks out[10] on to the street. The traffic dies down[11] towards mid-evening[12].

W— It seems fine. We'll take it.

H— If we want to stay another night, can we tell you tomorrow ?

R— As long as you inform us before midday. You only need to pick up the phone and dial room service. Before I go, could you tell me what name it is ?

H— Hanley.

R— Here's your key for your room then, and a late night passkey[13] is available downstairs at the reception desk on demand[14]

hotel	[hooutè**l**]	**towards**	[tew**o**:dz]
spare	[spèe]	**dial**	[daiel]
pretty	[pr**i**ti]	**passkey**	[p**a**:ski:]
install	[inst**o**:l]	**available**	evè**ï**lebel]
shower	[chaoue]	**demand**	[dim**a**:nd]
situated	[sitjou**è**itid]		

E : épouse M : mari R : réceptionniste

M— Bonsoir Monsieur. Est-ce que vous avez des chambres disponibles pour la nuit, s'il vous plaît ? Nous venons de l'hôtel du Manoir, un peu plus bas sur la route, et ils nous ont dit que vous pourriez peut-être nous aider.

R— Nous avons nous aussi pas mal de monde actuellement, mais je vais regarder ce qu'il y a. C'est une chambre simple ou une chambre double que vous voulez ?

E— Une double, avec un lit d'enfant si possible.

R— Bien, nous avons une chambre double, avec salle de bains et télévision couleur, pour 45 livres, petit déjeuner et TVA compris. Il n'y a pas de lit d'enfant, mais on peut toujours en installer un, ce n'est pas un problème.

E— Vous n'avez rien d'un peu moins cher ?

R— Si, nous avons une petite chambre double, avec douche, pour 25 livres. Elle n'est pas aussi bien située que l'autre, mais il y a tout de même assez de place pour mettre un lit d'enfant. Vous voulez la voir ?

M— C'est possible de voir les deux ?

R— Bien entendu. Voulez-vous me suivre, s'il vous plaît ? ...Voici. Ne vous en faites pas si elle donne sur la rue. Il n'y a presque plus de circulation après 20 heures.

E— Ça paraît correct. Nous la prenons.

M— Si nous voulons rester une nuit de plus, est-ce qu'on peut vous le dire demain ?

R— Du moment que vous nous informez avant midi ... Vous n'avez qu'à décrocher votre téléphone et appeler le service des chambres. Avant de vous laisser, pourriez-vous me donner votre nom ?

M— Hanley

R— Hé bien, voici la clé de votre chambre ; si vous avez l'intention de rentrer tard, il suffit de demander le passe à la réception avant de sortir.

The great advantage of a hotel is that it's a refuge from home life.

George Bernard Shaw (1898)

Le grand avantage de l'hôtel, c'est qu'il permet d'échapper à la vie au foyer.

■ Remarques

1. **At a hotel**, *à l'hôtel* : notez l'emploi de l'article indéfini **a** en anglais, là où en français on utilise le défini (*le, la*) ; cf. plus bas **a colour TV**, *la télé couleur*, et encore : **to catch a bus, a train, a plane**, *prendre le bus, le train, l'avion*.
2. **Good evening**, la politesse n'exige pas, comme en français, que l'on spécifie à qui l'on s'adresse (*bonsoir Madame, bonsoir Monsieur*). L'adjonction de **sir** ou **madam** marque la déférence (par ex. du vendeur envers un client). On n'utilise jamais **Mr** (m**i**ste) ou **Mrs** (m**i**siz) seuls, mais toujours suivis du nom de famille.
3. **spare rooms**, *chambres disponibles*. Dans une maison particulière, **the spare (bed)room** est *la chambre d'ami*.
4. **you might be able to help**, m. à m. *vous pourriez être capable de m'aider ;* **might** indique l'éventualité, **be able to**, la capacité.
5. **pretty full**, m. à m. *plutôt complet ;* **pretty** apporte une nuance positive, **rather** une nuance négative : **pretty easy, rather difficult**.
6. **continental breakfast**, *petit déjeuner* comme on le prend en France. Il détrône, en particulier dans les hôtels, pour des raisons économiques, le traditionnel petit déjeuner anglais : (**English**) **breakfast**, beaucoup plus copieux.
7. **VAT = Value Added Tax**, équivalent de la *TVA (taxe à la valeur ajoutée)*.
8. **will you :** will porte encore bien son sens premier *vouloir*.
9. **I wouldn't worry** est un conditionnel (sous-entendu : **if I were you**).
10. **it looks out on to the street** ; notez l'utilisation de l'adverbe **out** et des prépositions **on** et **to** à la suite les uns des autres.
11. **dies down** indique que la circulation diminue, sans toutefois s'arrêter complètement ; on exprimerait cette dernière idée par **dies out**.
12. **mid-evening**, m. à m. *le milieu de la soirée* ; pour un Anglais, la soirée se situe environ entre 17 h et 22 h 30, heure de fermeture des **pubs**, puis la nuit (**night**) commence.
13. **late night passkey** : notez la construction qui remplace **a passkey if you come back late at night**.
14. **on demand** : attention ! le verbe **to demand** signifie *réclamer, exiger*, et non pas *demander (***to ask for***)*.

« The Cedars » is an elegant three-hundred-bed hotel built at the turn of the century and set in five acres of parkland, only two miles from the M4 and within easy reach of both Oxford (45 mins) and London (1 hr.)

Recently renovated and under new management, « The Cedars » offers a truly unbeatable range of facilities — colour TV and telephone in every room, fully licensed bar[1] and restaurant, sauna, three squash courts, reception lounge, hair-dresser's salon, playroom for the children and specially designed quarters for the handicapped. Ideal for conferences and business seminars (special rates for groups and parties) yet equally suited to the needs of the individual traveller.

« The Cedars » is an R.A.C.[2] recommended 4-star hotel with a firmly established reputation. Whether you wish to stop for the night or spend a few days in a pleasant environment, you are sure to be satisfied.

1. **fully licensed bar** : bar ayant une licence permettant de vendre de l'alcool.
2. **R.A.C.** Royal Automobile Club.

« Les Cèdres », hôtel élégant de trois cents chambres, bâti au début du siècle, situé dans un parc naturel de deux hectares, n'est qu'à trois kilomètres de l'autoroute M4, et d'accès facile à la fois à partir d'Oxford (45 minutes) et de Londres (1 heure).

Rénové récemment, avec une nouvelle direction, « Les Cèdres » offre un éventail de services vraiment incomparable — télé couleur et téléphone dans chaque chambre, bar et restaurant, sauna, trois courts de squash, salle de réception, salon de coiffure, salle de jeux pour enfants et partie spécialement aménagée pour les handicapés. Idéal pour les conférences et les séminaires d'affaires (tarifs spéciaux pour les groupes) et répondant également aux besoins du voyageur individuel.

« Les Cèdres » est un hôtel 4 étoiles à la réputation fermement établie, recommandé par le Club Automobile Royal (R.A.C). Que vous souhaitiez vous arrêter pour la nuit ou passer quelques jours dans un cadre calme et agréable, vous êtes assuré d'être satisfait.

If you are travelling in Britain and are looking for accommodation for the night, you are well advised to ask for the local tourist office, always situated in the centre of town, where you will be given, free of charge, a list of hotels, guest houses, bed and breakfasts, youth hostels and camp sites in the area.

Hotels are classified according to the degree of comfort offered, indicated by the number of stars. They are generally more expensive than in France and double rooms are often twice the price of single rooms.

American-style motels are almost always much more comfortable than the average hotel, but they tend to be situated close to motorways and main roads, and lack character.

For the down and outs amongst us, the Salvation Army provides temporary overnight accommodation, to be avoided at all cost by the holiday maker.

Si vous voyagez en Grande-Bretagne et que vous cherchez un logement pour la nuit, nous vous conseillons de demander l'Office de tourisme de la ville, généralement situé dans le centre, où l'on vous donnera, gratuitement, une liste des hôtels, pensions de famille, chambres d'hôte, auberges de jeunesse et campings de la région.

Les hôtels sont classés selon leur confort, indiqué par le nombre d'étoiles. Ils sont en général plus chers qu'en France et le prix d'une chambre pour un couple est souvent le double de celui demandé pour une personne.

Les motels de type américain sont presque toujours plus confortables que les hôtels ordinaires, mais ils ont tendance à être situés près des autoroutes et des grandes routes et manquent de caractère.

Pour ceux d'entre nous qui sont sans le sou, l'Armée du Salut propose un abri pour la nuit, que le vacancier évitera à tout prix.

1. Avez-vous une liste d'hôtels dans le centre, avec les prix ?
2. Est-ce qu'on peut réserver une chambre d'ici ?
3. Est-ce que c'est le prix en pension complète, demi-pension ou simplement pour la chambre ?
4. Dois-je payer à l'avance ou est-ce que je peux régler la note le jour de mon départ ?
5. Pouvez-vous m'expliquer comment marche la douche ?
6. Je voudrais changer de chambre. Celle-ci est trop bruyante.
7. Pouvez-vous me réveiller à 6 heures demain ?
8. Il y a deux services pour le repas du soir, à 18 heures et à 19 heures.
9. Parking réservé exclusivement aux clients de l'hôtel.
10. L'ascenseur ne fonctionne pas, il faut prendre l'escalier.
11. La clef de la chambre 65, je vous prie.
12. Avez-vous des objets de valeur à mettre dans le coffre ?
13. Pourrait-on avoir des couvertures supplémentaires ?
14. Pouvez-vous m'aider à porter mes bagages ?
15. Les toilettes sont au fond du couloir.
16. Prière de ne pas déranger.
17. Combien coûte une chambre avec salle de bains pour une personne ?

---

1. **Do you have a list of hotels in the centre, with the prices, please ?**
2. **Is it possible to reserve/book a room from here ?**
3. **Is this the price for full board, half board or just the room ?**
4. **Do I have to pay in advance or can I settle the bill the day I leave ?**
5. **Can you explain how the shower works ?**
6. **I'd like to change rooms, please. This one is too noisy.**
7. **Can you wake me up at six in the morning, please ?**
8. **There are two sittings for the evening meal, at six o'clock and seven.**
9. **Car park for hotel patrons only.**
10. **The lift is out of order, you'll have to take the stairs.**
11. **The key for room sixty-five, please.**
12. **Do you have any valuables to put in the safe ?**
13. **Would it be possible to/Could we have some extra blankets ?**
14. **Can you give me a hand with my luggage ?**
15. **The toilets are at the end of the corridor.**
16. **Please do not disturb.**
17. **How much do you charge for a single room with bath ?**

■ Vous devez connaître

receptionist, réceptionniste
spare room, chambre libre, chambre d'ami
double room, chambre pour deux
single room, chambre pour une personne
cot, lit d'enfant
VAT, T.V.A.
to install, installer
shower, douche
to look out, donner sur
traffic, circulation
to die down, diminuer, s'atténuer
to die out, s'éteindre, disparaître
to pick up the phone, décrocher le téléphone
to dial, composer (*un n° de téléphone*)
room service, service des chambres
passkey, passe-partout, passe
to be set, être situé
acre, « arpent » (= 0,40 ha)
within easy reach, facile d'accès
to renovate, rénover, refaire à neuf
range, 1) gamme (*de produits*) ; 2) chaîne (*de montagne*)
facilities, services, facilités, commodités
lounge, salon, grande salle
to design, concevoir
suited (to), adapté (à), qui convient (à)
accommodation, logement
to advise, conseiller, aviser
tourist office, office de tourisme, syndicat d'initiative
free of charge, gratuit
campsite, terrain de camping
average, moyen
motorway, autoroute
to lack, manquer de
at all cost, à tout prix
to reserve, to book, retenir, réserver
full board, pension complète
to settle, régler
bill, note, facture, addition
to wake up, (s') éveiller
car park, parc à voitures
patron, client d'hôtel
lift, ascenseur
out of order, en panne, en dérangement
valuables, objets de valeur
safe (nom), coffre-fort
extra, supplémentaire
blanket, couverture
to disturb, déranger
to charge, faire payer

Vocabulaire complémentaire

all modern conveniences, tout le confort moderne
bag, sac, valise
central heating, chauffage central
chambermaid, femme de chambre
fire escape, sortie de secours
floor, plancher, étage
ground floor, rez-de-chaussée
manager, directeur, gérant
manageress, directrice, gérante
night porter, portier de nuit
pillow, oreiller
sheets, draps
single room, chambre pour une personne
soap, savon
suitcase, valise
tap, robinet
top floor, dernier étage
towel, serviette de toilette
washbasin, (cuvette de) lavabo

A ■ Complete the following sentences :

1. It's very cold in here. Do you think the ..... is working ?
2. Young people when travelling often stay in a .... because it's cheap.
3. If you want a list of hotels, go to the ....
4. We only have one room ..... at the moment.
5. We like the room so much that we'd like to ..... another night.

B ■ Translate into English :

1. Je voudrais une chambre double avec salle de bains ou douche.
2. N'avez-vous pas une chambre moins chère ?
3. Je cherche un hôtel calme dans le centre ville.
4. Est-ce que demain il sera possible de changer de chambre, et d'en avoir une qui donne sur Hyde Park ?
5. Tous les hôtels sont complets, vous auriez dû réserver.
6. Les chambres doivent être libérées avant midi.
7. Il y a un parking réservé aux clients.

Corrigé

A ■ 1. heating, *chauffage* **2.** youth hotel, *auberge de jeunesse* **3.** tourist office, *office de tourisme, syndicat d'initiative* **4.** available (ou free), *disponible, libre* **5.** stay on, *rester*

B ■ 1. I'd like a double room with a bathroom or shower.
2. Haven't you got a cheaper room ?
3. I'm looking for a quiet hotel in the town centre.
4. Will it be possible to change rooms tomorrow and have one looking out on to Hyde Park ?
5. All the hotels are full, you should have reserved.
6. Rooms must be vacated before noon.
7. There is a car park for patrons only.

■ At the railway station

R : Railway Clerk. C : Customer

R— Can I help you[1]?
C— Yes. How much is a return ticket from Bradford to London, please ?
R— It depends. When would you like to go ?
C— Next Friday or Saturday. I don't know yet.
R— You've got a number of possibilities. A normal second class return costs £ 32, a day return[2] is £ 10.50 but you are limited to certain trains ; a week-end return costs £ 19. They[3]'ve also introduced a new super-saver ticket which will cost you £ 11.50 there and back[4].
C— Are there any conditions for the super-saver ticket[5] ?
R— Provided you return within a month[6], you're free to use almost any train.
C— That sounds interesting[7]. Do I have to change trains ?
R— No, all trains to London are direct. And it's a lot quicker now with the one-two-five[8].
C— Have you got a timetable[9] then, and a leaflet explaining the reductions ?
R— Of course. You do know that if you are under twenty-four, you can qualify[10] for a young person's railcard and travel half-price anywhere in the country ?
C— Oh, I hadn't thought of that. Don't I have to pay ?
R— Yes, but it's only £ 12 and you make that up[11] on your first journey.
C— I think I'd better go away and have a good think[12] about it all ; it all seems so complicated. I'll come back tomorrow... Thanks anyway[13].

possibilities	[poseb**i**litiz]	reductions	[rid**oe**kchenz]
Bradford	[br**a**dfed]	limited	[l**i**mitid]
introduced	[intred**jou** : st]	qualify	[kw**o**lifaï]
complicated	[k**om**plikeïtid]	tomorrow	[te**mor**ôou]
condition	[kend**i**chen]	explain	[ikspl**èï**n]

E : employé de gare C : client

E— Qu'y a-t-il pour votre service ?
C— Oui... Combien coûte un aller-retour Bradford-Londres, s'il vous plaît ?
E— Ça dépend. Quand voudriez-vous partir ?
C— Vendredi ou samedi prochain, je ne sais pas encore.
E— Vous avez plusieurs possibilités. Un billet aller-retour ordinaire coûte 32 livres en seconde, un aller-retour dans la journée 10 livres 50, mais l'accès est limité à certains trains ; un billet week-end coûte 19 livres. On a aussi maintenant un nouveau billet super-économique qui vous coûtera 11 livres 50 aller-retour.
C— Y a-t-il des conditions particulières pour ce billet super-économique ?
E— Du moment que vous utilisez le retour dans le mois, vous êtes libre de prendre pratiquement n'importe quel train.
C— Ça me paraît intéressant. Est-ce qu'il y a un changement ?
E— Non, tous les trains pour Londres sont directs, et c'est beaucoup plus rapide maintenant avec le 125.
C— Avez-vous un horaire et un prospectus avec toutes les réductions ?
E— Bien sûr. Vous savez évidemment que si vous avez moins de 24 ans, vous pouvez bénéficier d'une carte de jeune et voyager à demi-tarif dans tout le pays ?
C— Ah, je n'avais pas pensé à ça. Est-ce qu'il faut l'acheter ?
E— Oui, mais ça ne coûte que 12 livres et vous l'aurez amortie dès votre premier voyage.
C— Je crois qu'il vaut mieux que j'aille réfléchir à tout ça à tête reposée - ça me paraît si compliqué. Je reviendrai demain. Merci quand même.

For my part, I travel not to go anywhere, but to go. I travel for travel's sake.

R.L. Stevenson
***(Travels with a donkey,* 1879)**

En ce qui me concerne je voyage non pas pour aller quelque part, mais pour partir. Je voyage pour le plaisir de voyager.

■ Remarques

1. **Can I help you ?** m. à m. *Puis-je vous aider ?* Cette formule est fréquemment utilisée par les employés ayant affaire au public ou aux clients.
2. **day return,** *aller-retour dans la journée.* Le prix des billets de chemin de fer est relativement élevé en Grande-Bretagne, mais il existe de très nombreuses possibilités de tarifs réduits. Un aller-retour est, notamment, moins cher que deux allers simples (**singles**). Il est donc bon de se renseigner dans les gares avant d'acheter son billet.
3. **They've introduced,** *ils ont introduit.* **They** représente la Direction des chemins de fer.
4. **there and back,** m. à m. *pour aller jusque là et revenir.*
5. **super-saver ticket,** *billet super-économique.* Notez la construction avec **super** très utilisée, en particulier dans le langage de la publicité.
6. **within a month,** *dans* (m. à m. *à l'intérieur) le mois ;* **within** s'utilise aussi bien pour le lieu que pour la durée.
7. **That sounds interesting,** *ça me paraît intéressant.* Attention : *c'est intéressant* (au point de vue du prix) se dirait simplement **it's cheap, it's a good bargain,** *c'est une bonne affaire.*
8. **one-two-five,** *le 125.* C'est le train le plus rapide de Grande-Bretagne, l'équivalent local du TGV français puisqu'il peut atteindre 125 miles à l'heure (200 km/h).
9. **timetable,** *horaire* (des trains). C'est aussi, à l'école en particulier, l'emploi du temps.
10. **you can qualify,** m. à m. *vous avez qualité pour bénéficier.* On pourrait dire aussi : **you are eligible for.**
11. **you make that up,** *vous regagnez/amortissez.* **To make up** : 1) *regagner* 2) *former, confectionner* 3) *inventer de toutes pièces* 4) **to make oneself up** : *se maquiller.*
12. **to have a good think about it,** *y réfléchir à tête reposée.* Remarquez l'emploi du verbe comme nom dans cette expression. Comme on dit : **have a good study of** *(étudier attentivement),* **a good look at** *(regarder attentivement),* **a good listen to** *(écouter attentivement).*
13. **Thanks anyway,** *merci quand même* (pour les renseignements bien qu'il n'ait pas pris de billet).

The history of the railway began way back in 1765 when James Watt built the first steam engine which didn't actually move but was used in a coal mine. The first movable steam engine was invented by Richard Trevithick in 1804. Four years later he presented a second locomotive called «Catch Me Who Can » which pulled a carriage and was capable of transporting passengers. In 1814 another Englishman called William Hadley proved that railways were a viable proposition with his locomotive « Puffing Billy », at present housed in the British Science Museum.

The big name in British railways was, however, George Stephenson who won the Rainhill Locomotive Trials in 1829 with his famous « Rocket » engine and established, one year later, the first railway line, between Liverpool and Manchester. The English were, in fact, the pioneers of the railway system, proof of which remains today in the fact that all railway tracks in Europe still have the same width as the British and all trains travel on the left.

L'histoire du chemin de fer a commencé il y a bien longtemps, en 1765, quand James Watt construisit la première machine à vapeur qui, en fait, était fixe, et était utilisée dans une mine de charbon. La première machine à vapeur mobile fut inventée par Richard Trevithick en 1804. Quatre ans plus tard, il présenta une seconde locomotive, appelée « M'attrape qui peut », qui remorquait un wagon et pouvait transporter des passagers. En 1814, un autre Anglais nommé William Hadley démontra la possibilité du chemin de fer avec sa locomotive « Puffing Billy », actuellement conservée au Musée des Sciences de Londres.

Toutefois, le grand nom des chemins de fer fut George Stephenson, qui gagna le concours (m. à m. : les épreuves) de locomotives de Rainhill en 1829, avec sa célèbre locomotive « la Fusée », et qui ouvrit un an plus tard la première ligne de chemin de fer, entre Liverpool et Manchester. Les Anglais furent, en fait, les pionniers du chemin de fer, la preuve en est que, aujourd'hui encore, toutes les lignes en Europe ont le même écartement de voie qu'en Grande-Bretagne, et que tous les trains roulent à gauche.

Touring by train is an enjoyable way of absorbing some of the basic facts of British geography and history. It demonstrates the relationship between the hills and river valleys, highlands and lowlands. It shows how concentrations of major industries close to coalfields have left large areas of the country completely rural. You discover how a move from one county to the next can mean a change of building materials, different styles of building, different forms of farming, different modes of speech, different food and drink ; and you learn to love the boundless variety of Britain.

You may learn, too, something of how much violent struggle has gone into the making of the country as it is today. Nearly every castle has a tale to tell of how Edward I tried to subdue the Scots, how Robert the Bruce's men swept down into Yorkshire, how rebellions were raised here and put down there, how the Romans, the Saxons, the Vikings, the Normans, the Plantagenets, the Tudors, the Stuarts, the Roundheads all fought to impose their rule and left their marks on our cities, their castles on our hills.

Voyager par le train est une manière agréable de s'imprégner de certaines des données fondamentales de l'histoire et de la géographie britanniques. Cela met en évidence le rapport entre les collines et les vallées, entre les régions montagneuses et les plaines en contrebas. On y voit comment les concentrations des grosses industries près des bassins houillers ont laissé de vastes zones du pays dans un état tout à fait rural. On y découvre comment le passage d'un comté à l'autre peut signifier un changement dans les matériaux de construction, d'autres styles architecturaux, d'autres formes d'exploitation agricole, d'autres manières de s'exprimer, d'autres genres de boisson et de nourriture ; et on apprend ainsi à aimer la variété sans limites de la Grande-Bretagne.

On peut y apprendre également à quel point le pays tel qu'il existe de nos jours est le résultat d'une lutte violente. Quasiment chaque château a une histoire à raconter : comment Édouard Ier essaya de soumettre les Écossais, comment les hommes de Robert (the) Bruce envahirent le Yorkshire, comment des rébellions s'élevèrent ici et furent écrasées là, comment les Romains, les Saxons, les Vikings, les Normands, les Plantagenêts, les Tudors, les Stuarts, les Têtes Rondes combattirent tous pour imposer leur loi et laissèrent leur empreinte dans nos villes et leurs châteaux sur nos collines.

1. Un aller pour Scarborough, s'il vous plaît.
2. Je voudrais réserver une place en première dans le train de 8 h 15 à destination d'Aberdeen.
3. En Angleterre, on n'a pas besoin de composter son billet ; au contraire c'est le contrôleur qui le poinçonne.
4. Attention ! Le train en provenance de Hull entre en gare, quai n° 6.
5. C'est un omnibus, il s'arrête à toutes les gares.
6. Le train de Manchester est attendu à 17 h 45.
7. J'ai laissé mes valises à la consigne.
8. Le train est à l'heure.
9. Mon train avait du retard et j'ai raté la correspondance.
10. Il n'y a pas de porteurs, mais il y a des tas de chariots.
11. Pourriez-vous mettre mon sac dans le filet à bagages ?
12. De quel quai part le rapide pour Bristol ?
13. Bon voyage !
14. Il y a eu une alerte à la bombe à la gare.
15. Je suis désolé, c'est un compartiment non-fumeurs.
16. Service de repas et de rafraîchissements à la place.

---

1. **A single to Scarborough, please.**
2. **I'd like to make a reservation for the 8.15 to Aberdeen, first class.**
3. **In England, you don't need to validate your ticket, the ticket-collector punches it instead.**
4. **Your attention, please ! The train from Hull is now arriving on platform six.**
5. **It's a slow train, it stops at every station.**
6. **The train from Manchester is due at 5.45 p.m/17 hours 45.**
7. **I left my suitcases at the left-luggage office.**
8. **The train is on time.**
9. **My train was late and I missed my connection.**
10. **There aren't any porters but there are plenty of trolleys.**
11. **Will you put my bag in the luggage rack, please ?**
12. **Which platform is the InterCity to Bristol leaving from ?**
13. **Have a safe journey !**
14. **There was a bomb scare at the station.**
15. **Sorry, this a no-smoking compartment.**
16. **Meals and refreshments are served at every seat.**

railway, chemin de fer
station, gare
return ticket, billet aller-retour
second-class, deuxième, seconde classe
day return, billet aller-retour valable pour une journée
to introduce, présenter, mettre en service, lancer
super-saver *(substantif)*, super-économique *(adj)*
to change trains, changer de trains
timetable, horaire *(trains, avions, etc.)* emploi du temps
to qualify (for), avoir droit (à) bénéficier (de)
railcard, abonnement, carte de tarif réduit sur le train
half-price, (à) moitié prix ; demi-tarif
steam engine, machine à vapeur, locomotive à vapeur
carriage, voiture, wagon *(de voyageur)*
viable, viable, valable
to house, abriter, héberger
railway line, ligne de chemin de fer
railway track, voie de chemin de fer
width, écartement, largeur
relationship, rapport, relation
area, zone
struggle, lutte, combat
to subdue, soumettre
to raise, élever, soulever
to put down, écraser
single (ticket), aller simple
ticket collector, contrôleur
to punch, poinçonner
slow-train, omnibus
to be due at, être attendu à *(heure)*
platform, quai
left-luggage office, consigne
porter, porteur
trolley, chariot *(à bagage)*
luggage rack, filet à bagage
bomb scare, alerte à la bombe
no-smoking compartment, compartiment non-fumeurs
seat, place

Vocabulaire complémentaire

berth, couchette
BritRail = *abréviation* de **British Rail**, la SNCF britannique
coach, voiture de voyageur
commuter, banlieusard *(voyageur utilisant le train ou le métro pour se rendre chaque jour à son travail)*
dining-car, voiture-restaurant
emergency cord, signal d'alarme
freight/goods train, train de marchandises
level-crossing, passage à niveau
locker, consigne automatique
Motorail, train auto-couchette
non-stop train, rapide direct
postal train, train postal
season ticket holder, titulaire d'une carte d'abonnement
senior citizen's card, carte vermeil
signals, signalisation
sleeping-car, **sleeper**, voiture-couchette
station master, **superintendant**, chef de gare

A ■ Classez les mots suivants selon la syllabe (1, 2, 3) sur laquelle ils sont principalement accentués.

possibilities, complicated, interesting, limited, any where, conditions, reductions, qualify, explain, introduced, tomorrow.

B ■ Complétez :

1. Do you want a ... ticket or a return ticket ?
2. What time is the next train to Leeds ? Look at the ... !
3. I don't know yet what I am going to do. I'll have a good ... about it.
4. Do you want a first ... or a second ... ticket ?
5. If you have a ... you can travel half-price.

C ■ Traduire :

1. C'est James Watt qui a inventé la machine à vapeur.
2. Il faut utiliser le retour dans le mois.
3. En Grande-Bretagne les chemins de fer ont été nationalisés en 1948.
4. En France il faut composter son billet avant de monter dans le train.
5. La ligne n'est pas directe, il faut changer de train à Reading.

Corrigé

A ■ 1. complicated [**kom**plikeitid], interesting [**in**tristiŋ], limited [**li**mited], anywhere [**é**niwée], qualify [**kwo**lifaï]
2. condition [ken**di**chen], explain [iks**plèin**]
3. possibilities [pose**bi**litiz], introduced [intre**djou : st**]

B ■ 1. single **2.** timetable **3.** think **4.** class-class
5. railcard

C ■ 1. It was James Watt who invented the steam engine.
2. You have to return within a month.
3. In Britain the railways were nationalized in nineteen forty-eight.
4. In France you have to validate your ticket before you get on the train.
5. It's not direct, you have to change at Reading.

■ At the restaurant

L : Lady M : Man W : Waiter

W— Do you want to order now ?

M— We're having a bit of difficulty in deciding. Could you give us a couple of minutes more ?

W— Of course. Just tell me when you are ready. Don't hesitate to ask, if you need any[1] advice[2]. That's what I'm here for !

L— Now that you come to mention[3] it, we're a bit puzzled by the main courses[4]. What is your « Beef[5] Stroganoff » like, and the « Gamekeeper's[6] Casserole » ?

W— Beef Stroganoff is a fillet of steak cut up into small pieces cooked in brandy[7] and cream, and Gamekeeper's Casserole is a rabbit[8] dish[9] with bacon, onion and herbs[10], cooked in cider.

L— I think I'll have fish instead. I quite fancy some sole actually[11]. What are you going to have ?

M— I'll have steak as usual. You know me, I adore meat. ...Waiter ! Could we order ?

W— Yes sir, I'll be with you in a moment.

M— OK then. One Prawn Cocktail and one Oxtail Soup for starters, followed by a T Bone Steak and one grilled sole. We'll choose a dessert later.

W— How do you want your steak ? Rare, medium or well done ?

M— Medium rare.

W— And what vegetables do you want ? Chipped[12] potatoes with peas or green beans[13] ?

M— Green beans, please.

L— No chips for me, I'm on a diet[14]. I'd prefer a side salad[15].

W— What can I serve you to drink ? The wine list is on the back of the menu.

M— ...Half a bottle of burgundy[16] and half a bottle of riesling.

W— Thank you.

restaurant	[**rès**tront]	prawn	[pro:n]
order	[**o:**de]	cider	[s**aï**de]
minutes	[**mi**nits]	dessert	[di**ze:t**]
advice	[ed**vaïs**]	menu	[m**è**njou]
actually	[**ak**tchoueli]	burgundy	[**be:**gendi]
riesling	[**ri:z**liη]	potatoes	[pet**èï**tôouz]
diet	[**daï**et]		

D : Dame M : Monsieur S : Serveur

S— Est-ce que vous voulez commander maintenant ?
M— Nous avons un peu de mal à nous décider. Pourriez-vous nous laisser quelques minutes de plus ?
S— Bien sûr. Faites-moi signe quand vous serez prêts. N'hésitez pas à demander, si vous avez besoin de conseils. Je suis là pour ça.
D— Justement, nous sommes un peu intrigués par les plats de résistance. C'est quoi, votre « Bœuf Stroganoff » et votre « Lapin chasseur » ?
S— Le « Bœuf Stroganoff », c'est du filet de bœuf émincé et cuit dans une sauce avec du cognac et de la crème fraîche ; le « Lapin chasseur », c'est du lapin avec du lard fumé, des oignons et des fines herbes, cuit dans du cidre.
D— Je pense que je vais plutôt prendre du poisson. À dire vrai, la sole me fait envie. Et toi, qu'est-ce que tu vas prendre ?
M— Un steak, comme d'habitude. Tu me connais, j'adore la viande... Garçon, pouvez-vous prendre notre commande ?
S— Tout de suite, Monsieur. Je suis à vous dans un instant.
M— Bon, alors un cocktail de crevettes bouquet et une soupe à la queue de bœuf en entrées, puis une côte à l'os et une sole au gril. Nous choisirons notre dessert par la suite.
S— Comment voulez-vous votre viande ? Saignante, à point ou bien cuite ?
M— Légèrement saignante.
S— Que prendrez-vous comme légumes ? Des pommes frites, avec des petits pois ou des haricots verts ?
M— Des haricots verts, s'il vous plaît.
D— Moi, je ne prends pas de frites, je suis au régime. Je préférerais une salade comme accompagnement.
S— Qu'est-ce que je vous sers, comme boisson ? La carte des vins est au dos du menu.
M— ...Une demi-bouteille de bourgogne et une demi-bouteille de riesling.
S— Merci.

■ Remarques

1. **any,** utilisé dans une phrase affirmative, signifie *n'importe le(s)quel(s),* et *quelque(s) ...que ce soit.*
2. **advice** toujours au singulier. Un conseil se dit **a piece of advice.**
3. **Now that you come to mention it,** lit. *Maintenant que vous venez à en parler.* Notez ici l'utilisation de **come.**
4. **course,** *plat, service.* **A four-course dinner,** *un dîner à quatre services.* **The first course = a starter,** *l'entrée.*
5. **beef.** Depuis l'époque de Guillaume le Conquérant, où les nobles normands se faisaient servir à table par une domesticité anglo-saxonne, les mots d'origine latine servent à dénommer la viande des animaux, désignés, eux, toujours par des termes anglo-saxons. Il en est ainsi, non seulement pour le bœuf (**beef / ox**), mais pour le veau (**veal / calf**), le porc (**pork / pig**) et le mouton (**mutton / sheep**). Seul, le cheval échappe à cette règle, car il n'est jamais devenu animal de boucherie outre-Manche où il est aussi sacré que les vaches en Inde !
6. **gamekeeper,** *garde-chasse ;* **game,** *le gibier.*
7. **brandy** désigne toute eau-de-vie de raisin, dont le cognac (mot utilisé aussi en anglais) n'est qu'une variété.
8. **rabbit.** Les Anglais ne mangent quasiment jamais de lapin. C'est, en Grande-Bretagne, un animal domestique, rarement au menu dans les restaurants.
9. **dish,** *plat ;* sert autant à désigner le contenu que le contenant.
10. **herbs,** *les fines herbes* sont d'un usage moins courant en Grande-Bretagne qu'en France. L'herbe ordinaire se dit **grass** et les mauvaises herbes **weeds.**
11. **actually,** *en fait. Actuellement* se traduirait par **now.**
12. **chipped potatoes** est d'un niveau de langue plus élevé que **chips**, cf. en français *pommes frites.*
13. **Green beans = French beans :** *haricots verts.*
14. **to be on a diet,** *suivre un régime.* **A slimming diet,** *un régime amaigrissant.*
15. **side salad :** salade qui accompagne un autre plat, comme tout autre **side dish.**
16. **Burgundy** désigne à la fois le vin et la région de Bourgogne.

Despite the standing joke that the World's Thinnest Cookery Book is the British one, you can eat well in Britain. But of course, good restaurants are expensive and there are cheaper ways of keeping hunger away.

The Americans didn't invent fast food, « Fish'n'Chips » has been the national dish there for ages ! Preferably consumed standing up, drowned in vinegar and wrapped in newspaper, it provides a refreshing snack when the pubs let out* in the evening. Should you desire something slightly more exotic, a Chinese Take-Away (called a « Carry-out » in Scotland) will always be somewhere in the vicinity.

On a different level, British tea-shops have a charm of their own. Afternoon tea with scones, muffins and jam, or High tea, generally served after half past four with the addition of sandwiches, is definitely not to be missed !

Malgré la plaisanterie habituelle qui veut que le répertoire de la cuisine britannique soit le livre de cuisine le plus mince du monde, il est possible de bien manger en Grande-Bretagne. Mais , bien sûr, les bons restaurants sont chers et il y a des moyens plus économiques de ne pas rester sur sa faim.

Les Américains n'ont pas inventé la restauration rapide ; le « poisson-frites » est un plat national depuis une éternité ! Noyé dans le vinaigre et enveloppé dans du papier journal, consommé, de préférence, debout, c'est un casse-croûte revigorant, le soir, à la fermeture des pubs. Si vous désirez quelque chose de légèrement plus exotique, vous trouverez toujours dans le coin un restaurant chinois vendant de la nourriture à emporter (appelé en Ecosse un « carry-out »).

A un autre niveau, les salons de thé britanniques ont un charme bien à eux. Il ne faut en tout cas pas manquer de prendre le goûter avec des petits pains au lait appelés « scones » et des petits pains ronds (« muffins ») pris avec de la confiture ou bien, servi généralement après quatre heures et demie, un goûter plus substantiel avec des sandwichs en supplément.

* **to let out :** ici **to close.**

This is the kind of menu that you could easily find in a traditional English restaurant or roadside café :

Starters
Oxtail soup.
Chicken broth.

Main Courses
Bangers and Mash.
Spam, baked beans and chips.
Roast beef, Yorkshire pudding and roast potatoes.
Egg and bacon.
Gammon and pineapple.
Lamb chop, mixed vegetables and boiled potatoes.
Steak and kidney pie, chips and gravy.

Snacks
Toasted sandwich.
Welsh rarebit.
Sausage roll.
Cornish pastry.

Sweets
Jam roly-poly.
Lemon sponge pudding and custard.
Trifle.
Apple crumble.
Fruit and jelly.

Today's special : Lancashire Hotpot.

Voici le genre de menu que l'on pourrait facilement trouver dans un restaurant anglais traditionnel ou dans un routier.

Entrées
Soupe à la queue de bœuf.
Bouillon de poulet

Plats principaux
Saucisse purée.
Mortadelle, haricots blancs
en sauce tomate, frites.
Rosbif, Yorkshire pudding et pommes de terre sautées.
Œufs au bacon (au lard).
Tranche de jambon à l'os à l'ananas.
Côte d'agneau, légumes variés pommes vapeur.
Tourte à la viande de bœuf en sauce, frites.

Casse-croûte
Croque-monsieur.
Toast au fromage.
Friand à la saucisse.
Feuilleté de Cornouailles.

Desserts
Roulé à la confiture.
Génoise à la crème anglaise et au citron.
Trifle.
Gâteau à la compote de pommes.
Fruits à la gelée.

Plat du jour : Ragoût de pommes de terre.

1. Une table pour quatre, s'il vous plaît !
2. Est-ce qu'on peut se mettre où l'on veut ?
3. Nous aimerions prendre l'apéritif, si c'est possible.
4. Est-ce que vous accepteriez de partager une table ?
5. Garçon ! J'ai bien peur que cette viande ne soit pas cuite.
6. Est-ce que vous pourriez changer ce vin ? Il a un drôle de goût.
7. Je peux avoir la note, s'il vous plaît ?
8. Est-ce que le service est compris ?
9. Vous êtes sûr qu'il n'y a pas d'erreur dans l'addition ?
10. Y a-t-il un menu pour enfant ?
11. Je crois que vous vous êtes trompé dans les plats. Ce n'est pas ce que nous avons commandé.
12. Est-ce que l'on prend un digestif ?
13. Est-ce qu'il n'y a pas de sauce pour la salade ?
14. Les plats sont très bien présentés.
15. On est copieusement servi.
16. C'est très nourrissant.
17. Vous ne pourriez pas nous trouver une autre table ?
18. C'est réservé.

---

1. **A table for four, please !**
2. **Can we sit down anywhere we like ?**
3. **We would like to have a couple of drinks before our meal if it's possible.**
4. **Do you mind sharing a table ?**
5. **Waiter ! I'm afraid this meat is undercooked.**
6. **Could you send this wine back ? It has got a strange taste to it.**
7. **I'd like to have the bill, please.**
8. **Is there a service charge included ?**
9. **Are you sure your adding up is right ?**
10. **Do you serve special portions for children ?**
11. **I think you have got the dishes mixed up. We didn't order this.**
12. **Shall we have a liqueur to finish ?**
13. **Isn't there any dressing to go with the salad ?**
14. **Their dishes are very well presented.**
15. **They give generous helpings.**
16. **It's very filling.**
17. **Couldn't you find us another table ?**
18. **It's reserved.**

■ Vous devez connaître

waiter, garçon, serveur de restaurant
to order, commander, passer commande
main course, plat principal, entrée
to cut up, découper, émincer
to cook, cuire, préparer, faire la cuisine
rabbit, lapin
dish, plat, met
onion, oignon
herbs, fines herbes
cider, cidre
fish (coll. sing.), poisson(s)
to fancy, 1) imaginer, 2) aimer bien ; avoir envie (de)
steak, tranche de viande, bifteck
prawn, grosse crevette, bouquet
starter, hors-d'œuvre(s)
rare (meat), (viande) saignante
medium, à point
well done, bien cuite
vegetables, légumes
peas, petits pois
Green (French) beans, haricots (verts)
diet, régime
wine list, carte des vins
hunger, (la) faim
vinegar, vinaigre
snack, repas rapide, casse-croûte
tea-shop, salon de thé
jam, confiture
soup, soupe, potage
broth, consommé
mash, purée (pommes de terre, etc.)
to bake, cuire au four
to roast, rôtir
beef, (viande de) bœuf
lamb chop, côte(lette) d'agneau
to boil, (faire) bouillir, cuire à l'eau
kidney, rognon
pie, tourte
gravy, jus de viande, de cuisson
to toast, 1) griller du pain, etc. ; 2) boire à la santé de
sausage, saucisse
lemon, citron
custard, crème anglaise

Vocabulaire complémentaire

bread, pain
butter, beurre
cabbage, chou
cheese, fromage
cream, crème
duck, canard
egg, œuf
garlic, ail
gherkin, cornichon
ham, jambon
herring, hareng
mackerel, maquereau
mint, menthe
mustard, moutarde
oyster, huître
parsley, persil
pepper, poivre
plaice, carrelet
pork, porc
salad dressing, sauce de salade
salt, sel
scallop, coquille Saint-Jacques
shrimp, crevette
sprout, chou de Bruxelles
stuffing, farce
to fry, frire
to stew, cuire à l'étouffée
trout, truite
turkey, dinde

A ■ Complétez

1. How would you like your steak ? ... or ....
2. Do you prefer ... potatoes, ... potatoes or ... potatoes ?
3. Here is the ......, I can recommend the Beaujolais.
4. The different kinds of meat you can find at an English butcher's are : ..., ..., ... and ....

B ■ Remplacez les mots soulignés par un synonyme

1. Do you like green beans ?
2. What will you have as a first course ?
3. Will you have a sweet after the main course ?

C ■ Traduire la recette suivante

Stuffed Potatoes.

A potato baked in its skin can be a meal in itself, if mixed with other ingredients. Wash the potato, wrap it in foil and simply put it in a fairly hot oven. Leave to bake until soft (approximately one hour). When cooked, remove from oven. Then, scoop out the inside, mix with grated cheese, onions and ham cubes or small pieces of bacon. Put the filling back into the potato skin and place under a grill for 5 to 10 minutes. Serve with a salad.

Corrigé

A ■ 1. **rare** *(saignant),* **medium** *(à point)* ou **well done** *(bien cuit).* **2.** **roast potatoes** *(pommes de terre sautées),* **boiled potatoes** *(p.d.t. vapeur),* **chipped p.** *(pommes frites),* **mashed p.** *(p.d.t. en purée),* **baked p.** *(p.d.t. au four).* **3.** **wine list** *(carte des vins).* **4.** **beef** *(bœuf),* **veal** *(veau),* **pork** *(porc),* **mutton** *(mouton).*

B ■ 1. **French beans** *(haricots verts).* **2.** **starter** *(entrée).* **3.** **dessert** *(dessert).*

C ■

Pommes de terre farcies.

Une pomme de terre au four peut être un repas en soi si elle est mélangée à d'autres ingrédients. Lavez la pomme de terre, enveloppez-la dans du papier d'aluminium et mettez-la simplement à four modéré. Laissez-la jusqu'à ce qu'elle soit cuite (environ une heure). Quand elle est cuite, sortez-la du four. Puis videz l'intérieur et mélangez avec du fromage râpé, des oignons et du jambon coupé en dés ou de petits morceaux de bacon. Remplissez la peau avec la farce et mettez au gril pendant 5 à 10 minutes. Servez avec une salade.

■ At the bank

A : French tourist B : Belgian tourist C : Bank clerk

C— Yes, can I help you ?

A— I'd like to change 500 French francs in cash[1] and 200 dollars in traveller's cheques, please. Can you tell me what the exchange rates are ?

C— 11.96[2] French francs to the pound[3] for notes[4] and 1.7 dollars to the pound for traveller's cheques. Let me see ...£ 41.80 plus £ 340 is £ 381.80[5] in all.

A— Is there any commission to pay ?

C— Only for the traveller's cheques and I've already deducted it. It's 1 %. Can you countersign your cheques and show me your passport, please ?

...

B— Excuse me, I've just realized I've lost my traveller's cheques. Could you advise me on what I'm supposed to do ?

C— You should inform the bank that issued[6] them at once so that they can stop[7] them before somebody tries to cash them.

B— Is it serious ?

C— Well, obviously it's better if you don't lose them at all, but you'll be covered by the insurance and will get most of the money back once you return to your country.

B— And what should I do in the meantime ? You see, I've got a hotel bill to pay.

C— You don't happen to have[8] a credit card[9] or a cheque book and cheque card[10] on you by any chance[11] ?

B— I've got a cheque book. Will that do ?

C— Sorry, sir. All foreign cheques have to be backed[12] up by a cheque card. We could always telex your bank at home and ask them to transfer some money over[13], if that's any help ? But of course, you'd have to pay for the telex.

B— I suppose that's the only solution.

C— If you're stuck[14] for money, you don't seem to have much[15] choice.

B— I don't, do I[16] ? Go right ahead.

tourist	[t**ou**erist]	**issued**	[**i**choued]
clerk	[kla:k]	**obviously**	['ɔbviesli]
cheques	[tchèks]	**insurance**	[inch**ou**erens]
exchange	[ikstch**èî**ndj]	**foreign**	[fɔrin]
rates	[rèîts]	**minus**	[m**aî**nes]
1 %	[woenpes**è**nt]	**transfer**	[trənsfer]
countersign	[k**aou**ntesaïn]	**suppose**	[sep**ôou**z]

A : touriste français B : touriste belge C : employé de banque

C— Monsieur, c'est pour quoi ?
A— Je voudrais changer 500 francs français en liquide et 200 dollars en chèques de voyage, s'il vous plaît. Pouvez-vous me donner le taux de change ?
C— 11,96 francs la livre pour les billets, et 1,70 dollar la livre pour les chèques de voyage. Voyons ...41,80 plus 340, cela fait 381,80 livres en tout.
A— Y a-t-il une commission à payer ?
C— Seulement pour les chèques de voyage et je l'ai déjà déduite ; elle est de 1 %. Pouvez-vous contresigner vos chèques et me montrer votre passeport, s'il vous plaît ?
...
B— Pardon, je viens de m'apercevoir que j'ai perdu mes chèques de voyage. Pourriez-vous me dire ce que je dois faire ?
C— Il vous faut immédiatement le signaler à la banque qui les a émis de façon qu'elle puisse faire opposition avant que quelqu'un essaye de les encaisser.
B— Est-ce que c'est grave ?
C— Eh bien, de toute évidence le mieux est de ne pas les perdre, mais vous serez couvert par l'assurance et récupérerez la plupart de l'argent à votre retour en Belgique.
B— Et qu'est-ce que je dois faire d'ici là ? Vous comprenez, j'ai une note d'hôtel à payer.
C— Vous n'auriez pas une carte de crédit ou un carnet de chèques et une carte bancaire par hasard ?
B— J'ai un carnet de chèques. Ça va ?
C— Désolé, Monsieur. Tous les chèques étrangers ne peuvent être endossés que sur présentation d'une carte bancaire. On pourrait toujours envoyer un télex à votre banque et leur demander de transférer de l'argent, si ça peut vous aider. Mais bien sûr, il vous faudra payer le télex.
B— Je suppose que c'est la seule solution.
C— Si vous êtes à court d'argent, il me semble que vous n'avez pas beaucoup le choix.
B— Non, en effet. Faites comme ça.

1. **Cash,** *espèces, (argent) liquide.* **To pay cash :** *payer comptant.*
2. **11.96 (eleven point ninety-six)** = *11,96* Notez l'usage du point en anglais, là où le français met une virgule pour introduire les décimales ; inversement, l'anglais mettra une virgule devant les milliers où le français met un point (ou rien), par ex. : **6,000 (six thousand).**
3. **to the pound,** *par (pour une, à la) livre.* Notez l'emploi de **to.**
4. **notes = banknotes,** *billets de banque.*
5. **41.80 plus 340 is 381.80,** *41,80 plus 340 livres égale 381,80 livres ;* on additionne en ajoutant les chiffres à l'aide de **plus** ou de **and** ; le résultat est introduit soit par **is** soit par **equals,** *égale.* On opère de même pour la soustraction en retranchant les chiffres avec **minus,** *moins.*
6. **to issue,** *émettre, mettre en circulation.*
7. **to stop a cheque,** *faire opposition à (au paiement d') un chèque.*
8. **You don't happen to have ...** m. à m. *vous ne vous trouvez pas avoir ... ;* **to happen** est employé ici avec un autre pronom sujet que **it**, mais garde sa valeur de circonstance fortuite, de hasard.
9. **a credit card,** *une carte de crédit.* Elle peut servir, seule, à effectuer des paiements.
10. **a cheque card = a banker's card ;** *carte bancaire.* Elle doit être présentée quand on fait un chèque.
11. **by any chance,** *par pur hasard.* **Any** renforce l'improbabilité par rapport à **by chance.**
12. **to be backed up,** *être soutenu* (souvent financièrement), *garanti, appuyé.*
13. **to transfer some money over,** notez l'utilisation de l'adverbe **over,** sous-entendu **over the Channel.**
14. **you're stuck for money,** m. à m. *coincé, bloqué pour une question d'argent.*
15. **much choice : much** s'emploie devant un nom au singulier, **many** devant un nom au pluriel, tous deux principalement dans des phrases interrogatives ou négatives.
16. **I don't, do I ?** Notez l'usage d'une **question tag** dans une phrase brève dont le verbe et le complément n'ont pas été repris ; sous-entendu : **I don't have much choice, do I ?**

Sooner or later, you're going to have a bank account and carry a cheque book. What do you gain by opening an account ? It certainly is a much more practical way of storing your money than using tins, boxes or envelopes.

Once your current account is opened, you will be issued with a cheque book, accompanied by a paying-in book. After you've had an account for a short time, your bank manager may well ask you if you would like a cheque card. Accept like a shot because they're very useful and are, in effect, an assurance that any cheque you sign (up to the value of £50) will be honoured, which means that you can pay by cheque anywhere without waiting for your cheque to be cleared (3 days) before taking away the article you have just bought.

And don't forget that British banks are open from 9 am to 3.30 pm, Monday to Friday, including lunch-times.

1. **tin**, boîte faite de métal ; **box**, boîte en bois ou en carton.

Tôt ou tard, vous allez avoir un compte en banque et détenir un carnet de chèques. Que gagne t-on à ouvrir un compte ? C'est sûrement un moyen de garder son argent beaucoup plus pratique que d'utiliser des boîtes en fer, en bois ou des enveloppes.

Dès que votre compte courant sera ouvert, on vous délivrera un carnet de chèques, ainsi qu'un carnet de remise de chèques et de dépôt en liquide. Quelque temps après l'ouverture de votre compte, il se peut que le directeur de la banque vous propose une carte bancaire. Acceptez sur-le-champ, car c'est, en pratique, l'assurance que tout chèque que vous signerez sera honoré, ce qui signifie que vous pourrez payer par chèque n'importe où, sans attendre que celui-ci soit compensé (3 jours) pour emmener l'article que vous venez d'acheter.

Et n'oubliez pas que, en Grande-Bretagne, les banques sont ouvertes, sans interruption, de 9 h à 15 h 30, du lundi au vendredi.

Services offered by banks to private individuals

— handling of current accounts, deposit accounts and savings accounts
— payment of recurring expenses (subscriptions, telephone and electricity bills, etc.) by standing orders
— supplying of foreign currency
— issuing of traveller's cheques
— issuing of credit cards
— custody of valuables and deeds
— information and advice on investments
— portfolio management (shares and bonds)

Traveller's cheques are one of the safest methods of carrying money abroad. If they are lost or stolen (or even accidentally destroyed), simply contact the issuer. Prompt refunds can be arranged to meet your immediate requirements. They can be exchanged for local currency and are also one of the most widely accepted methods of payment. Traveller's cheques are available in a wide range of currencies, and you could also find it extremely useful to take a small quantity of cash in local currency for immediate use.

Services offerts aux particuliers par les banques

— gestion des comptes courants, des comptes de dépôt, des comptes d'épargne
— paiement des dépenses régulières (abonnements, factures de téléphone et d'électricité, etc.) par prélèvement automatique
— vente de devises étrangères
— émission de chèques de voyage
— émission de cartes de crédit
— garde d'objets de valeur et de pièces officielles
— renseignements et conseils sur les placements
— gestion de portefeuille (actions et obligations)

Les chèques de voyage constituent l'un des moyens les plus sûrs pour emporter de l'argent à l'étranger. En cas de perte ou de vol, ou en cas de destruction accidentelle, il suffit de contacter l' (organisme) émetteur. Un remboursement rapide peut alors être organisé pour vous permettre de faire face à vos besoins immédiats. Ils peuvent être changés en monnaie locale, et sont en outre un des moyens de paiement les plus couramment acceptés. Les chèques de voyage sont disponibles dans une large gamme de devises. Il peut être extrêmement utile de prévoir une petite quantité d'argent liquide en devises locales pour les dépenses immédiates.

1. Avec les distributeurs automatiques, vous pouvez retirer de l'argent liquide n'importe quel jour, à n'importe quelle heure.
2. Pour que vous puissiez encaisser ce chèque, il faut qu'il soit daté et signé au dos.
3. Je voudrais faire un retrait à vue, s'il vous plaît.
4. Je me suis trompé, je n'ai plus qu'à annuler ce chèque et à le refaire.
5. La somme doit être portée en chiffres et en lettres.
6. Vous êtes à découvert — il faut que vous approvisionniez votre compte au plus vite.
7. Mettez ce chèque à l'ordre de M. Trevor Richmonds.
8. Il m'a donné un chèque en bois.
9. Comment voulez-vous votre argent — en billets de cinq ou d'une livre ?
10. Je voudrais un nouveau carnet de chèques, s'il vous plaît.
11. Le contrôle des changes est fini maintenant.
12. Est-ce que je peux avoir la situation de mon compte ?
13. Vous recevrez un relevé de compte chaque mois.
14. Mon salaire est toujours versé sur mon compte.
15. Deux chèques ont été débités et un a été crédité.

---

1. **With an automatic cash distributor you can get cash any day, any time.**
2. **In order for you to cash this cheque, it has to be signed (endorsed) on the back and dated.**
3. **I'd like to make a withdrawal, please.**
4. **I've made a mistake writing the cheque out, I'll scrap it and write it out again.**
5. **You've got to write the amount out in figures and in letters.**
6. **You're overdrawn — you should put your account in order as soon as possible.**
7. **Make the cheque payable to Mr Trevor Richmonds.**
8. **He gave me a cheque that bounced.**
9. **How do you want your money — in fives or in one pound notes ?**
10. **I'd like a new cheque book, please.**
11. **The currency restrictions are now over.**
12. **Can I have the balance of my account, please ?**
13. **You will receive a monthly bank statement.**
14. **My salary is always paid into my bank account.**
15. **Two cheques have been debited and one credited to your account.**

bank, banque
to cash, encaisser
traveller's cheque, chèque de voyage
exchange rate, taux de change
note, billet de banque
minus, *(signe)* moins
to countersign, contresigner
to issue, émettre
to lose, perdre
cash, espèces ; comptant
bill, 1) note, facture ; 2) effet
cheque book, chéquier
to back up, soutenir, appuyer financièrement
to steal (stole, stolen), voler
missing, disparu, manquant, absent
to invalidate, invalider
bank account, compte bancaire
to store, stocker, conserver
to pay in, verser *(à un compte)*
to honour, honorer *(un chèque)*
to clear, compenser *(chèques)*
to handle, traiter, gérer
current account, compte courant
deposit account, compte de dépôt
savings account, compte d'épargne
expense, dépense, frais, débours
subscription, abonnement
standing order, ordre permanent, prélèvement automatique
to supply, fournir
currency, devise
custody, garde, dépôt
valuables, objets de valeur
shares, actions
bonds, obligations
refund, remboursement
requirement, besoin, exigence
balance, 1) équilibre ; 2) solde
to settle, régler, payer
range, 1) portée ; 2) gamme, éventail
automatic cash distributor (dispenser), distributeur automatique de billets
on the back, au dos, au verso
withdrawal, retrait
to write out, rédiger *(un chèque)*
figure(s), chiffre(s)
overdrawn, à découvert *(compte)*
payable to, à l'ordre de
to bounce, être sans provision
fives, billets de cinq livres
one-pound note, billet d'une livre

Vocabulaire complémentaire

bad cheque, chèque sans provision
barter, troc
cashier, caissier principal
charge, droit, frais, prix *(service)*
coin, pièce de monnaie
counterfoil, souche, talon
discount, escompte, remise ; rabais
hard cash, espèces, argent comptant
loan, 1) prêt ; 2) emprunt
overdraft, découvert *(bancaire)*
rent, loyer
safe, coffre-fort
securities, stock, titres, valeurs
Stock Exchange, Bourse des valeurs
teller, employé *(au guichet)*
to borrow, emprunter
to cross (out), barrer *(chèque)*
to lend, prêter
wicket, guichet

A ■ Placez chacun des mots suivants dans le groupe a s'ils sont accentués sur la première syllabe, dans le groupe b s'ils sont accentués sur la seconde.

1. tourist. **2.** dollar. **3.** traveller.
4. exchange. **5.** commission. **6.** countersign.
7. problem. **8.** presence. **9.** invalid.
10. security. **11.** measure. **12.** difference.
13. suppose. **14.** ridiculous. **15.** happen.
16. foreign. **17.** transfer. **18.** money.
19. immediately. **20.** return.

B ■ Complétez les phrases suivantes avec much *ou* **many.**

1. Did you see ..... tourists ?
2. I haven't got ..... money on me.
3. Is there ..... whisky left ?
4. There isn't ..... choice here.
5. I didn't talk to ..... people.

C ■ Traduire en anglais :

1. Je voudrais ouvrir un compte en banque.
2. Quel est le taux de change ?
3. Est-ce que je peux vous payer par chèque, je n'ai pas d'argent liquide.
4. N'oubliez pas votre carnet de chèques et votre carte de crédit.
5. Quel est le cours de la livre par rapport au franc ?
6. Un compte de dépôt vous rapportera des intérêts.

Corrigé

A ■ a 1. touerist. **2.** dole. **3.** travel. **6.** kaountesaïn. **7.** problem. **8.** prézns. **11.** méje. **12.** difrens. **15.** hapn. **16.** forin. **18.** moeni.

b 4. ikstchèiηdj. **5.** kemichen. **9.** invalid. **10.** sékjoueriti. **13.** sepôouz. **14.** ridikjoules. **15.** transfe:. **19.** imi.dje.tli. **20.** rite:n.

B ■ 1. many. **2.** much. **3.** much. **4.** much. **5.** many.

C ■ 1. I'd like to open a bank account.
2. What is the exchange rate ?
3. Can I pay you by cheque, I haven't got any cash.
4. Don't forget your cheque book and your credit card.
5. How many francs are there to the pound ?
6. A deposit account will earn you interest.

■ The pub

A : Alan   J : Jim   B : barmaid

A— It's nice here, isn't it ? It's got a good atmosphere.
J— •Yes, it's a lot better than the "Swan". I hate that place - it's always too packed and noisy, especially on Saturdays[1]. Have you ever been[2] there ?
A— I can't say that I have. What would you like to drink ?
J— It's all right, I'll get them.
A— Mine's a half[3] of lager[4] then.
J— A half ? Don't you want a pint[5] ?
A— Well, if it's your round[6], I can't refuse, can I ?

At the bar

J— A pint of bitter[7] and a pint of lager, please !
B— The bitter's off[8], love[9]. Can you wait a minute ? The landlord is just changing the barrel.
J— Oh, make it two pints of lager, then, and a packet of peanuts. Can you change a twenty pound note ?
B— Haven't you got anything smaller ?
J— Sorry, I haven't.

. . . .

J— Do you fancy a game of darts ?
A— Oh no, not tonight. I feel like taking it easy[10].
B— (ringing the bell and shouting) Last orders[11], please, gentlemen.
A— We'd better hurry up if we want to get another round in. Shall we double up[12] ?
J— It's not worth it. They'll be wanting[13] our glasses in a minute anyway. I think I'll have a short[14] - a whisky and dry[15], if they've got it.
A— I'll have a short too. I won't be long.

pub	[poeb]	lager	[**la:**ge]
atmosphere	[**at**mesfie]	barrel	[**ba**rel]
swan	[swon]	peanuts	[**pi:**noets]
noisy	[**noï**zi]	darts	[da:ts]
pint	[païnt]	double	[**doe**bl]

A : Alan J : Jim S : serveuse

A— C'est pas mal ici, hein ? Il y a une bonne ambiance.
J— Oui, c'est beaucoup mieux qu'au "Cygne". Je déteste cet endroit. Il y a toujours un de ces peuples et un de ces bruits, surtout le samedi. Tu y es déjà allé ?
A— A vrai dire, non. Qu'est-ce que tu veux boire ?
J— Laisse, c'est moi qui commande.
A— Bon alors, je prendrai un demi de bière blonde.
J— Un demi ? Tu ne veux pas une pinte ?
A— Bon, si c'est toi qui payes, je ne peux pas refuser.

Au comptoir

J— Une pinte de bière brune et une de blonde, s'il vous plaît !
S— Il n'y a plus de bière brune, m'sieu. Le patron est en train de changer le tonneau.
J— Mettez-moi alors deux pintes de blonde et un paquet de cacahuètes... Vous avez la monnaie de vingt livres ?
S— Vous n'avez rien de plus petit ?
J— Non, désolé.

....

J— On fait une partie de fléchettes ?
A— Oh non, pas ce soir. Je n'en ai pas le courage.
S— (sonnant la cloche et criant) Dernières commandes, s'il vous plaît.
A— On ferait bien de se dépêcher si on veut en prendre un autre. On prend une tournée double ?
J— Ça ne vaut pas le coup. D'ailleurs, ils vont bientôt venir récupérer nos verres. Je crois que je vais prendre un alcool, un whisky avec du 'Canada Dry', s'ils en ont.
A— Je vais prendre un alcool aussi. Je reviens tout de suite.

There are two reasons for drinking : one is, when you are thirsty, to cure it ; the other, when you are not thirsty, to prevent it.

Thomas Love Peacock (1817)

Il y a deux bonnes raisons de boire : l'une pour apaiser la soif, l'autre pour la prévenir.

■ Remarques

1. **on Saturdays = every Saturday**, *tous les samedis.* Attention : **on Saturday**, *samedi prochain.*
2. **Have you been ; have been**, *être allé et en être revenu*, **have gone**, *y être toujours.*
3. **a half = half a pint.**
4. **lager**, *bière blonde.* En Grande-Bretagne il faut toujours préciser le type de bière désiré. Il est impensable de commander **a pint of beer.**
5. **pint :** une pinte vaut 0,568 litre. Il y a 8 pintes dans un **gallon** qui vaut donc 4,54 litres.
6. **round**, *tournée* (que ce soit celle du facteur ou celle payée au café).
7. **bitter**, bière anglaise traditionnelle, de couleur rousse. La **mild** est plus légère et plus brune que la **bitter**, la **brown ale** (ou **stout**) est, quant à elle, franchement noire.
8. **off** a ici le sens de *épuisé, hors service.*
9. **love**, c'est un terme familier (mais ni provocant, ni vulgaire), utilisé surtout dans le Nord de l'Angleterre, envers des personnes du sexe opposé.
10. **taking it easy** signifie ici *relax*, mais il peut avoir le sens de *ne pas s'énerver.*
11. **Last orders**, à 22 h 30 la cloche retentit et vous avez alors 10 mn pour commander à boire et 20 mn après 22 h 30 pour vider votre verre.
12. **Shall we double up ? = shall we get a double round in ?** *est-ce que l'on prend une tournée double ?*
13. **They'll be wanting our glasses** : lit. *ils vont nous demander nos verres.* La forme en **-ing** n'est possible avant **want** que quand ce verbe a le sens de *réclamer*, et non simplement celui de *vouloir, désirer.*
14. **a short = a short drink**, un alcool qui, comme le whisky, ne remplit pas un grand verre, contrairement au **long drink**, que ce soit bière ou cocktail, par exemple.
15. **a dry = dry ginger ale**, boisson pétillante, non alcoolisée, à base de gingembre ; cf. le *Canada Dry.*

"Real ale" is a beer made according to traditional recipes with malted barley and hops, it is not pasteurised or enlivened with carbon dioxide.
La « bière authentique » est faite selon des procédés traditionnels, avec du houblon et de l'orge malté, elle n'est pas pasteurisée ou fabriquée avec addition de gaz carbonique.

Anyone going to England should not hesitate to visit a truly British institution which has changed very little over the years : the pub (short for "public house"). It is a centre of social life and entertainment for young and old alike, and has no equivalent in any other country in the world.

The pub is a place where alcoholic beverages and a limited amount of cold drinks are sold at certain times during the day. It is generally open from 10.30 in the morning until 3 in the afternoon, and from 5.30 pm until 10.30 at night. Licensing hours may differ slightly at the weekend, depending upon the area. Should you care for a drink outside these times, you can always go to a café for a soft drink or a cup of tea or coffee, or to a late-night discotheque with a licence to serve alcoholic drinks until 2 in the morning.

Far from spoiling the pleasure, these restrictions enhance the ritual of going to the pub for a typical evening out. Pub-lovers think nothing of travelling miles to go to a place they like.

Tous ceux qui vont en Angleterre ne devraient pas hésiter à visiter une véritable institution britannique qui n'a guère changé au fil des ans : le « pub » (abréviation de « maison publique »). C'est un centre de vie sociale et de détente pour les jeunes comme pour les vieux qui n'a d'équivalent dans aucun pays au monde.

Le « pub » est un lieu où l'on vend des boissons alcoolisées et un nombre limité de boissons fraîches à certaines heures de la journée. Il est ouvert, en général, de 10 h 30 le matin à 15 h l'après-midi, et de 17 h 30 à 22 h 30. Les heures d'ouverture peuvent varier un peu pendant le week-end, selon la région. Si vous avez envie de boire en dehors de ces heures, vous pouvez toujours aller dans un « café » pour une boisson non alcoolisée ou une tasse de thé ou de café, ou, tard dans la soirée, dans une discothèque qui a une licence pour servir de l'alcool jusqu'à 2 heures du matin.

Loin de gâcher le plaisir, ces restrictions ne font que renforcer le rite de la sortie au « pub » pour passer une soirée typique. Ceux qui aiment les « pubs » n'hésitent pas une seconde à faire des kilomètres pour se rendre dans un endroit qu'ils aiment.

Children under the age of 16 are not allowed in pubs, unless accompanied by adults and you have to be over 18 to consume alcohol.

Normally a public house consists of two rooms : the public bar and the lounge. The public bar is mainly for "regulars" interested in playing dominoes or darts. The plusher lounge, carpeted and larger in size, is considered to be more "select" and more in keeping with the taste of a lady. Drinks are generally a few pence dearer, but the difference in price is more than compensated by the degree of comfort.

To order a drink, a customer is obliged to queue up at the bar, pay for his drinks immediately and carry them back to his seat. Tipping therefore does not exist.

Empty glasses are often collected at a dizzying speed and it is not common practice to sit contemplating the remains of your drink for hours on end.

Tables are often shared in jovial spirit and are a convenient way of striking up a conversation.

Les moins de 16 ans ne sont pas admis dans les "pubs" à moins d'être accompagnés par des adultes et il faut avoir plus de 18 ans pour consommer de l'alcool.

Il y a normalement dans un "pub" deux salles : le bar et le salon. Le bar est surtout pour les habitués, amateurs de dominos et de fléchettes. Le salon, plus confortable et plus vaste, avec une moquette, est considéré comme étant plus "sélect" et plus au goût des dames. Les boissons y sont, en général, plus chères de quelques pence, mais la différence de prix est largement compensée par le supplément de confort.

Pour commander, le client est obligé de faire la queue au comptoir, de payer ses consommations tout de suite et de les rapporter à sa place. Il n'y a donc pas de "service".

Les verres vides sont souvent ramassés avec une grande célérité, et il n'est pas d'usage de rester assis à contempler son verre vide pendant des heures.

Il arrive souvent que l'on partage une table dans la bonne humeur, et c'est un moyen pratique d'entamer la conversation.

1. Pourriez-vous me donner un plateau, s'il vous plaît, et une lavette pour essuyer ?
2. Il est trop tard, ils ont déjà mis les serviettes sur les pompes à bière pour indiquer que le bar est fermé.
3. Puis-je avoir de la glace dans mon whisky et une goutte d'eau de Seltz ?
4. Pardon, je n'ai pas fini mon verre !
5. Pouvez-vous me dire où sont les toilettes pour dames ? Je ne vois que celles pour hommes.
6. On va prendre un verre ?
7. Je pense que j'ai trop bu hier soir, j'ai une gueule de bois terrible.
8. Pardon, est-ce que je peux approcher du comptoir ?
9. Je pense qu'il vaut mieux que j'arrête là, je suis déjà un peu "parti".
10. Est-ce que je peux t'aider à porter les verres ?
11. Boire ou conduire, il faut choisir.
12. Ça s'arrose !
13. Cette bière est plate, elle ne mousse pas du tout.
14. Ça monte à la tête.
15. Je n'ai pas envie de boire. Je préférerais une boisson non alcoolisée.
16. Je te paye à boire !
17. Je suis anti-alcoolique. Je ne bois jamais d'alcool.

---

1. **Could you give me a tray, please, and a cloth to wipe the mess up ?**
2. **It's too late, the towels are already on.**
3. **Can I have some ice in my whisky and a drop of soda ?**
4. **Excuse me, I haven't finished my drink !**
5. **Do you know where the "Ladies" are ? I can only see the "Gents".**
6. **Do you fancy going for a drink ?**
7. **I think I drank too much last night ; I've got a terrible hangover !**
8. **Excuse me, can I get to the bar ?**
9. **I'd better leave it at that, I'm already tipsy.**
10. **Do you want a hand with the glasses ?**
11. **Don't drink and drive !**
12. **This occasion serves for a drink !**
13. **This beer is flat, there isn't any head on it.**
14. **It goes straight to your head.**
15. **I don't feel like drinking tonight. I'd prefer something non alcoholic.**
16. **Have a drink on me !**
17. **I'm a teetotaler. I never touch alcohol.**

■ Vous devez connaître

atmosphere, atmosphère, ambiance
packed, bondé, comble
lager, bière blonde
bitter, bière brune
barmaid, serveuse
landlord, patron
bar, bar, comptoir
darts, fléchettes
peanuts, cacahuètes
to order, commander
an order, une commande
round, tournée
I won't be long, je n'en ai pas pour longtemps
beverage = drink, boisson
licensing hours, heures d'ouverture
soft drink, boisson non alcoolisée
to spoil, gâcher
to enhance, accroître, mettre en valeur
to think nothing of doing sth, ne pas hésiter une seconde à faire qqch
a regular, un habitué
plush, confortable
to tip somebody, donner un pourboire à quelqu'un
a tip, un pourboire
to strike up a conversation, entamer la conversation
tray, plateau

Vocabulaire complémentaire

ale, bière de fabrication traditionnelle
barley wine, vin d'orge
billiards, billard
bottled, en bouteille
cap, capsule
cheers ! à la vôtre !
cork, bouchon
crisps, chips
fizzy orange, orangeade gazeuse
fruit juice, jus de fruit
inn, auberge
juke box, juke box
lemon-juice, jus de citron
lemon-squash, citronnade
the local, le café du coin
mineral water, eau minérale
off-licence, autorisation de vendre des boissons alcoolisées à emporter
on draught, à la pression
one-armed bandit, machine à sous
pub grub, *(fam.)* plats servis dans les pubs
publican, cafetier, propriétaire ou gérant de pub
shandy, panaché
sherry, xérès
slot-machine, machine à sous
snooker, billard américain
soda water, eau de Seltz
to sparkle, pétiller
still, plat, non gazeux
still orange, orangeade plate
tonic water, "Schweppes"
vodka and lime, vodka au citron vert
white wine (sweet, medium, dry), vin blanc (doux, demi-sec, sec)
wine bar, bar à vin

The wide variety of beers available can be divided into two broad categories, draught and bottled. The traditional draught beers are bitter and mild.

Le vaste choix des bières proposées à la vente se divise en deux grandes catégories : la bière à la pression et la bière en bouteille. Les bières traditionnellement servies à la pression sont l'amère et la légère.

A ■ Complétez

1. Do you ... going for a drink at the "Swan" ?
2. They'll be ringing ... ... in a minute.
3. He is totally drunk and will have a terrible ... tomorrow morning.
4. It's all right. It's my ..., you've already paid.
5. A ... of bitter, please !
6. There are too many people in that pub. It's really ...
7. They won't serve me because the ... are already on.

B ■ Traduire en français

One of the earliest known laws concerning drinking dates back to 1266 and concerns the price of ale. Later James I discovered that selling licences permitting the sale of beer was an excellent scheme for raising money, and increasing taxation gradually made beer more expensive.

C ■ Traduire en anglais

1. Qu'est-ce que tu prends ?
2. Ton ami est complètement ivre.
3. Il faut que tu ailles commander au comptoir.
4. Est-ce que tu veux faire une partie de billard ?
5. Deux pintes de panaché, un paquet de cacahuètes et un paquet de chips.

Corrigé

A ■ 1. fancy **2.** last orders **3.** hangover **4.** round **5.** pint (or half) **6.** packed **7.** towels

B ■ Une des premières lois connues concernant la consommation de boissons remonte à 1266 et concerne le prix de la bière blonde. Plus tard, Jacques Ier découvrit que l'institution de redevances autorisant la vente de la bière était un excellent moyen de se procurer de l'argent, et une fiscalité croissante rendit progressivement la bière de plus en plus chère.

C ■
1. What would you like to drink ?
2. Your friend is completely drunk
3. You have to go to the bar to order.
4. Do you fancy a game of billiards ?
5. Two pints of shandy, a packet of peanuts and a packet of crisps.

■ At the campsite

A : first camper B : second camper

A— Terrible storm we had last night, wasn't it[1] ?
B— I thought the tent was going to cave in[2].
A— Mine did[3] ! It couldn't have been worse. The kids started howling, the wife[4] got annoyed and I ended up crawling[5] about in the dark, trying to find the opening.
B— I think most people were in the same boat. As soon as I heard the first drop of rain I rushed out and started digging a trench to drain the water off[6]. That's all you can do in a situation like that.
A— I didn't even hear the beginning of the storm ! I was dead to the world[7]. Well, they say you learn by your mistakes. Luckily, the car was next to the tent. I just bundled[8] everybody into it.
B— What's the tent like this morning ?
A— I don't think we'd better talk about it. It's a pretty sore subject at present. We were going to move on to[9] Aberystwyth today, but that's out of the question now. It'll take most of the day just to dry it out[10]. I'm not even sure if we'll be able to sleep in it tonight. Mind you, I don't think I could take[11] another night in the car.
B— If you want, you can send your kids into our tent tonight. We've got plenty of room. It might help clear the air[12] a bit !
A— Thanks a lot. Anyway, I'll try to pitch the tent again. I think I'll have to do a bit of a repair job[13] by the look of it.
B— Do you want a hand ? I've got some extra picks and nylon cord, if that's of any help.
A— Fine, that's just what I need. I suppose we'd better get started right away. If the worst comes to the worst[14], we could always rent a caravan[15] for the night. It's not the end of the world... There seems to be plenty around.

campsite	[**kam**psaït]	luckily	[**loe**kili]
storm	[sto:m]	tent	[tènt]
howling	[**haou**liŋ]	Aberystwyth	[abe**ris**twis]
annoyed	[e**noïd**]	nylon	[**naï**len]
crawling	[**kro:**liŋ]	bundled	[**boen**dld]
situation	[sitjou**èï**chen]	caravan	[**ka**revan]

A : premier campeur B : deuxième campeur

A— Quel orage terrible on a eu la nuit dernière, hein ?

B— Je pensais que la tente allait s'affaisser.

A— C'est ce qui m'est arrivé ! Ça ne pouvait pas être pire. Les gosses se sont mis à hurler, ma femme s'est énervée et je me suis retrouvé à quatre pattes dans le noir à essayer de trouver l'ouverture.

B— Je pense que la plupart des gens étaient logés à la même enseigne. Dès que j'ai entendu la première goutte de pluie je me suis précipité dehors et j'ai commencé à creuser une tranchée pour drainer l'eau. C'est tout ce qu'on peut faire dans un cas comme ça.

A— Je n'ai même pas entendu le début de l'orage ! Je dormais comme un loir. Bah, on dit toujours qu'on apprend à ses dépens. Heureusement, la voiture était près de la tente. J'ai fourré tout le monde dedans.

B— Comment est la tente ce matin ?

A— Je crois qu'il vaut mieux éviter d'en parler. C'est un sujet plutôt douloureux actuellement. On devait partir aujourd'hui pour Aberystwyth, mais maintenant c'est hors de question. Il va falloir presque toute la journée, seulement pour qu'elle sèche. Je ne suis même pas sûr qu'on pourra y dormir ce soir. Remarquez, je ne crois pas que je supporterai une autre nuit dans la voiture !

B— On peut prendre vos gosses dans la tente, ce soir, si vous voulez. Nous, on a de la place. Ça pourrait permettre de détendre un peu l'atmosphère.

A— Merci beaucoup. De toute façon, je vais essayer de replanter la tente. Je crois que je vais avoir quelques réparations à faire, d'après ce que j'ai vu.

B— Vous voulez un coup de main ? J'ai des piquets et des cordes de nylon de rechange si ça peut vous aider.

A— Parfait. C'est exactement ce dont j'ai besoin. Je crois qu'on ferait bien de commencer tout de suite. Au pire, on peut toujours louer une caravane pour la nuit. Y a pas de quoi en faire un drame... C'est pas ça qui manque, ici, on dirait...

1. **Terrible storm... wasn't it ?** La « question tag » s'explique par l'élision de **it was a (terrible storm).**
2. **to cave in,** *s'affaisser, s'infléchir, s'enfoncer* (ici la tente sous le poids de l'eau). Cf. **a cave,** *une caverne, une grotte.*
3. **Mine did !** Littéralement : *c'est ce qu'a fait la mienne.* Par référence à la phrase précédente — **my tent caved in. Mine** est le pronom possessif de la 1re personne du singulier. **(mine, yours, his / hers / its, ours, yours, theirs)**
4. **the wife,** m. à m. *la femme,* forme familière. Cf. *la patronne.*
5. **I ended up crawling,** m. à m. *j'ai fini par ramper.* **To end up doing something,** *finir par faire qch.* On remarquera la forme en **ing,** nécessaire après les verbes marquant le début, la continuation ou la fin d'une action. (**To start, to begin, to go on, to stop,** etc.) Cf. **I started digging,** *j'ai commencé à creuser.*
6. **to drain the water off,** *évacuer, faire écouler les eaux.* L'adverbe **off** exprime ici l'éloignement, le « détournement » de l'eau. Cf. **a drain,** *un caniveau, un égout.*
7. **dead to the world,** *profondément endormi* (et donc sans réaction et comme « mort » au monde extérieur).
8. **I bundled everybody into it,** *j'ai fourré tout le monde dedans,* **to bundle,** *faire un paquet, un ballot* (impression de hâte.)
9. **to move on to,** *se mettre en route pour, continuer vers...*
10. **to dry it out,** *la faire sécher* (jusqu'à ce qu'elle soit totalement sèche sous l'action du soleil et du vent).
11. **I could take,** *que je puisse supporter.* Ici **to take = to bear.**
12. **it might help clear the air,** *ça pourrait permettre de détendre l'atmosphère.* Remarquez la construction familière de **help** avec l'infinitif sans **to.** On dira cependant **to help s.o. to do sth.,** *aider qqn à faire qch.*
13. **a bit of a repair job,** *quelques réparations* (familier). **Job** étant un nom comptable singulier, on dit **a bit of.**
14. **if the worst comes to the worst,** *en mettant les choses au pire.* **Worst** est le superlatif (irrégulier) de **bad,** comme **best** celui de **good.** Pour les autres adjectifs on ajoute **—est** s'ils sont courts (1 ou 2 syllabes) et **most** devant les adjectifs longs (au moins 2 syllabes).
15. **To rent a caravan,** *louer une caravane.* Il est souvent possible dans les campings en Grande-Bretagne de louer une caravane, même pour une nuit.

Although it is a good idea to take a raincoat or an umbrella while holidaying in Britain, the weather there is nowhere near as bad as people often make out. It's a question of luck, that's all ! The weather is of course very changeable, but no more so than in many regions of France.

The famous London « smog », a mixture of smoke and fog, has disappeared, due to considerable efforts in pollution control (the introduction of smokeless fuel). In fact, certain areas in Britain even enjoy a micro-climate ; palm-trees can be found in the Scilly Islands and on the Cornish Riviera. If it does start raining, don't despair — nine times out of ten it's just a local shower. On the coast, it probably means that the tide is turning.

Even droughts have occurred in recent years ! Weather forecasts are more accurate nowadays, but by no means infallible. Tune in to the radio, look at the daily paper or ask at the campsite.

Bien que ce soit une bonne idée de prendre un imperméable ou un parapluie quand vous êtes en vacances en Grande-Bretagne, le temps là-bas est loin d'être aussi mauvais que le prétendent souvent les gens. C'est une question de chance, tout simplement ! Le temps est bien sûr très variable, mais pas plus que dans beaucoup de régions de France.

Le célèbre « smog » de Londres, mélange de fumée et de brouillard, a disparu, grâce aux efforts considérables de contrôle de la pollution (l'introduction de combustible non polluant). En fait, certaines régions de Grande-Bretagne bénéficient même d'un micro-climat ; on peut trouver des palmiers dans les îles Sorlingues et sur la « Riviéra » de Cornouailles. S'il commence à pleuvoir, ne désespérez pas — neuf fois sur dix c'est une simple averse locale. Sur la côte, cela signifie probablement qu'il y a changement de marée.

Il y a même eu des sécheresses ces dernières années ! De nos jours les prévisions météorologiques sont plus justes, mais en aucun cas totalement sûres. Écoutez la radio, regardez le journal du jour, ou demandez au camping.

Follow the Country Code

— Guard against all risks of fire.
— Leave all gates as you find them (which generally means fastening them behind you).
Keep dogs under proper control (preferably on a leash).
— Keep to the paths across farm land.
— Avoid damaging fences, hedges and walls.
— Leave no litter.
— Safeguard water supplies.
— Protect and do not disturb wild life.
— Protect wild plants and trees (do not take specimens).
— Go carefully on country roads.
— Respect the life of the countryside.

Code de respect de la nature

— Gardez-vous contre tout risque d'incendie.
— Laissez toutes les barrières dans l'état où vous les trouvez (ce qui signifie en général de les fermer derrière vous).
— Gardez votre chien sous contrôle (de préférence en laisse).
— Ne traversez pas les champs cultivés ; utilisez les sentiers.
— Évitez d'endommager les clôtures, les haies et les murs.
— Ne laissez pas d'ordures.
— Ne gaspillez pas l'eau.
— Protégez et ne dérangez pas les animaux.
— Protégez la végétation et les arbres (ne prenez pas de « spécimens ».
— Allez prudemment sur les routes de campagne.
— Respectez la vie de la campagne.

*** Ces conseils de « bonne conduite envers l'environnement naturel » sont un bel exemple de l'approche pragmatique que les Britanniques ont de l'écologie !**

A WEATHER REPORT : London area, south west England and the Midlands : cloudy at first with sunny spells developing. Wind north easterly, moderate. Temperatures 15-16 Centigrade, 54-61 Fahrenheit. Elsewhere, risk of isolated showers. Average temperatures 12-14 C, 54-57 F. Cooler near the coast.

VOICI LES PRÉVISIONS MÉTÉOROLOGIQUES : *pour aujourd'hui, région de Londres, sud-ouest et centre de l'Angleterre : d'abord nuageux avec éclaircies ensoleillées se développant. Vent nord-est modéré. Températures de 15 à 16 °C. Ailleurs, risques d'averses localement. Température moyenne de 12 à 14 °C. Plus frais en bordure de mer.*

1. Si les campings sont complets nous devrons faire du camping sauvage.
2. Ils ont acheté une camionnette et l'ont aménagée en camping-car.
3. Y a-t-il un point d'eau à proximité ?
4. En Irlande il est possible de louer une roulotte avec un cheval pour se promener dans le pays.
5. Chaque emplacement est bien délimité et ombragé.
6. Il est interdit de rouler en voiture dans le camping entre 22 h et 8 h.
7. Des blocs sanitaires avec eau chaude sont répartis sur tout le camping.
8. Il y a des prises électriques pour les caravanes.
9. Les campeurs qui arrivent doivent se rendre au bureau d'accueil où on leur indique les emplacements disponibles.
10. J'ai une tente trois places avec double toit.
11. Le camping est situé dans un bois de pins tout près de la plage.
12. Est-ce que vous avez de la place pour cette nuit ?

---

1. **If the campsites are full, we'll have to pitch our tent anywhere.**
2. **They have bought a van and turned it into a motorized caravan.**
3. **Is there a water supply nearby ?**
4. **In Ireland you can hire a horse-drawn caravan to tour the countryside.**
5. **Each camping space is well marked out and in the shade.**
6. **It is forbidden to drive in the campsite between 10 pm and 8 am.**
7. **There are sanitary blocks with hot water all over the campsite.**
8. **There are electric mains supplies for caravans**
9. **On arriving, campers should report to the office, whereupon they will be informed of any available camping spaces.**
10. **I've got a tent that sleeps three people, with a double roof.**
11. **The campsite is situated in a pine forest right next to the beach.**
12. **Do you have any room for the night ?**

campsite, (terrain de) camping
camper, campeur
storm, orage
to howl, hurler
to get annoyed, s'énerver
to crawl, ramper, marcher à quatre pattes
drop of rain, goutte de pluie
to rush, se hâter, se précipiter
to dig, dug, dug, creuser
trench, tranchée
to drain, égoutter ; évacuer l'eau
to pitch a tent, monter une tente
pick, pic ; piquet
raincoat, *(vêtement)* imperméable
to holiday, passer des vacances
changeable, changeant, variable
fog, brouillard
due to, en raison de, du fait de
shower, averse ; douche
drought [draout], *(période de) sécheresse*
to occur, survenir, se produire.
weather forecast, bulletin météo
accurate, précis
by no means, en aucun cas
to tune in, brancher *(la radio)*
pattern, modèle, patron ; plan
moor(land)s, landes
hedge, haie
marsh, marécage
widespread, répandu
meadow, prairie
farm(ing) land, terres cultivées
van, camionnette
water supply, point d'eau
to hire, louer, prendre en location
to mark out, marquer, délimiter
sanitary block, bloc sanitaire
electric mains (supply), prise électrique
to report to, se présenter à, rendre compte à
beach, plage

Vocabulaire complémentaire

air-mattress, matelas pneumatique
awning, auvent
breeze, brise
camp-bed, lit de camp
camp-stove, réchaud de camping
chilly, frais, frisquet
clap of thunder, coup de tonnerre
cloud, nuage
cool, frais
damp, humide
dew, rosée
flash of lightning, éclair
folding chair, chaise pliante
gale, vent violent, bourrasque
gust of wind, rafale de vent
heat wave, vague de chaleur
hitchhiker, auto-stoppeur
mist, brume
peg, pince à linge, patère
refill, recharge
rubber mat, tapis de sol
rucksack, sac à dos
scorching, brûlant
sleeping bag, sac de couchage
string, ficelle
sunny, ensoleillé
to brighten (up), s'éclaircir
to hitchhike, faire de l'auto-stop
trailer, remorque
wellingtons, wellies, bottes en caoutchouc

A ■ Répondez (selon le modèle) :

Your car is big (my car).
Yes, but mine is the biggest.

1. His tent is good. (her tent)
2. Our campsite is clean. (their campsite)
3. My caravan is spacious. (your caravan)
4. Their children are noisy. (our children)
5. My holidays were nice. (his holidays)

B ■ Complétez

1. Look at all those tents and cars ! I'm sure this ... is going to be full.
2. It was very difficult to ... the tent because of the wind.
3. According to the ... it will be sunny this afternoon.
4. The weather is very .... One minute it's warm, then it suddenly turns cold again.
5. We didn't stay in hotels, we ... all the time.

C ■ Traduire en anglais

1. Il est grand temps que nous dressions la tente pour la nuit.
2. Le terrain de camping est plein ; il nous faudra dormir dans la voiture.
3. Nous ferions mieux de creuser une tranchée tout de suite.
4. Peux-tu me donner un coup de main pour mettre le double toit ?
5. Avez-vous entendu l'orage la nuit dernière ?

Corrigé

A ■ **1.** Yes, but hers is the best. **2.** Yes, but theirs is the cleanest. **3.** Yes, but yours is the most spacious. **4.** Yes, but ours are the noisiest. **5.** Yes, but his were the nicest.

B ■ **1.** campsite. **2.** pitch. **3.** weather forecast. **4.** changeable. **5.** camped.

C ■ **1.** It's high time we pitched the tent for the night.
2. The campsite is full ; we'll have to sleep in the car.
3. We'd better dig a trench rightaway.
4. Can you give me a hand with the double roof ?
5. Did you hear the storm last night ?

■ Finding your bearings

H : Husband, driving   W : Wife   L : Londoner

H— Are you sure we're on the right road[1] ? I've got a horrible feeling that we're going in the wrong direction.
W— Nonsense ! According to the map, it was right at the last traffic lights, straight down[2] Whitehall[3] and then over the bridge, direction Elephant and Castle[4].
H— Yes, but we're heading towards Chelsea[5] ! We're completely lost !
W— Don't panic[6] ! We'll get there eventually[7]. It just takes time, that's all.
H— Time ? That's one and a half hours[8] we've been driving[9] round[10] London taking wrong turnings. I've had enough !
W— So have I. You can do your own map-reading in future.
H— I can't do everything, you know. I'm going to stop and ask someone !
H— Excuse me, can you tell me the way to Elephant and Castle, please ?
L— Oh you're miles out[11] there, mate[12] ! Let me think... I reckon your best bet is to turn left into Chelsea Road at the next junction, go left again and follow the river[13] up to Westminster Bridge, go straight across, round the roundabout and carry on until you come to Lambeth Tube Station. After that it'll be somewhere on your right. You can't miss it - it'll be marked.
H— Much obliged[14]. Did you get that, dear ?
W— Honestly, I don't know why you made all the fuss in the first place[15]. I knew Westminster Bridge was right. I told you so !

bearings	[**bè**eriŋs]	Westminster	[**wès**minste]
nonsense	[**non**sens]	roundabout	[**raoun**debaout]
Elephant and Castle	[**è**lifentenk**a:sl**]	Lambeth	[**lam**beś]
Chelsea	[**tchèl**si]	obliged	[o**blaï**djd]
eventually	[i**vèn**tchoueli]	fuss	[foes]

M : mari, qui conduit F : femme L : Londonien

M— Es-tu sûre qu'on est sur la bonne route ? J'ai l'horrible impression que nous allons dans la mauvaise direction.

F— Pas possible ! D'après la carte, il fallait prendre à droite au dernier feu rouge, descendre Whitehall et passer le pont pour aller vers Elephant & Castle.

M— Mais nous nous dirigeons vers Chelsea ! Nous sommes complètement perdus.

F— Ne t'affole pas ! On finira par y arriver. Il faut simplement le temps, c'est tout.

M— Le temps ! Ça fait une heure et demie qu'on circule dans Londres, à prendre les mauvaises directions. J'en ai assez !

F— Moi aussi. A l'avenir, tu liras les cartes toi-même.

M— Je ne peux pas tout faire, tu comprends. Je vais m'arrêter et demander à quelqu'un !

M— Pardon monsieur, pouvez-vous m'indiquer la route pour "Elephant & Castle", s'il vous plaît ?

L— Oh là, c'est pas du tout par ici, m'sieu ! Laissez-moi réfléchir... Je pense que le mieux pour vous c'est de prendre la Route de Chelsea, à gauche au prochain carrefour, puis après de prendre encore à gauche et de suivre la Tamise jusqu'au pont de Westminster, passer le pont, prendre le rond-point et continuer jusqu'à ce que vous arriviez à la station de métro de Lambeth. Après, ce sera quelque part sur votre droite. Vous ne pouvez pas vous tromper ; ça sera indiqué.

M— Merci infiniment. Tu as compris, chérie ?

F— Honnêtement, je ne sais pas pourquoi tu as fait tant d'histoires tout à l'heure. Je savais bien qu'il fallait prendre le pont de Westminster. Je te l'ai dit !

■ Remarques

1. **the right road**, notez les deux sens de **right** : a) bon, juste, exact (≠ **wrong**) ; b) droit (e) (≠ **left**).
2. **straight down**, lit : *tout droit en descendant.* Notez l'utilisation des deux adverbes, **straight** indiquant qu'il faut continuer tout droit, **down** indiquant le mouvement. On pourra avoir, de la même manière, **straight up, straight across**, etc.
3. **Whitehall**, c'est l'avenue de Londres sur laquelle se trouvent la plupart des grands ministères et dans laquelle donne la rue où se trouve la résidence du Premier ministre (au n° 10) : Downing Street.
4. **Elephant & Castle**, quartier de la rive droite de la Tamise. Ce nom bizarre vient de la déformation que les Londoniens ont infligé en les prononçant aux mots français "l'infante de Castille".
5. **Chelsea**, quartier de la rive gauche, qui fut longtemps le lieu de résidence et de travail de nombreux artistes. Le "Montmartre" londonien en quelque sorte.
6. **panic**, attention il fait **panicking** et **panicked.**
7. **eventually** : *finalement*, et non pas "éventuellement" qui se traduirait par **possibly.**
8. **one and a half hours**, notez le pluriel à **hours.**
9. **we've been driving**, l'action, commencée dans le passé, se continue dans le présent, et on la considère dans son déroulement.
10. **round London, round** n'indique pas que l'on fasse le tour de Londres, mais que l'on tourne dans Londres.
11. **miles out = miles out of your way**, lit : *à des kilomètres.*
12. **mate**, terme familier, uniquement quand on s'adresse à un homme.
13. **river** (rivière ou fleuve), à Londres c'est toujours comme cela que l'on désigne *la Tamise,* **the Thames.** Attention à la prononciation : [tèmz]
14. **much obliged,** est plus formel et plus vieillot que **thank you very much.**
15. **in the first place**, lit : *en premier lieu.* Ici "place" est passé du domaine de l'espace à celui du temps.

London is Britain's capital city, with a population of 8,500,000 inhabitants, situated on the river Thames. It is not only the biggest city in the British Isles, but one of the most populated in the world. London owes its name to the Celtic word Llyn-Din (the fort on the lake) which was then changed by the Romans to give the name "Londinium", the ancestor of the present London. The city prospered from the 12th century onwards when it became an important trade centre and port (it is still the biggest port in Britain). Most of the old parts were destroyed by the great fire of 1665.

Under Queen Victoria, in the 19th century, it became the capital of a vast empire on which "the sun never set", and the majority of the monuments you can see today date back to that period and testify to the great wealth and deep austerity of British colonialism. Despite suffering considerable damage during the Second World War, which brought about new, more modern styles of architecture, the old has successfully mingled with the new and, due to the numerous parks and gardens, London is an extremely pleasant city to live in.

Londres, capitale de la Grande-Bretagne, a une population de 8 500 000 habitants et est située sur la Tamise. Ce n'est pas seulement la plus grande ville des Iles Britanniques, mais l'une des plus peuplées du monde. Londres doit son nom au mot celte Llyn-Din (*le fort du lac*) que les Romains transformèrent en "Londinium", ancêtre du Londres actuel. La ville s'est mise à prospérer à partir du XIIe siècle, quand elle est devenue un port important (c'est encore le premier port de Grande-Bretagne) et un carrefour commercial. La plupart des vieux quartiers furent détruits par le grand incendie de 1665.

Sous le règne de la reine Victoria au XIXe siècle, elle devint la capitale d'un vaste empire sur lequel "le soleil jamais ne se couchait", et la majeure partie des monuments qu'on peut y voir datent de cette période et témoignent de la grande richesse et de la profonde austérité du colonialisme britannique. En dépit des graves destructions dont elle a souffert pendant la Seconde Guerre mondiale et qui ont amené de nouveaux styles architecturaux plus modernes, l'ancien s'est harmonieusement mélangé au nouveau, et, grâce aux nombreux parcs et jardins, Londres est une grande ville où il est très agréable de vivre.

Everybody has heard of Buckingham Palace, the Tower of London and Big Ben, and no visit to Britain's capital would be complete without including these famous sights in your itinerary.

The area that people call "The City" is not only the heart of historical London, but also the business centre for the whole country. The famous "Square Mile", full of banks and offices, has long since extended to other neighbouring areas such as Fleet Street (where the headquarters of the main English newspapers are), but the City still remains very representative of London life and is home to an endangered species of British businessmen with bowler-hats, brollies and grey pin-striped suits.

London also has an immense range of cultural activities to offer to the tourist, from magnificent museums and art galleries (the National Gallery, the Tate, the British Museum and the Natural History Museum) to concert halls of international stature (eg. the Royal Albert Hall and the newly-opened Barbican Arts Complex).

* **brolly** (fam.) = **umbrella.**

Tout le monde a entendu parler du palais de Buckingham, de la Tour de Londres et de Big Ben, et aucune visite de la capitale britannique ne serait complète si ces monuments célèbres étaient exclus de votre itinéraire.

"La Cité" proprement dite n'est pas seulement le cœur historique de Londres mais également, pour tout le pays, le centre des affaires. Le célèbre "Mile carré" où abondent les banques et bureaux s'est, depuis longtemps, étendu aux quartiers limitrophes tels que "Fleet Street" (où se trouvent les sièges des principaux journaux anglais), mais il reste le symbole très typique de la vie londonienne et la patrie d'une espèce d'hommes d'affaires britanniques en voie de disparition, avec le chapeau melon, le parapluie et le complet rayé gris.

Londres offre aux touristes un large éventail d'activités culturelles — des musées magnifiques et galeries d'art (la "National Gallery", la "Tate", le "British Museum" et le musée d'histoire naturelle), aux salles de concert de dimension internationale (par ex : le "Royal Albert Hall" et le complexe artistique "Barbican", récemment ouvert).

1. A quelle distance sommes-nous de Londres ici ?
2. Combien de temps faudrait-il pour y aller en voiture ?
3. Il faut prendre la troisième rue à gauche.
4. La première rue à droite est un sens interdit.
5. Il va falloir faire demi-tour.
6. Quelle est la route la plus courte pour aller à Douvres ?
7. Vous pouvez prendre ce raccourci mais la route n'est pas bonne.
8. Il y a trop de circulation.
9. Pour traverser la route il faut emprunter le passage souterrain.
10. Pouvez-vous me faire un itinéraire touristique pour aller de Londres à Edimbourg ?
11. On peut éviter la ville en prenant le boulevard périphérique.
12. On s'est trompé de file. Il faut prendre la prochaine sortie.
13. Mets ton clignotant et essaie de te garer ici.
14. Est-ce que vous pouvez m'emmener en voiture jusqu'à la gare ?
15. On a mis ma voiture en fourrière.

---

1. **How far is London from here ?**
2. **How long would it take to drive there ?**
3. **You have to take the third on your left.**
4. **The first on your right is a one-way street.**
5. **You'll have to do a U-turn.**
6. **What's the shortest way to get to Dover ?**
7. **You can take the shortcut if you want, but the road isn't in very good repair.**
8. **There's too much traffic.**
9. **To cross the road you have to use the subway.**
10. **Can you map me a tourist route out from London to Edinburgh ?**
11. **You don't have to go through the town if you get on the ring road.**
12. **We're in the wrong lane. We'll have to take the next exit.**
13. **Put your indicator on and try to park here.**
14. **Could you give me a lift to the station ?**
15. **My car has been towed away.**

■ Vous devez connaître

to find one's bearings, s'orienter
the right road, la bonne route
the wrong road, la mauvaise route
nonsense, sottise
according to, selon
map, carte, *(routière)*
traffic lights, feux tricolores
eventually, finalement
to take a wrong turning, prendre une mauvaise direction
I've had enough, j'en ai assez, ça suffit, j'en ai marre
to map-read, lire une carte
in future, à l'avenir.
mate (slang), copain, pote *(argot)*
junction, carrefour
roundabout, rond-point
to carry on, continuer
tube station, station de métro
to mark (sign), signaler *(panneau)*
to make a fuss, faire des histoires
in the first place, en premier lieu
capital (city), capitale
to owe, devoir
from ... onwards, à partir de
to set (sun), se coucher *(soleil)*
to date back to, remonter à
to testify to, témoigner de
to mingle, (se) mêler, (se) mélanger
sights, monuments et lieux d'interêt touristique
to extend to, s'étendre à
headquarters, siège
art gallery, musée/galerie d'art
one-way street, sens unique
U-turn, demi-tour *(en voiture)*
shortcut, raccourci
subway, passage souterrain
ring road, boulevard extérieur, périphérique
exit, sortie

Vocabulaire complémentaire

avenue, avenue, promenade plantée d'arbres
blind alley, impasse
circus, rond-point, grande place de forme circulaire
crescent, rue ou côté de rue en arc de cercle
cul-de-sac, cul-de-sac, impasse
drive, allée *(carossable)*
footpath, sentier pour piétons
lane, ruelle, passage
no through traffic, interdit à la circulation des véhicules
no waiting, interdiction de stationner
no waiting on even dates, interdiction de stationner les jours pairs
no waiting on odd dates, interdiction de stationner les jours impairs
square, place
terrace, rangée de maisons de style uniforme
thoroughfare, artère
traffic island, refuge pour piétons
traffic warden, contractuel
to go straight on ; to go straight ahead, aller tout droit
to go down the street, descendre la rue
to go up the street, remonter la rue
to go round the park, contourner le parc
to go under the tunnel, passer sous le tunnel
to go over the bridge, passer sur le pont

A ■ Posez la question sur les mots en italiques :

1. London is *about twenty miles from here.*
2. Nelson's Column is *in Trafalgar Square.*
3. It will take us *about an hour* to get there.
4. The museums are open *from 10 to 6*
5. This bridge is *Tower Bridge.*

B ■ Traduire en français :

1. Go along Regent Street until you come to the junction with Oxford Street and turn right.
2. Do you want me to map-read ?
3. You're on the right road, carry on.
4. You have to walk up to Marble Arch.
5. He made a fuss because he couldn't go straight on, it was a one-way street.

C ■ Accentuez sur la bonne syllabe :

1. nonsense.	2. Chelsea.
3. Westminster.	4. Lambeth.
5. eventually.	6. bearings.
7. obliged.	8. direction.
9. junction.	10. traffic.

Corrigé

A ■ 1. How far is London from here ?
2. Where is Nelson's Column ?
3. How long will it take us to get there ?
4. When are the museums open ?
5. Which bridge is this ? ou What's the name of this bridge ?

B ■ 1. Prenez Regent Street jusqu'à ce que vous arriviez au croisement d'Oxford Street et tournez à droite.
2. Est-ce que tu veux que je lise la carte ?
3. Tu es sur la bonne route, continue.
4. Il faut remonter à pied jusqu'à Marble Arch.
5. Il a fait des histoires parce qu'il ne pouvait pas aller tout droit, c'était un sens interdit.

C ■

1. **non**sens	2. **tchel**si
3. **wes**minste	4. **lam**beṡ
5. i**vent**choueli	6. **béé**riŋz
7. e**blaï**djd	8. di**rek**chen
9. **djoen**kchen	10. **tra**fik

■ Buying food at the grocer's[1]

S : Shopkeeper J : Mrs Jones

S— Hello, Mrs. Jones. Lovely day, isn't it[2] ?
J— It certainly is. Half a pound[3] of Cheshire cheese[4], please... And what's that other cheese you've got over there ?
S— It's red Windsor[5]. You should try some. It's made with wine. It's very nice.
J— I think I will. Just give me a quarter, then.
S— Anything else ?
J— Four ounces of boiled ham[6].
S— 35p... is that all right ? It's a bit over[7].
J— Oh yes, that will do.
S— Is that all ?
J— No, I haven't finished yet. Two tins of peas[8], a tin of custard, a packet of frozen sprouts and a quarter of tea. Oh, and before I forget, a can of cola and two ice lollies[9] for the children.
S— Don't you want any fruit[10] ?
J— Hmm. What are your apples like ?
S— Full of flavour and value for money at 28p a pound.
J— Give me four big ones then. And how much are your strawberries ?
S— 40p a punnet.
J— No, I'll leave them for another time. I'll have a bar of chocolate instead.
S— Any vegetables ?
J— Have you got any cabbages ?
S— How about these red ones at 20p a go[11] ?
J— I'll take one. And give me five pounds of potatoes too, and then that really must be it.
S— That's £ 4.60 in all.
J— Have you got a plastic bag[12] ?
S— That's 5p.
J— There you are.

Cheshire	[**tchè**che]	sprouts	[spraouts]
cheese	[tchi:z]	lollies	[**lo**liz]
Windsor	[**win**ze]	strawberries	[**stro:**bèriz]
quarter	[**kwo:**te]	punnet	[**poe**nit]
ounces	[**aoun**siz]	vegetables	[**vèd**jitèïbelz]
custard	[**koes**ted]	cabbages	[**ka**bidjiz]

■ Achat de nourriture chez l'épicier

C : Commerçant J : Mme Jones

C— Bonjour, madame Jones. Quelle belle journée, hein ?
J— En effet... Une demi-livre de Cheshire, s'il vous plaît. Et qu'est-ce que cet autre fromage-là ?
C— C'est du Windsor rouge. Vous devriez l'essayer. C'est fait avec du vin... C'est très bon.
J— Bon, d'accord. Mettez m'en juste 125 grammes.
C— Et avec ça ?
J— 125 grammes de jambon.
C— Ça fait 35 pence. Ça va ? ...Y en a un peu plus.
J— Oui, ça ira.
C— Ce sera tout ?
J— Non, je n'ai pas fini. Deux boîtes de petits pois, une boîte de crème anglaise, un paquet de choux de Bruxelles surgelés et 125 grammes de thé... Oh, et avant que j'oublie, une boîte de cola et deux esquimaux pour les enfants.
C— Il ne vous faut pas de fruits ?
J— Hmm ! Comment sont vos pommes ?
C— Elles ont beaucoup de goût et ne sont pas chères à 28 pence la livre.
J— Oh, alors donnez-m'en quatre grosses... Et à combien sont vos fraises ?
C— 40 pence la barquette.
J— Non, ce sera pour une autre fois. Donnez-moi plutôt une plaque de chocolat.
C— Pas de légumes ?
J— Vous n'avez pas de choux ?
C— Que diriez-vous de ces choux rouges à 20 pence pièce ?
J— Je vais en prendre un. Et donnez-moi aussi 2 kilos et demi de pommes de terre et ensuite ça sera vraiment tout.
C— Ça nous fait donc 4 livres 60.
J— Vous n'avez pas de sachet plastique ?
C— Ça fait 5 pence.
J— Voici !

1. **at the grocer's,** *chez l'épicier.* Pour la plupart des petits commerces, l'Anglais désigne généralement la boutique par un cas possessif incomplet, comme s'il sous-entendait **shop** : **at the grocer's (shop).**
2. **Lovely day, isn't it ?** On remarquera la « question tag » indiquant qu'est sous-entendu **it's (a lovely day).**
3. **half a pound,** une demi-livre. Les mesures de poids utilisées pour l'alimentation sont **a pound** (une livre) = 16 ounces = 0,454 kg, **half a pound, a quarter pound, six ounces, two ounces. One ounce** = 28,35 g.
4. **Cheshire cheese,** un fromage à pâte cuite, assez doux. Il ressemble un peu au cantal.
5. **red Windsor,** un fromage relativement nouveau.
6. **boiled ham,** jambon blanc. Les tranches sont en général très fines.
7. **it's a bit over,** *il y en a un peu plus ;* ≠ **it's a bit under,** sous-entendu : **the weight that you asked for.**
8. **tins of peas,** *boîtes de petits pois.* **Tins** et **cans** ont à peu près la même signification, sauf quand il s'agit de boissons, qui sont vendues en **cans.** On dit également **a carton of yoghurt** *(un pot de yaourt),* **a jar of jam** *(un pot de confiture),* **a packet of biscuits** *(un paquet de biscuits),* **a bag of sweets** *(un sachet de bonbons)* et **a bottle of vinegar** *(une bouteille de vinaigre).*
9. **ice lollies,** *esquimaux* (m.à m. : *sucettes glacées).* **Lollie** abrév. de **lollipop,** *sucette.*
10. **Don't you want any fruit ?** *Voulez-vous des fruits ?* **Fruit** peut avoir comme ici un sens de collectif : il est suivi d'un verbe au singulier (cf. également **fish**). Les prix sont toujours donnés à la livre et on remarquera qu'il est possible d'acheter des fruits à la pièce.
11. **20p a go = 20p each,** *20 p la pièce* (familier).
12. Dans les magasins de nourriture et les supermarchés, les sacs en plastique sont en général payants.

A traditional feature of city life in Britain is the milkman's round early in the morning. Driving a noiseless electric truck, he delivers bottles of milk and special orders of cream at his customers' doorsteps, and picks up the empties.

Une caractéristique de la vie urbaine en Grande-Bretagne est la tournée du laitier tôt le matin. Avec sa camionnette électrique silencieuse, il livre des bouteilles de lait ainsi que des commandes particulières de crème sur le porche de ses clients, et ramasse les bouteilles consignées.

When you actually go to Britain and shop in a supermarket or at a grocer's, you will be able to see for yourself what British people eat.

There is a wide variety of breakfast cereals offered ; lots of food mixes and instant products indicate that the British in general don't like to spend too much time preparing everyday meals. Custard, for example, is more often than not made from a powder ; cakes are generally pre-packed and bought from a supermarket. Due to the fact that people in Britain like to eat snacks, you will find many types of biscuits, the most famous being the delicious shortbreads from Scotland.

The habit of buying daily bread from the local independent baker has disappeared, bakeries tend to be bigger than in France and are organized on industrial lines. One British institution that is still in existence : the milkman.

Quand vous vous rendrez en Angleterre et que vous ferez vos courses dans un supermarché ou dans une épicerie, vous pourrez vous rendre compte vous-même de ce que les Anglais mangent.

Il y a une grande variété de céréales pour le petit déjeuner ; beaucoup de plats lyophilisés et de produits instantanés montrent que les Britanniques n'aiment pas passer beaucoup de temps à faire la cuisine de tous les jours. La crème anglaise, par exemple, est, les trois quarts du temps, faite avec une poudre ; les gâteaux sont, en général, préconditionnés et achetés au supermarché. C'est à cause de la prédilection que les Anglais ont pour les en-cas que l'on trouve tant de sortes de biscuits, les plus célèbres étant les délicieux « sablés » d'Ecosse.

Les Anglais ayant perdu l'habitude d'acheter leur pain chaque jour chez le boulanger du coin, les boulangeries ont donc tendance à être plus grandes qu'en France et à fonctionner de façon industrielle. Une institution britannique a cependant subsisté : celle du laitier.

Death on High Street

The greengrocer's in High Street sells fresh pineapples, Cape golden plums, Texas pink grapefruit, Columbian melons, Kenyan mangoes and other varieties your local supermarket may not stock. It is a family business, begun by grandfather and carried on by father and son. At one time the family had nine groceries. Now it has two. The others have been let or sold.

It is twenty years since the independent shopkeepers began to be squeezed out of High Street, first by supermarkets and then by development which brought in more of the multiples.

Jewellers, and other high profit margin shops such as boutiques, antiques and gift shops, can best afford the staggering rents and rates now being demanded. Unlike supermarkets, the family fishmongers, fruiterers, grocers and butchers do not have the space to diversify into more profitable lines. So they are disappearing from the communities which built up around them.

Mort dans la Grand-Rue

Le fruitier de la Grand-Rue vend des ananas frais, des prunes du Cap, des pamplemousses roses du Texas, des melons de Colombie, des mangues du Kenya, et de nombreuses autres variétés qu'on ne trouve pas forcément au supermarché du coin. C'est une entreprise familiale, fondée par le grand-père, dont le fils et le petit-fils ont pris la suite. À une certaine époque, la famille possédait neuf épiceries. Elle n'en a plus que deux. Les autres ont été louées ou vendues.

Cela fait vingt ans que les commerçants indépendants ont commencé à être évincés de la Grand-Rue, d'abord par les supermarchés, puis par la promotion immobilière qui a amené davantage de succursalistes.

Les bijouteries de même que les autres commerces à forte marge de profit tels que les boutiques de mode, les magasins d'antiquités et les boutiques de cadeaux et souvenirs sont ceux qui peuvent le mieux supporter les loyers et les impôts locaux prohibitifs qu'on exige aujourd'hui. À la différence des supermarchés, les petits poissonniers, fruitiers, épiciers et bouchers n'ont pas assez de place pour diversifier leurs produits de manière plus profitable. Ils disparaissent donc des communautés qui s'étaient édifiées autour d'eux.

1. Je voudrais une douzaine d'œufs et 250 g de beurre, s'il vous plaît.
2. Il n'y a pas de prix marqué sur cet article.
3. Tous les articles doivent être payés à la caisse.
4. Ce produit doit être consommé dans les trois jours après ouverture.
5. A conserver au frais.
6. Il y a la queue au rayon charcuterie.
7. Ne contient ni colorant ni conservateur.
8. Profitez des promotions dans notre rayon crèmerie.
9. Trois laitues pour le prix de deux !
10. C'est si facile avec un paquet. On ajoute simplement de l'eau, on mélange et la sauce est prête.
11. Je préfère de beaucoup les légumes frais aux conserves.
12. Il faut dégeler les surgelés avant de les manger.
13. La caissière m'a dit qu'il n'y avait plus de sucre.
14. J'ai eu un kilo de poires pour 1 F 50 parce qu'ils voulaient les liquider.
15. Il n'y a rien de tel que les tomates du jardin !

---

1. **I would like a dozen eggs and half a pound of butter, please.**
2. **There isn't a price ticket on this article.**
3. **All articles must be paid for at the cash desk.**
4. **This product must be eaten within three days of opening.**
5. **To be kept in a cool place.**
6. **There is a queue at the bacon counter.**
7. **Contains no artificial coloring or added preservative.**
8. **Take advantage of the special offers in our dairy produce department !**
9. **Three lettuces for the price of two !**
10. **It's so easy using a mix. Just add water and stir and your sauce is made.**
11. **I much prefer fresh vegetables to canned vegetables.**
12. **Frozen food has to be thawed out before eating.**
13. **The cashier told me that they have run out of sugar.**
14. **I got two pounds of pears for fifteen pence because they wanted to get rid of them.**
15. **There is nothing like home-grown tomatoes !**

grocer, épicier
shopkeeper, commerçant
tin, boîte de conserve
custard, crème anglaise
packet, boîte, emballage en carton
frozen, congelé, surgelé
sprout, chou de Bruxelles
can, boîte métallique *(pour boissons)*
flavour, saveur ; parfum ; goût
good value for money, avantageux
strawberry, fraise
punnet, barquette
feature, trait, caractéristique
milkman, laitier
round, tournée
customer, client
doorstep, seuil, porche
to pick up, ramasser
empties, bouteilles vides, consignes
lettuce, laitue
to stir, remuer, « touiller »
pre-packed, préconditionné
snack, repas léger, en-cas, casse croûte
shortbread, gâteau sablé
bakery, boulangerie *(industrielle)*
greengrocer, marchand de fruits et légumes
pineapple, ananas
plum, prune
grapefruit, pamplemousse
to stock, avoir en stock, vendre
estate agent, agent immobilier
antiques, antiquités
to afford, avoir les moyens
rate, 1) taux ; 2) impôt local
to demand, exiger
fishmonger, poissonnier
butcher, boucher
profitable, rentable
cash desk, caisse de sortie
to run out of, manquer de, être à court de

Vocabulaire complémentaire

bran, son
brown sugar, sucre roux
bun, petit pain au lait
cheesecake, gâteau au fromage blanc
chutney, condiment à base de fruits au vinaigre
date loaf, gâteau aux dattes
fruit cake, cake
full fat, riche en matière grasse
gherkins, cornichons
gingerbread, pain d'épices
ginger cake, gâteau au gingembre
honey, miel
jelly, gelée
lemon curd, pâte au citron
loaf, *(miche de)* pain
low fat, maigre ; à faible teneur en lipides
noodles, nouilles
oat flakes, flocons d'avoine
pastry, pâtisserie
pickles, petits légumes au vinaigre *(condiments)*
roll, petit pain *(torsadé)*
savoury crackers, biscuits salés
skimmed milk, lait demi-écrémé
slice, tranche
to go shopping, faire ses courses
to nibble, grignoter
trifle, dessert traditionnel à base de crème anglaise, gelée et fruits

A ■ Complétez avec : can, tin, packet, carton, jar.

1. A ..... of cream.
2. A ..... of pickles.
3. A ..... of beer
4. A ..... of cereals.
5. A ..... of carrots.

B ■ Traduire : BREAKFAST CEREAL. INGREDIENTS : bran, brown sugar, vegetable oil, oat flakes, glucose, malt extract, dessicated coconut, honey, salt. Average calories : 405 per 100 g. Also contains vitamins. Is delicious with either hot or cold milk, or as a tasty nibble on its own. Net weight : 375 g, 13.2 ozs. To be eaten before the end of June 1995.

C ■ Traduire :

1. Trois tranches de jambon, s'il vous plaît.
2. Pouvez-vous me dire comment est ce fromage ?
3. Mettez-moi encore une demi-livre de beurre et ce sera tout.

D ■ Apart from the local supermarket, where do you buy...
1. fish ? **2.** fruit ? **3.** meat ? **4.** bread ? **5.** butter ? **6.** vegetables ? **7.** preserves ? **8.** sweets and pastries ?

Corrigé

A ■ 1. carton, **2.** jar, **3.** can, **4.** packet, **5.** tin.

B ■ CÉRÉALES POUR PETIT DÉJEUNER. INGRÉDIENTS : son, sucre de canne, huile végétale, flocons d'avoine, glucose, extrait de malt, noix de coco en poudre, miel, sel. Teneur moyenne en calories : 405 pour 100 g. Contient également des vitamines. Un petit déjeuner délicieux avec du lait chaud ou froid ou agréable à grignoter seul. Poids net : 375 g, 13,2 onces. A consommer avant la fin juin 1995.

C ■ 1. Three slices of ham please.
2. Can you tell me what this cheese is like ?
3. Give me half a pound of butter as well and then that will be all.

D ■ 1. At the fishmonger's
2. At the fruiterer's
3. At the butcher's
4. At the baker's
5. At the grocer's
6. At the greengrocer's
7. At the grocer's
8. At the confectioner's

At the service station

C : Cashier G : Girl

C— Is there anything the matter ?

G— Well, I think I could do with[1] a bit of help with the petrol pump. I've already read the instructions, but I still haven't got a drop of petrol out of it[2] !

C— Which pump is it ?

G— Number three.

C— Hmm. That's strange, because I released[3] it when you arrived. Try it once again !

G— ...No... I still can't get anything out of it. It's probably me. I've never ever[4] been for petrol before - you see, I've only just passed[5] my driving test.

C— It's quite easy really... (He shows her). Before you start, don't forget to choose the grade of petrol you want. Three-star or four-star[6] ?

G— Four-star.

C— Right then, once you've taken the petrol cap off, grab hold[7] of the nozzle[8], make sure that the dial[9] is back to zero and put it into your petrol tank. Squeeze the trigger[10] until the amount required is indicated. When you've finished, put the nozzle back in its holster[11], check how much you've got to pay and go to the cash-desk.

G— Well, what was I doing wrong ? How come[12] it works for you and not for me ?

C— Oh, it's just a question of habit. Perhaps you didn't press hard enough. Don't worry, it often happens.

G— Anyway, thank you very much for your time[13] ! I'd never have managed it myself !

C— Don't mention it[14] ! It was a pleasure !

petrol	[pètrel]	indicated	[indikèïtid]
instructions	[instr**oe**kchenz]	holster	[h**ôo**ulste]
released	[ril**i:**st]	managed	[m**a**nidjd]
passed	[pa:st]	worry	[w**oe**ri]
dial	[daïel]	pleasure	[pl**è**je]
required	[rikw**a**ïed]	mention	[m**è**nchen]

C : caissier F : jeune fille

C— Il y a quelque chose qui ne va pas ?
F— Eh bien, je crois que j'aurais un peu besoin qu'on m'aide à me servir de cette pompe à essence. J'ai déjà lu les instructions, mais je n'ai toujours pas réussi à avoir une goutte d'essence !
C— C'est quelle pompe ?
F— La numéro trois.
C— Humm. C'est bizarre parce que je l'ai débloquée quand vous êtes arrivée. Essayez encore une fois !
F— ... Non ... Ça ne marche toujours pas. C'est probablement moi. Ça ne m'est absolument jamais arrivé de prendre moi-même de l'essence - vous savez, je viens d'avoir mon permis.
C— C'est très facile, en fait... (Il lui montre). Avant de commencer, n'oubliez pas de choisir le type d'essence que vous désirez. De l'ordinaire ou du super ?
F— Du super.
C— Bien alors, quand vous avez enlevé le bouchon du réservoir, prenez le robinet, assurez-vous que le compteur est revenu à zéro et engagez-le dans le réservoir. Appuyez sur la manette jusqu'à ce que vous obteniez la quantité désirée. La distribution terminée, raccrochez le robinet, vérifiez combien vous devez payer et allez à la caisse.
F— Eh bien, qu'est-ce que je faisais qui n'allait pas ? Comment se fait-il que ça marche pour vous et pas pour moi ?
C— Oh, c'est juste une question d'habitude. Peut-être que vous n'aviez pas appuyé assez fort. Ne vous en faites pas, ça arrive souvent.
F— En tout cas, excusez-moi de vous avoir dérangé ! Je n'y serais jamais arrivée toute seule !
C— Ce n'est rien ! C'était avec plaisir !

1. **I could do with,** m. à m. *je pourrais faire avec.* Exemple caractéristique de l'usage très répandu en anglais de l'euphémisme, appelé **understatement.** A ici le sens de **I need** *(j'ai besoin).*
2. **out of it,** **"it" = the pump.** Lit. : *à en sortir une goutte.*
3. **to release,** *relâcher, lâcher, libérer, mettre en circulation.* Cf. **to release one's hold** : *lâcher prise.*
4. **never ever,** *absolument jamais,* **ever** renforce **never** comme **ever since** par rapport à **since.**
5. **to pass,** *réussir* (faux ami) ≠ **to fail.** *Passer son permis* se dit : **to take one's test.**
6. **three star or four star,** *ordinaire ou super.* Le système des étoiles a aujourd'hui remplacé les appellations **regular** et **extra.**
7. **to grab hold (of),** *saisir vivement, empoigner.*
8. **nozzle,** *ajutage, jet* (de tuyau), *lance* (de pompe à incendie), *gicleur.*
9. **the dial is back to zero,** *le compteur est revenu à zéro ;* **dial** : *cadran.*
10. **trigger,** *gâchette, détente* (d'un fusil).
11. **holster,** *étui* (d'un revolver). On remarquera ici l'accumulation de métaphores sur les armes à feu.
12. **How come,** *comment se fait-il* (sous-entendu **How does it come to be that**). Cette formule ramassée est très courante dans la langue parlée. (Influence U.S.)
13. **thank you for your time !** (sous-entendu **for the time you've given me**) : lit. *merci de m'avoir consacré votre temps.*
14. **Don't mention it !** *Je vous en prie, il n'y a pas de quoi :* formule de politesse utilisée en réponse à **thank you,** = **not at all** *(de rien).*

A.A. (Automobile Association) and R.A.C. (Royal Automobile Club) members may have minor electrical or mechanical faults repaired at the roadside. But road patrols are not equipped to undertake any major work which should be done by a garage.

Les membres de l'A.A. et du R.A.C. peuvent faire réparer les pannes électriques ou mécaniques mineures sur le bord de la route. Mais les patrouilles routières ne sont pas équipées pour entreprendre des réparations plus importantes qui doivent être effectuées par un garage.

You have to be, at least, seventeen years of age before you can hold a British driving licence. Most people learn to drive by having lessons with a fully qualified driving instructor. As waiting lists tend to be long, it is common practice to put in for your driving test a long time in advance. There is, of course, another cheaper way of learning to drive and that is taking lessons from a relative or a friend, who has already passed his test. This involves putting L plates on your car (L for Learner), and you cannot use the motorways.

The test itself consists of a short eyesight test (with or without glasses), the actual driving part which generally lasts about twenty minutes and an oral test in which you are asked questions on the highway code. If you pass your test, you are issued with a driving licence which is valid until the eve of your seventieth birthday, whereupon it has to be renewed. The driving licence is a green slip of paper with your name, address and driver's number on it : no photo is attached.

Il faut avoir au moins 17 ans pour pouvoir détenir un permis de conduire en Grande-Bretagne. La plupart des gens apprennent à conduire en prenant des leçons avec un moniteur d'auto-école diplômé. Comme les listes d'attente ont tendance à être longues, il est habituel de s'inscrire à l'examen longtemps à l'avance. Il y a, bien sûr, un autre moyen, meilleur marché, d'apprendre à conduire, c'est de prendre des leçons avec un parent ou un ami qui a déjà son permis. Il est pour cela nécessaire de mettre des plaques avec un "L" sur votre voiture (le "L" de *learner,* apprenti), et vous ne pouvez emprunter l'autoroute.

L'examen lui-même consiste en un bref test visuel (avec ou sans lunettes), l'examen de conduite proprement dit qui dure en général une vingtaine de minutes et un test oral où l'on vous interroge sur le code de la route. Si vous réussissez l'examen, on vous délivre un permis qui est valable jusqu'à la veille de votre 70e anniversaire, date à laquelle on doit le faire renouveler. Le permis est une feuille de papier vert portant votre nom, adresse et numéro de permis, mais sans photo.

Accident Form

1) date and time of accident : 15.3.84 - 4.15 pm.
2) place : Folkestone Way, Dover (Kent)
3) persons injured : none
4) damage to vehicles, other than those initially involved in collision : none.
5) witnesses (name, address and tel. number) (please underline if passengers from one of the two vehicles) : none.
(to be filled out by driver A and driver B) :
6) name of the person insured : Keith Bell. Address : 2 Folkestone Way, Dover (Kent).
7) vehicle — make and line : Austin Maestro 1300 HLE.
— registration number : RPV 41 BY.
8) insurance company : Safedrive - Policy number : 6678.
9) driver (name, address) : see section 6 - driver's number : 50464-BC99MY.
10) indicate the initial point of contact : right front wing.
11) signs of damage : wing smashed in, headlight broken.
12) circumstances of accident : B encroaching on the other side of the road whilst overtaking.
13) sketch of the accident :
14) remarks : B also driving at a very high speed.
15) signatures of driver A and driver B.

Constat amiable d'accident automobile.

1) date et heure de l'accident : 15.3.84 - 16 h15.
2) lieu : Folkestone Way, Douvres (Kent).
3) blessé(s) : aucun.
4) dégâts matériels autres qu'aux véhicules A et B : non.
5) témoins (nom, adresse et tél.) (à souligner s'il s'agit d'un passager de A ou de B) : aucun.
(à remplir par les conducteurs des véhicules A et B)
6) nom de l'assuré : Keith Bell. Adresse : 2 Folkestone Way - Douvres.
7) véhicule — marque et type : Austin Maestro 1300 HLE
— n° d'immatriculation : RPV 41 BY.
8) société d'assurance : Safedrive. N° de contrat : 6678.
9) conducteur (nom, adresse) : voir rubrique 6.
n° de permis : 50464-BC99MY.
10) indiquer le point de choc initial : aile avant droite.
11) dégâts apparents : aile enfoncée, phare brisé.
12) circonstances de l'accident : B empiétait sur la partie de chaussée réservée à la circulation à sens inverse en doublant.
13) croquis de l'accident :
14) observations : B circulait aussi à très vive allure.
15) signature des conducteurs A et B.

1. Pourriez-vous vérifier la pression des pneus, s'il vous plaît ?
2. Je suis tombé en panne d'essence. Auriez-vous un jerricane à me prêter ?
3. Combien consommez-vous ?
4. Cette voiture fait 10 litres aux 100 km.
5. Je vais voir s'ils ont une éponge et un seau pour nettoyer le pare-brise.
6. La station-service dans le bas de la rue vend l'essence à prix réduit.
7. Voudriez-vous, s'il vous plaît, remplir ce constat amiable - ma compagnie d'assurance en France l'exige.
8. Il m'a fait une queue de poisson.
9. Cédez le passage aux ronds-points.
10. Conduire à gauche est un peu bizarre au début, mais l'on s'y habitue.
11. Il n'a pas freiné à temps et m'a heurté à l'arrière.
12 Ne vous amusez pas à passer à l'orange !
13. Je me suis mis tout de suite sur la bande d'arrêt d'urgence.
14. J'ai regardé dans le rétroviseur, mais je ne l'ai pas vu.
15. Vous n'êtes pas obligé de mettre un "90" à l'arrière de votre voiture ?

---

1. **Could you check the tyre pressure, please ?**
2. **I've run out of petrol. Do you have a petrol canister to lend me ?**
3. **How many miles do you get to the gallon ?**
4. **This car does 28 miles to the gallon.**
5. **I'll see if they've got a sponge and a bucket of water to wipe the windscreen.**
6. **The service station down the road sells petrol at discount prices.**
7. **Would you please fill this accident form in - my insurance company in France demands it.**
8. **He suddenly cut in front of me.**
9. **Give way at roundabouts.**
10. **Driving on the left is a bit strange at first, but you soon get used to it.**
11. **He didn't brake in time and crashed into the back of me.**
12. **Don't be an amber gambler !**
13. **I drove straight onto the hard shoulder.**
14. **I looked in the mirror but didn't see him.**
15. **Don't you have to put a 90 kilometres per hour sticker on the back of your car ?**

petrol pump, pompe à essence
drop, goutte
to release, relâcher, débloquer
to pass one's driving test, réussir son permis
to take one's driving test, passer son permis
grade (petrol), type (d'essence)
three-star, ordinaire
four-star, super
petrol cap, bouchon de réservoir
nozzle, robinet, jet, bec
dial, cadran
petrol tank, réservoir d'essence
driving licence, permis de conduire
driving instructor, moniteur d'auto-école
to put in for one's test, s'inscrire au permis
"L" plates, plaques pour apprenti conducteur
highway code, code de la route
the person injured, le blessé
person insured, l'assuré
sketch, croquis
to overtake, doubler
wing, aile
tyre pressure, pression des pneus
miles to the gallon, nombre de miles par gallon (*cf. nombre de litres aux 100 km*)
windscreen, pare-brise
accident form, constat amiable
roundabout, rond-point
to brake, freiner
rear-view mirror, rétroviseur

Vocabulaire complémentaire

careful, prudent
car-park, parking
driving-school, auto-école
dual carriageway, route à 4 voies
fill-up, plein
to fill it up, faire le plein
flat tyre, pneu à plat
horn, avertisseur sonore
to sound the horn, klaxonner
insurance certificate, attestation d'assurance
junction=crossroads, carrefour
lane, file, voie
oil, huile
change of oil, vidange
to check the oil, vérifier l'huile
oil-strick, jauge à huile
parked car, voiture en stationnement
parking meter, parcmètre
pavement, trottoir
petrol-pump attendant, pompiste
reckless, imprudent
to stall, caler
to tow, remorquer
on tow, en remorque
to run on (petrol), marcher à, utiliser, *(essence)*
to have a full tank, avoir un réservoir plein
to get low on petrol, ne plus avoir beaucoup d'essence
to fail one's driving test, rater (échouer à) son permis
to be banned from driving, avoir une suspension de permis
to run somebody over, écraser quelqu'un
to have right of way, avoir la priorité
to give way, céder la priorité

A ■ Complétez

1. Could you ... it up, please ? My tank is empty.
2. I'm lucky, my car runs on ... petrol. It's cheaper !
3. Ask the person at the cash-desk to ... the pump !
4. She doesn't need any more "L" ..., because she has passed her driving test.
5. If I don't stop at the next service station, I will ... ... of petrol.

B ■ Traduisez

1. Il faut vérifier la pression des pneus avant de partir en vacances.
2. Sur les autoroutes, il y a trois voies dans chaque sens.
3. Je sortais d'un parking quand j'ai été heurté à l'arrière.
4. Le conducteur ne voulait pas remplir le constat amiable.

C ■ Traduisez

1. Could you put ten pounds worth of four-star in, please ?
2. Do not overtake unless you are sure it is safe for yourself and others.
3. I forgot to put the petrol cap back on.
4. Number six isn't working. You'll have to use another pump.

Corrigé

A ■ 1. fill **2.** three-star **3.** release **4.** plates **5.** run out

B ■ 1. You should check the tyre pressure before going on holiday.
2. There are three lanes in both directions on motorways.
3. I was coming out of a car-park when someone crashed into the back of me.
4. The driver didn't want to fill in the accident form.

C ■ 1. Pouvez-vous me mettre 10 livres de super, s'il vous plaît ?
2. N'entreprenez de manœuvre de dépassement que si vous êtes sûr que celle-ci ne présente aucun danger pour vous et pour les autres.
3. J'ai oublié de remettre le bouchon du réservoir.
4. La numéro 6 ne fonctionne pas. Il faut vous servir d'une autre pompe.

L : Lady P : Postmaster

L— I'd like to send this parcel to Canada, please.
P— Certainly, Madam. Surface rate[1] or air mail ?
L— Is there a lot of difference in price ?
P— It depends on[2] the weight. Let's see... that's 450 grams[3], which would cost you £ 4.70 by air and £ 2.10 by boat.
L— And how long would it take by boat ?
P— Oh, two weeks at the very least[4]. It might even take longer. It's a lot quicker by air mail — it would be there in a couple of days[5]. It's up to you.
L— I think I'd better send it[6] by air, at least you're sure it will get there on time.
P— Can you fill in this slip[7] for the customs, stating the contents and their value in British currency[8] ?
L— Do I really have to give the price ? It's a present, you see.
P— Oh, don't worry then. Just write « present » on it.
L— While I'm at it[9], can I have three first class[10] stamps... two stamps for Europe... and a three pounds ninety postal order, please ?
P— That's £ 4.70 for the parcel, £ 1.22 for the stamps, and £ 4.05 for your postal order... which comes to[11] £ 9.97.
L— Take it out of my family allowance[12] for this week, if you will. I've got £ 12.50 coming to me[13]. That will easily cover it.
P— Excuse me, Madam, you're forgetting your change.
L— So I am... And my family allowance book, I can't find that either. Have I left it on the counter ?
P— No, there's no trace of it[14]. I'm sure you put it in your bag.
L— Oh there it is. Thanks a lot[15].

postmaster	[**pôou**stma:ste]	stamps	[stamps]
parcel	[**pa**:sl]	Europe	[**iou**erep]
Canada	[**ka**nede]	family	[**fa**mili]
Madam	[**ma**dem]	allowance	[el**ao**uens]
surface	[**se**:fis]	counter	[**kao**unte]
value	[**va**liou:]	thanks	[sanks]

D : dame R : receveur des postes

D— Je voudrais envoyer ce paquet au Canada, s'il vous plaît.
R— Bien sûr, Madame. Par bateau ou par avion ?
D— Y a-t-il une grande différence de prix ?
R— Ça dépend du poids. Voyons... ça fait 450 grammes... cela coûterait 4,70 livres par avion et 2,10 livres par bateau.
D— Et combien de temps cela prendrait par bateau ?
R— Oh, deux semaines au moins. Peut-être même plus. Par avion, c'est beaucoup plus rapide ; ça mettrait deux ou trois jours. C'est comme vous voulez.
D— Je pense qu'il vaut mieux l'envoyer par avion, au moins, on est sûr que ça n'arrivera pas trop tard.
R— Pouvez-vous remplir cet imprimé pour la douane, précisant le contenu et la valeur en argent anglais ?
D— Est-ce que je dois vraiment donner le prix ? C'est un cadeau, vous comprenez.
R— Ne vous en faites pas. Inscrivez simplement « cadeau » sur le paquet.
D— Pendant que j'y suis, est-ce que je peux avoir deux timbres à vitesse rapide... Deux timbres pour un pays européen... et un mandat de 13,90 livres, s'il vous plaît ?
R— Cela fait 4,70 livres pour le paquet, 1,22 livre pour les timbres et 4,05 livres pour votre mandat... ce qui fait, au total, 9,97 livres.
D— Voulez-vous me déduire ça de mes allocations familiales de la semaine ? On me doit 12,50 livres. Ça suffira largement.
R— Pardon, Madame, vous oubliez votre monnaie.
D— Ah oui... et je ne retrouve plus non plus mon livret d'allocations familiales. Est-ce que je l'ai laissé au guichet ?
R— Non, il n'est pas là. Je suis sûr que vous l'avez mis dans votre sac.
D— Ah oui, le voici. Merci beaucoup.

■ Remarques

1. **Surface rate,** c'est le tarif du courrier qui est acheminé par tout moyen de transport terrestre ou par bateau — par opposition au courrier aérien.
2. **depend on,** notez l'utilisation de la préposition **on** toujours après **depend.**
3. **450 grams,** la tentative d'implantation du système métrique n'est, pour l'instant, vraiment effective que dans les services publics, comme ici la poste.
4. **at the very least = at least,** le superlatif complet **at the very least** est plus emphatique que **at least.**
5. **a couple of days,** à l'origine « couple » ne désignait évidemment que deux unités, mais il est devenu, dans l'usage courant, beaucoup plus imprécis.
6. **I'd better send it,** c'est toujours un infinitif sans **to** que l'on trouve après **had / would better.**
7. **this slip = slip of paper,** *morceau de papier, fiche.*
8. **currency,** *unité monétaire.*
9. **While I'm at it,** *tant que j'y suis.*
10. **first class,** il y a deux tarifs pour le courrier, **first class,** le plus rapide et **second class.**
11. **comes to,** lit. *arrive à.* Si l'on additionne ces différents chiffres, on arrive à la somme de 9,97 livres.
12. **family allowance,** c'est à la poste que, chaque semaine, les gens vont toucher leurs allocations familiales.
13. **coming to me,** lit. *qui me revient.*
14. **there is no trace of it,** lit. *on n'en voit pas trace.*
15. **thanks a lot,** est moins formel et donc plus familier que **thank you very much.**

The beginning of the postal service in Britain

In the old days, the only means of conveyance of written communication was confined almost exclusively to Kings and nobles. The postman was hailed as the King's courier and was therefore an important figure in the community. In England, a « Master of the Post » was appointed by Henry VIII, in 1516, to maintain a regular postal service along the main roads between the capital and other important cities. In Britain, a public service was set up in 1635, but it was really in the 18th and 19th centuries that the postal system developed.

A striking improvement came as the result of an extensive programme of road building that began about 1765 (the era of the stagecoach). In 1840 Rowland Hill, a British innovator and tax-reformer, introduced the famous penny post, the first postage stamp ever to be used in the world. This was, in fact, completely revolutionary since, up to then, it was the recipient, not the sender, who had to pay and the price would vary according to the distance. This system was later adopted by all other countries in the world.

Les débuts du service postal en Grande-Bretagne

Jadis, les seuls moyens de transmission des communications écrites étaient réservés presque exclusivement aux rois et aux nobles. Le facteur était appelé le « courrier du roi » et était, par conséquent, une figure importante de la société. En Angleterre, un « maître des postes » fut nommé par Henri VIII en 1516 pour maintenir un service postal régulier le long des principales routes reliant la capitale aux autres grandes villes. En Grande-Bretagne, un service public fut établi en 1635, mais ce ne fut vraiment qu'aux XVIIIe et XIXe siècles que le système postal se développa.

Le vaste programme de construction de routes qui commença en 1765 (l'âge de la diligence) entraîna un progrès considérable. En 1840, Rowland Hill, un Britannique, innovateur et réformateur fiscal, introduisit la célèbre « poste à un penny », le premier timbre-poste jamais utilisé dans le monde. Ce fut, en fait, totalement révolutionnaire dans la mesure où, jusqu'alors, c'était le destinataire, et non l'expéditeur, qui devait payer, et le prix variait selon la distance. Ce système fut, plus tard, adopté par tous les autres pays du monde.

The post office in Britain offers a number of services of which the following are just a selection :

• The National Giro Bank is a bank run by the post office. A Giro account enables you to draw money from any of the 20,000 post offices in the country. Similarly, National Giro has a reciprocal agreement with post offices abroad. A lot of household bills (gas, electricity, rates, rent) can be paid through National Giro and any pensions or social security benefits paid by the state go through the same system.

• A cheaper postal rate (second-class mail), as opposed to the quicker first-class delivery, exists for letters and parcels throughout the British Isles.

• If you want to have proof that you have sent a letter, there are two possibilities : « recorded delivery », which merely states that your letter has been dispatched and the more expensive « registered post » by which the addressee must sign when receiving the letter.

• If you are in a hurry, you might choose to send your mail by « express delivery ».

La poste en Grande-Bretagne offre un certain nombre de services dont ceux qui suivent ne sont qu'un exemple :

• Les chèques postaux sont une banque gérée par la poste. Un compte chèque postal vous permet de retirer de l'argent de n'importe laquelle des 20 000 postes du pays. Les chèques postaux ont, également, passé un accord de réciprocité avec les postes étrangères. Beaucoup de factures pour le logement (gaz, électricité, impôts locaux, loyer) peuvent être payées par l'intermédiaire des chèques postaux et toute pension de retraite ou prestation sociale payée par l'État passe par le même système.

• Il existe un tarif réduit pour les lettres et les paquets, qu'on appelle « 2ᵉ classe », par opposition au tarif de 1ʳᵉ classe, plus rapide, valable pour les Iles britanniques.

• Si vous voulez avoir la preuve de l'envoi d'une lettre, il y a deux possibilités : la lettre recommandée, qui indique simplement que votre lettre a été envoyée et la « lettre recommandée avec accusé de réception », plus onéreuse, pour laquelle le destinataire doit signer quand il la reçoit.

• Si vous êtes pressé, vous pouvez choisir d'envoyer votre courrier « en exprès ».

1. En Grande-Bretagne on ne peut pas téléphoner d'une poste, il faut trouver une cabine publique.
2. Est-ce que le facteur est passé ?
3. Les boîtes à lettres sont rouges et portent les initiales de la reine.
4. Les heures de levées sont : 9 h, 13 h et 18 h.
5. Je dois arrêter là afin de pouvoir poster ma lettre avant 17 h.
6. Faire suivre si nécessaire, s'il vous plaît.
7. J'ai payé à la réception.
8. Il y a une surtaxe pour tout courrier mal ou non affranchi.
9. Retour à l'envoyeur.
10. N'oubliez pas le code postal.
11. Inconnu à l'adresse indiquée.
12. Les paquets doivent être enveloppés dans du papier kraft et ficelés soigneusement.
13. Fragile, à manipuler avec soin.
14. Veuillez trouver ci-joint un coupon-réponse international.
15. A la période de Noël, il y a deux distributions par jour.

---

1. **In Britain you can't phone from a post-office, you must find a public call-box.**
2. **Has the postman been ?**
3. **Pillar-boxes are red and have the Queen's initials written on them.**
4. **The collection times are : 9 am, 1 pm and 6 pm.**
5. **I must finish now to catch the five o'clock post.**
6. **Please forward if necessary.**
7. **I paid cash on delivery.**
8. **There are surcharges for underpaid and unpaid mail.**
9. **Return to sender.**
10. **Don't forget the postcode.**
11. **Not known at this address.**
12. **Parcels should be wrapped in brown paper and secured with string.**
13. **Fragile. Handle with care.**
14. **Please find enclosed an international reply coupon.**
15. **Around Christmas time, you have two deliveries per day.**

Vous devez connaître

post office, poste
parcel, paquet
surface mail, courrier par voie terrestre ou maritime
airmail, par avion
contents (plur.), contenu
slip, fiche, petite feuille
to state, constater, déclarer
stamp, timbre
postal order, mandat
family allowance, allocations familiales
change, monnaie
counter, guichet, comptoir
postman, facteur
postmaster, receveur des postes (fém. : **postmistress**)
to set up, établir
National Giro, chèques postaux
mail, courrier
delivery, distribution
recorded delivery, lettre recommandée
registered letter, lettre recommandée avec accusé de réception
addressee = recipient, destinataire
sender, expéditeur, envoyeur
express delivery, courrier exprès
to dispatch = to send, sent, sent, envoyer

Vocabulaire complémentaire

book of postage stamp, carnet de timbres
to deliver, distribuer
do not bend, ne pas plier
to drop a line, envoyer un mot
envelope, enveloppe
form, formulaire
G.P.O. = General Post Office, P.T.T. britanniques
to get the address wrong, se tromper d'adresse
letter box, boîte aux lettres
mail order firm, société de vente par correspondance
mailing list, liste d'adresses
mail van, fourgon des Postes
pen friend, correspondant
post box, boîte à lettres
postcard, carte postale
postcode, code postal
to post, poster
stamp collector, philatéliste
to write home, écrire chez soi
to send a fax, envoyer une télécopie
fax machine, télécopieuse

A ■ Traduisez

How do I open a savings account ?

Simply go to your post office and fill in a straightforward application form. Accounts can be opened at the post office counter :

• by an individual

• for children (withdrawals are not normally allowed until the child is aged 7)

• by two or more people jointly

B ■ Classez les mots suivants en ⓐ si l'on y trouve le son [a], en ⓑ si l'on y trouve le son [a:] :

1. parcel	**2.** Canada	**3.** value
4. family	**5.** class	**6.** bank
7. thanks	**8.** madam	**9.** stamp
10. master	**11.** grams	**12.** bag

C ■ Traduisez :

1. Tu n'avais pas mis assez de timbres sur la lettre que tu m'as envoyée. J'ai dû payer une surtaxe.

2. Pouvez-vous peser ce colis, s'il vous plaît ?

3. Il faut que je poste cette carte tout de suite.

4. Pourriez-vous signer ici, s'il vous plaît ? C'est une lettre recommandée avec accusé de réception.

Corrigé

A ■ *Comment dois-je faire pour ouvrir un compte d'épargne ?*

Il vous suffit d'aller à votre bureau de poste et de remplir un formulaire d'inscription directe. Les comptes peuvent être ouverts au guichet de la poste :

• par un particulier ;

• pour des enfants (en général les retraits ne sont pas autorisés en dessous de 7 ans) ;

• par deux ou plusieurs personnes conjointement.

B ■ ⓐ **2.** [kanodo] **3.** [valjou:] **4.** [famili] **6.** [baηk] **7.** [saηks] **8.** [madem] **9.** [stamp] **11.** [gramz] **12.** [bag]

ⓑ **1.** [pa:sl] **5.** [kla:s] **10.** [ma:ste]

C ■ 1. You didn't put enough stamps on the letter you sent me. I had to pay a surcharge.

2. Can you weigh this parcel for me, please ?

3. I'll have to post this letter immediately.

4. Could you sign here, please ? It's a registered letter.

London transport

T : Tourist P : Passenger

T— Excuse me, this is the Central line[1], isn't it ? Only I wanted[2] to get to Greenford[3] but I don't recognize any of the stations that we've gone past ...

P— It's hardly surprising ! You're on the District line. You're going towards Richmond[4].

T— I'll never figure out[5] how this underground works.

P— Well, you're not *that* far out[6] really ! All you have to do is get off at Earl's Court[7], go up to Notting Hill Gate[8] and then take a tube[9] in the direction of West Ruislip[10]... I wouldn't worry about getting lost all the time — the same thing happened to me when I first arrived in London.

T— You're not a Londoner ?

P— No, I'm from the North[11] and proud of it. I've been working here for five years now. Are you here on holiday ?

T— Not really. I'm visiting friends. Do you realise, you're the first person I've spoken to who has actually replied ?

P— Am I ? I suppose it's normal. Everybody's in a rush[12].

T : Tourist F : Friend

T— We thought we'd go to Hyde Park[13] today. What do you suggest — should we take the tube or go by bus ?

F— Well, if you're not fixed for time, why don't you give the bus a try ? I know you can get stuck[14] in traffic jams during the rush hours, but it's a lot better for sightseeing[15]...

T— Do you really think so ?

F— Of course ! Plus I'm sure you'd find it interesting to ride on a double-decker[16] for once.

T— Sounds fine to me. One problem though. I still don't understand why some buses are red and others green. We'd better not get on the wrong one !

F— It's simple — the red ones are for the inner city areas and the green ones for the suburbs.

tube	[**tjoub**]	particular	[pet**i**kioule]
central	[**sèn**trel]	buses	[b**œ**siz]
Greenford	[**gri:n**fed]	Hyde Park	[haid pa:k]
District	[**dis**trikt]	outlying	[aoutl**aï**in]
Richmond	[**ritch**mend]	suggest	[sed**jè**st]
Earl's Court	[**e:lz ko:t**]	jams	[djamz]
north	[no:s]	double-decker	[dœbel d**è**ke]

T : touriste P : passager

T— Pardon, on est bien sur la ligne centrale, hein ? C'est que je voulais aller à Greenford mais je ne reconnais aucune des stations que l'on vient de passer.
P— C'est pas étonnant ! Vous êtes sur la ligne du district. Vous allez vers Richmond.
T— Je ne comprendrai jamais comment ce métro fonctionne.
P— En fait, vous n'êtes pas si loin que ça ! Vous n'avez qu'à descendre à Earl's Court, remonter sur Notting Hill et là prendre un métro en direction de West Ruislip ... Faut pas vous en faire si vous vous perdez tout le temps. Ça a été la même chose pour moi quand je suis arrivé à Londres.
T— Vous n'êtes pas londonien ?
P— Non, je suis du Nord et j'en suis fier. Ça fait cinq ans maintenant que je travaille ici. Vous êtes en vacances ?
T— Pas vraiment. Je rends visite à des amis. Vous savez que vous êtes la première personne à qui j'ai adressé la parole qui ait véritablement répondu ?
P— Ah bon ? Je crois que c'est normal. Tout le monde est pressé...

T : touriste A : ami

T— Nous pensions nous rendre à Hyde Park aujourd'hui. Qu'est-ce que vous nous conseillez — prendre le métro ou le bus ?
A— Eh bien, si vous n'êtes pas pressés par le temps, pourquoi n'essayez-vous pas le bus ? Je sais qu'on peut être bloqué dans les embouteillages aux heures de pointe, mais c'est beaucoup mieux pour visiter la ville...
T— Vous le pensez vraiment ?
A— Bien sûr ! En plus, je suis certain que vous trouverez ça intéressant, de monter une fois dans un autobus à impériale.
T— Ça me paraît bien. Un problème quand même. Je ne comprends toujours pas pourquoi certains bus sont rouges et d'autres verts. Nous aurions intérêt à ne pas prendre le mauvais !
A— C'est simple : les rouges restent dans Londres et les verts vont en banlieue.

■ Remarques

1. **the Central Line,** *la Ligne Centrale.* Ligne du métro de Londres traversant la capitale d'ouest en est.
2. **only I wanted to get = the only problem was that I wanted to get. To want to do sth. :** *vouloir faire qqch., avoir l'intention de.*
3. **Greenford,** à l'ouest de Londres.
4. **Richmond,** au sud-ouest de Londres.
5. **I'll never figure out,** *je ne comprendrai jamais,* to figure out (familier), *comprendre, évaluer.*
6. **you're not that far out,** *vous n'êtes pas si loin que ça.*
7. **Earl's Court,** quartier sud-ouest de Londres où se trouve un palais d'exposition.
8. **Notting Hill gate,** Notting Hill est un quartier ouest de Londres. Célèbre pour son carnaval.
9. **take a tube,** *prendre un métro ;* on notera qu'on utilise le verbe **to take** pour le métro, le bateau, le taxi et **to catch** pour le bus et le train. On pourra utiliser l'un ou l'autre pour l'avion.
10. **West Ruislip,** station terminale ouest de la Ligne Centrale.
11. **the North,** le Nord (de l'Angleterre), c'est-à-dire le Lancashire, le Yorkshire et tout ce qui se situe au nord de ces deux provinces. Ces régions principalement industrielles sont sensiblement différentes des régions du Sud et leurs habitants sont réputés pour la chaleur de leur accueil.
12. **in a rush** (fam.) = **in a hurry,** *pressé.*
13. **Hyde Park,** l'un des principaux parcs situés au cœur de Londres, avec Regent's Park, St Jame's Park et Green Park. Ils sont très prisés des Londoniens comme des touristes. Il n'est pas interdit de marcher sur les pelouses.
14. **to get stuck,** *être coincé, bloqué.* Également **I've been held up by traffic jams.** *J'ai été retardé par des embouteillages.*
15. **sightseeing,** *visiter la ville, faire du tourisme* → **to go sightseeing** ; cf. **a sight :** *une attraction.* **One of the sights of London :** *une des attractions touristiques de Londres.*
16. **double-decker,** *autobus à impériale,* **deck,** terme emprunté à la marine *(pont)* désigne le plancher (à l'origine en bois) d'un autobus. Les bus rouges de Londres ont deux niveaux : le bas, **lower deck,** réservé aux non-fumeurs et le supérieur, **upper deck.**

London's first underground railway using steam locomotives was opened on January 10th 1863, although the electrified tube line, so named because of a construction technique which involved building tunnels instead of trenches, only came into operation in 1890. The London underground was the first in Europe and is second in length in the world, after the New York subway. It now has 180 route-miles , much of these double-tracks.

The tube is part of a 277 station surface and sub-surface network of London transport, carrying more than seven hundred million passengers annually. The tunnels themselves are extremely deep ; a good example of which is the station at Leicester Square, more than eighty feet below the surface. Their depth made them excellent air-raid shelters during World War II. London is not the only city in Britain to possess an underground railway system : Glasgow, Liverpool and Newcastle have all followed suit.

La première ligne de métro de Londres, utilisant des locomotives à vapeur, fut ouverte le 10 janvier 1863, bien que la première ligne électrifiée, appelée "tube" parce qu'elle faisait appel à une technique de construction qui consistait à creuser des tunnels à la place des tranchées, n'ait été mise en circulation qu'en 1890. Le métro de Londres fut le premier d'Europe et est le second du monde en longueur, après celui de New York. Il a maintenant 280 km de lignes, la plupart d'entre elles à double voie.

Le métro fait partie d'un réseau de transport londonien en surface et sous-terrain avec 277 stations, et qui transporte plus de 700 millions de voyageurs par an. Les tunnels eux-mêmes sont très profonds ; la station de Leicester Square en est un bon exemple à plus de vingt-quatre mètres sous terre. Leur profondeur en a fait d'excellents abris anti-aériens pendant la Seconde Guerre mondiale. Londres n'est pas la seule ville de Grande-Bretagne à posséder un métro Glasgow, Liverpool et Newcastle ont toutes suivi l'exemple.

Beware : nearly all buses and underground trains stop running around midnight (11.30 p.m. on Sundays).

Attention : presque tous les autobus et métros cessent de rouler aux environs de minuit (23 h 30 le dimanche).

Getting about in London

The tube is the quickest and most convenient way to get around in London. It takes approximately two minutes to get from one station to another ; every time you have to change add five minutes to your journey.

The tubes run everyday from 5.30 in the morning until a quarter past twelve in the evening, the only exception being Sundays (7.30 am - 11.30 pm). Fares differ according to the distance travelled.

Another way of seeing the centre of London is by double-decker bus. It's no use trying to buy bus tickets for individual journeys in advance : they are only delivered by the conductors. However, a good idea would be to ask at the nearest tube station for details about the various tourist tickets available on both the buses and the underground.

A more individual way of travelling is the taxi, instantly recognizable by its large black shape, the pane of glass separating the driver from the passengers and the words "For hire" which light up when it is free.

Comment se déplacer à Londres

Le métro est le moyen le plus rapide et le plus pratique de se déplacer à Londres. Il faut compter environ 2 minutes entre chaque station ; pour chaque changement ajoutez 5 minutes de plus à votre voyage.

Les rames de métro fonctionnent tous les jours de 5 h 30 le matin à minuit et quart, sauf le dimanche (de 7 h 30 à 23 h 30). Le tarif des billets varie selon la distance parcourue.

Un autre moyen de visiter le centre de Londres est d'utiliser un autobus à impériale. Ce n'est pas la peine d'essayer d'acheter à l'avance un ticket de bus pour un voyage individuel, ceux-ci ne sont délivrés que par les receveurs. Ce serait toutefois une bonne idée que de demander dans la station de métro la plus proche des détails sur les divers billets touristiques dont vous pouvez bénéficier à la fois dans les bus et le métro.

Les taxis sont un moyen de transport plus individuel et sont reconnaissables à leur forme noire imposante, à la vitre qui sépare le conducteur des passagers, et aux mots "à louer" qui s'allument quand ils sont libres.

1. Il n'y a personne au guichet ; il faut utiliser le distributeur automatique.
2. Est-ce que vous avez des pièces de 10 pence, s'il vous plaît ?
3. Ne jetez pas votre billet, vous devrez le rendre à la sortie.
4. Les prix sont indiqués sur le tableau.
5. Pouvez-vous me donner un plan de métro, s'il vous plaît ?
6 Il y a un supplément de 10 pence.
7. A quelle heure est le dernier métro ?
8. Est-ce que vous avez des billets touristiques qui sont valables à la fois dans le métro et les autobus ?
9. Le métro est bourré aux heures de pointe.
10. Les places, s'il vous plaît !
11. Deux adultes et deux enfants pour Picadilly Circus.
12. Pouvez-vous me dire où descendre pour l'opéra de Covent Garden ?
13. On a passé l'arrêt.
14. Il y a de la place à l'étage !
15. Combien prenez-vous pour aller jusqu'à Hampstead Heath ?

---

1. There is nobody at the ticket counter ; you have to use the ticket machine.
2. Excuse me, have you got any 10p pieces ?
3. Don't throw your ticket away ; you have to give it in at the end of your journey.
4. The prices are marked on the board.
5. Can you give me a map of the underground, please ?
6. There is an excess fare of 10p.
7. What time is the last tube ?
8. Do you have any special tourist tickets which are valid on both the underground and the buses ?
9. The tube is packed during the rush hour.
10. Any more fares, please ?
11. Two adults and two children to Picadilly Circus.
12. Can you tell me where to get off for the opera at Covent Garden ?
13. We've gone past the stop.
14. [There's] room upstairs !*
15. How much do you charge to go to Hampstead Heath ?

*** There's room upstairs ! : le receveur s'adresse à une personne. Room upstairs ! : le receveur s'adresse à tout le monde.**

tube, métro *(fam.)*
passenger, voyageur, passager
to figure out, comprendre, se représenter
underground, métro
to get off, descendre *(d'un train, d'un bus)*
to worry about something, s'inquiéter de qqch
to get lost, se perdre
proud, fier
actually, vraiment, véritablement
to be in a rush, être pressé
traffic jam, embouteillage, embarras de circulation
sightseeing, tourisme
double-decker (bus), autobus à impériale
steam, vapeur
track, voie
network, réseau
shelter, abri
to follow suit, suivre l'exemple, emboîter le pas
convenient, commode, pratique
journey, trajet, voyage
fare, prix *(d'un billet, d'une course en taxi)*
conductor, receveur *(de bus)*
available, disponible
pane, vitre
ticket counter, guichet des billets
packed, bondé, bourré
to charge, faire payer

Vocabulaire complémentaire

automatic turnstile, portillon automatique
bus pass, carte de bus
escalator, escalier mécanique
gangway, allée, couloir *(dans un bus)*
to get a lift, se faire emmener en voiture
to get around/about, se déplacer
to get on, monter *(à bord d'un train, d'un bus)*
to hitchhike, faire de l'auto-stop
inspector, *(bus)* contrôleur
meter, compteur
minimum fare, *(taxi)* prise en charge
platform, quai
rush hours, heures de pointe
taxi-rank, station de taxi

The first thing you learn about London buses is that nobody just gets on them - you "queue up" at the bus stop.
The English do it instinctively, even when there are only two of them. This typically British phenomenon is especially practical during the rush hours.

La première chose qu'on découvre au sujet des autobus londoniens, c'est qu'on ne se contente pas d'y monter : on fait la queue à l'arrêt.
Les Anglais le font d'instinct, même s'ils ne sont que deux. Ce phénomène typique en Grande-Bretagne est particulièrement pratique aux heures de pointe.

A ■ Complétez :

1. On a bus you have to buy your ticket from the ...
2. The underground railway in London is called the ...
3. I ... the last bus and had to walk back to my hotel.
4. I got on the tube but ... straight away because I had left my umbrella on the platform.
5. In a taxi, if you want to know how much you have to pay, just look at the ...

B ■ Complétez avec « take » ou « catch » aux temps qui conviennent :

1. I . . . a train to Glasgow last Monday.
2. Shall we . . . a taxi ?
3. She . . . the tube because it was more convenient.
4. He didn't want to go by car so he . . . a bus instead.
5. Will you . . . a boat to go to Ireland ?

C ■ Traduisez :

1. Il faut que vous changiez à Oxford Circus pour prendre la Ligne Centrale.
2. L'autobus à impériale était bourré et il y avait même des gens debout dans le couloir.
3. Pouvez-vous me renseigner sur les billets touristiques pour le bus et le métro ?
4. Je voudrais visiter le centre de Londres en taxi.
5. Les rames de métro fonctionnent de 5 h 30 à 23 h 30.

Corrigé

A ■ 1. conductor **2.** tube **3.** missed **4.** got off **5.** meter

B ■ 1. caught. **2.** take. **3.** took. **4.** caught. **5.** take.

C ■ 1. You have to change at Oxford Circus and take the Central Line.
2.The double-decker bus was packed and there were even people standing in the gangway.
3.Could you give me some information about tourist tickets on the buses and the underground ?
4. I would like to visit the centre of London in a cab.
5. Tubes run from 5.30 am till 11.30 pm.

If you have the right change, you may get your tickets from vending-machines.
Si vous avez la monnaie (l'appoint) vous pouvez obtenir vos tickets de machines automatiques.

S : Shop Assistant C : Customer

S— Are you looking for anything[1] in particular ?
C— I'm just browsing[2], thanks.
S— If it's shirts you're after[3], they're arranged in rows according to size.
C— Well, actually I'm more interested in trousers[4].
S— Casual trousers or something more dressy[5] ?
C— I'm not particular[6]. If you show me where they are, I'll have a look at both.
S— What waist-size[7] are you ?
C— Thirty-two[8].
S— Well, the jeans[9] and cords[10] are over there and the other sorts of trousers are over here.

. . . .

C— Is it OK if I try this pair of cords on ?
S— Sure, the fitting rooms are on your left.

. . . .

C— Have you got a bigger size ? These are a bit tight around the hips.
S— Really ? You know, they're cut like that. I'll go and get you a pair of thirty-fours[11] if you want, but I'm sure they will be too big around the waist.
C— Perhaps you're right. Cords give[12], don't they ? I hate baggy[13] trousers... Can they be washed in a machine ?
S— Of course ! That's the thing[14] about casual trousers. You just put them in the washer[15] and they're clean.
C— OK then, I'll take them. Do you do alterations ? I reckon they need taking up about an inch.
S— They do. We do do alterations[16] but it will cost £ 1.10.
C— When could you have them ready for ?
S— Monday afternoon.

customer	[**koe**steme]	waist-size	[**wéîstsaîz**]
browsing	[**braou**ziŋ]	perhaps	[pe**haps**]
rows	[rôuz]	casual	[**kaz**jouel]
trousers	[**traou**zez]	alteration	[o:lte**réî**chen]
according	[e**ko:**diŋ]	washer	[**wo**che]

V : vendeur C : client

V— Vous cherchez quelque chose ?
C— Je regarde simplement, merci.
V— Si c'est pour une chemise, elles sont rangées par taille.
C— En fait, je suis plutôt intéressé par les pantalons.
V— Quelque chose de sport ou un pantalon plus habillé ?
C— Je ne suis pas fixé. Si vous me montrez où ils se trouvent, je les regarderai tous.
V— Qu'est-ce qu'il vous faut comme taille ?
C— Trente-deux.
V— Eh bien, les jeans et les velours sont là-bas et les autres pantalons sont ici.

....

C— Est-ce que je peux essayer ce pantalon de velours ?
V— Bien sûr, les cabines d'essayage sont à votre gauche.

....

C— Avez-vous une plus grande taille ? Celui-ci est un peu serré aux hanches.
V— Vous croyez ? Vous savez, c'est la coupe. Je veux bien aller vous chercher un trente-quatre, mais je suis sûr que la taille sera trop large.
C— Vous avez peut-être raison. Le velours prête, n'est-ce pas ? Je déteste les pantalons trop larges... On peut le laver en machine ?
V— Bien sûr ! C'est l'avantage des pantalons « sport ». On les met dans la machine et ils sont propres à la minute.
C— D'accord, je le prends. Vous faites les retouches ? Je pense qu'il faudrait le raccourcir d'environ 2 cm.
V— En effet. Nous faisons évidemment les retouches mais cela coûte 1,10 livre.
C— Vous pouvez le faire pour quand ?
V— Lundi après-midi.

If the alarm sounds, please contact a member of staff to have your inventory control tag removed.

Si l'alarme retentit, veuillez s'il vous plaît vous adresser à un membre du personnel pour faire enlever l'antivol magnétique de contrôle.

■ Remarques

1. **anything**, *quelque chose.* S'utilise dans les phrases interrogatives, sauf quand l'on demande ou quand l'on offre quelque chose. Cf. **Can I have something to eat, please ?** Ici **anything** rend la phrase plus neutre que **are you looking for something ?**, trop insistante.
2. **browsing**, *jetant un coup d'œil.* Cf. **to browse through a book**, *feuilleter un livre.*
3. **to be after s.o / sth**, lit. : *être à la recherche de qqn / qch.* **What are you after ?** *Où veux-tu en venir ?*
4. **trousers**, *pantalon.* Toujours au pluriel (= **a pair of trousers**).
5. **dressy**, *habillé.* Cf. : **to dress up**, *s'habiller* (bien).
6. **I'm not particular** = **I don't have any particular choice** *(je ne suis pas fixé sur un choix).* **He is very particular about food**, *il est très difficile.*
7. **waist-size**, *tour de taille.*
8. Taille pour les pantalons : **waist-size** ; chemises : **collar size** ; chapeaux : **hat size** ; pointure : **shoe size** ; tour de poitrine : **chest size** (pour homme), **bust size** (pour femme) ; tour de hanches : **hip size**.
9. **jeans** tire son origine de la ville de Gênes d'où ce drap était originairement exporté. Il désigne tout pantalon fait avec ce type de drap et pas seulement le bleu appelé *denim*, de « serge de Nîmes ».
10. **cords** = **corduroy trousers**, *pantalon en velours côtelé.*
11. **thirty-fours**, le pluriel est nécessaire puisque c'est de trousers que l'on parle.
12. **give**, *donner, prêter, se distendre.*
13. **baggy** (= **which look like a bag**), *flottant, bouffant.*
14. **That's the thing**, sous-entendu ici **that's the good thing about it**, *c'est ce qu'il y a de bien.*
15. **washer** est d'usage plus courant que **washing-machine** *machine à laver* (le linge).
16. **we do do alterations**, *nous faisons évidemment les retouches.* Notez la forme d'insistance. En Grande-Bretagne les retouches sont en général payantes.

The first thing that strikes a foreign visitor when shopping in Britain is the large number of department stores and chain stores in every town. The old saying that a town isn't on the map if it doesn't have a « Woolworth's » rings particularly true and it is highly probable that one branch of « Marks and Spencer's » in Manchester will have exactly the same decor, prices and articles on sale as a branch in Bristol. Shopping centres in Britain vary very little from town to town and there are fewer specialist boutiques than in certain other European countries.

Shopping hours are generally from 9 am to 5.30 pm, six days a week, the only exception being the Early Closing Day which often falls on a Wednesday or Thursday afternoon.

If you are in Britain at sales time, during the months of January and July, you will most certainly pick up a bargain. The sales at Harrod's of Knightsbridge, London, have become a British institution and people even queue up days in advance in order to take advantage of the outrageous reductions offered.

La première chose qui frappe un étranger en visite dans les magasins britanniques est le grand nombre de grands magasins et de chaînes de boutiques que l'on trouve dans toutes les villes. La vieille expression selon laquelle une ville ne se trouve sur la carte que si elle possède un « Woolworth » paraît particulièrement juste et il est fort probable qu'une succursale de « Marks et Spencer » de Manchester aura un aménagement intérieur, des prix et des articles en vente absolument identiques à ceux d'une succursale de Bristol. Parce qu'ils ont les mêmes magasins, en Grande-Bretagne, les centres des villes se ressemblent beaucoup et il y a moins de magasins spécialisés que dans certains autres pays d'Europe.

Les magasins sont ouverts, en général, de 9 h à 17 h 30, six jours par semaine, sauf le jour de fermeture avancée qui tombe souvent le mercredi ou le jeudi après-midi.

Si vous êtes en Grande-Bretagne à la période des soldes, pendant les mois de janvier et juillet, vous trouverez sûrement la bonne affaire. Les soldes à Harrod's de Knightsbridge de Londres sont devenus une institution britannique et les gens font même la queue des jours à l'avance pour profiter des réductions extraordinaires qui sont faites.

Of course you will no doubt find everything you want in a big department store but perhaps you prefer to do your shopping elsewhere. There are very few open markets in Britain and they have been replaced, for the most part, by covered markets where each stall-holder has a permanent place inside a purposely-built building. In addition, there are numerous indoor shopping precincts and arcades. If you are interested in antiques, the flea market at Portobello Road, London, every Sunday morning, is sure to please you.

Health food shops are springing up everywhere whilst chandler's and milliner's have almost totally disappeared. Shopping for food can be done in a hypermarket, a local supermarket or a corner shop, particularly useful on a Sunday or late in the evening. Fruits and vegetables are bought at a greengrocer's and fish at a fishmonger's. A somewhat unusual trend amongst the young (especially students and punks) is to hunt for old clothes in second-hand clothes shops.

Bien sûr, vous trouverez certainement tout ce que vous voulez dans un grand magasin mais peut-être préférez-vous faire vos courses ailleurs. Il y a très peu de marchés en plein air en Grande-Bretagne, et ils ont été, pour la plupart, remplacés par des marchés couverts où chaque commerçant a son éventaire à demeure, à l'intérieur d'un local bâti spécialement à cet effet. De plus il y a de nombreux centres commerciaux et « arcades ». Si vous vous intéressez aux antiquités, le marché aux puces de Portobello Road à Londres, tous les dimanches matin, est sûr de vous plaire.

Les magasins de produits naturels poussent partout comme des champignons, tandis que les drogueries et les modistes ont presque totalement disparu. On peut acheter de la nourriture dans un hypermarché, un supermarché plus proche ou à l'épicerie du coin, particulièrement utile le dimanche ou dans la soirée. Les fruits et légumes sont en vente chez le marchand de primeurs et le poisson chez le poissonnier. Une mode un peu bizarre parmi les jeunes (en particulier les étudiants et les punks) consiste à chercher de vieux vêtements chez les fripiers.

1. Ce n'est pas exactement ce que je cherchais.
2. Bon, je vais réfléchir, merci quand même.
3. Est-ce que c'est la seule sorte que vous avez ?
4. Est-ce que vous savez où je pourrais trouver ça ?
5. Pourriez-vous me donner un autre pull ? Celui-ci est abîmé.
6. Est-ce que vous avez quelque chose qui va avec ?
7. On peut toujours enlever les pinces.
8. Cette jupe a besoin d'être reprise à la taille.
9. Ça vous va (convient) très bien.
10. Ça ne va pas (ce n'est pas la taille).
11. On ne peut prendre que deux articles à la fois dans les cabines d'essayage.
12. Ce tissu est de bonne qualité ; il ne se chiffonnera pas.
13. Est-ce que vous voulez un emballage cadeau ?
14. Si vous n'en avez pas en réserve, pouvez-vous le commander ?
15. Voulez-vous quelque chose fait sur mesure ou prêt à porter ?
16. Prends un chariot ou un panier.
17. Pourriez-vous me donner un grand sachet, s'il vous plaît ?

---

1. **That's not quite what I'm looking for.**
2. **I think I'll leave it, thank you all the same.**
3. **Is this the only sort you have ?**
4. **Do you happen to know if any other shops might have it ?**
5. **Could you give me another jumper ? This one is damaged.**
6. **Do you have anything to match ?**
7. **You can always let the pleats out.**
8. **That skirt will need taking in at the waist.**
9. **It really suits you.**
10. **It doesn't fit.**
11. **Only two articles at a time are allowed in the fitting rooms.**
12. **This material is good quality ; it won't crease.**
13. **Do you want it gift-wrapped ?**
14. **If you haven't got it in stock, could you order it ?**
15. **Would you like something made-to-measure or ready-to-wear ?**
16. **Take a trolley or a basket.**
17. **Could you give me a carrier bag, please ?**

■ Vous devez connaître

to browse, jeter un coup d'œil
shirt, chemise
row, rangée
size, taille
trousers, pantalon
casual trousers, pantalon sport
waist-size, tour de taille
cords *(cf. note 10),* pantalon de velours côtelé
fitting room, cabine d'essayage
tight, étroit
hip, hanche
the cut, la coupe
to give, *ici :* prêter *(tissus)*
washer, machine à laver
alteration, retouche
to strike, frapper
department store, grand magasin
chain store, magasin à succursales multiples
branch, succursale
sales, soldes
bargain, affaire *(bonne)*
to queue up, faire la queue
a stall, un éventaire
antique shop, un magasin d'antiquité
flea market, marché aux puces
chandler, droguiste
greengrocer, marchand de fruits et légumes
fishmonger, poissonnier
jumper, pull
damaged, abîmé
to match, aller avec
pleat, pince
to take in, reprendre
to suit, aller, convenir *(genre)*
to fit, aller *(taille)*
material, tissu
to crease, se chiffonner
to wrap, emballer, envelopper
made-to-measure, sur mesure
ready-to-wear, prêt-à-porter
trolley, chariot
carrier bag, grand sachet
indoor shopping precinct, centre commercial

Vocabulaire complémentaire

blouse, corsage
book-shop, librairie
bow-tie, nœud papillon
cardigan, gilet
delicatessen, traiteur
dress, robe
dry-cleaner, nettoyage à sec
dungarees, salopette
to go window-shopping, faire du lèche-vitrine
hem, ourlet
jeweller, bijoutier
leather goods shop, maroquinerie
lining, doublure
milliner, modiste
outfit, ensemble
scarf, écharpe
shoplifting, vol à l'étalage
skirt, jupe
stationner, papetier
suit, complet
tie, cravate
tights, collants
tobacconist, buraliste
crew-neck, pull ras du cou
polo-neck, pull à col roulé
V-neck, pull en V

A ■ Associez à chacun des articles suivants le nom du magasin dans lequel vous l'achèteriez :

a) envelopes, tennis racket, bracelet, fish, bread, sausage, book, skirt, newspaper, cigarettes, pair of boots, handbag.

b) fishmonger's, clothes shop, newsagent's, jeweller's, baker's, stationer's, leather goods shop, bookshop, sports shop, butcher's, shoe shop, tobacconist's.

B ■ Complétez les phrases suivantes avec les particules adverbiales : on, up, in, out, down.

1. If that skirt is too short, you can let the hem ....
2. Let the pleats ..... if the skirt is too tight.
3. Can I try these shoes ....., please ?
4. These trousers are too long, they need taking ..... a bit.
5. These trousers are too loose round the waist, they need taking .... .

C ■ Traduire :

1. Où est la cabine d'essayage, s'il vous plaît ?
2. Ce corsage est trop étroit, auriez-vous une taille au-dessus ?
3. J'adore cette cravate, elle vous va très bien.
4. Est-ce que vous avez un pantalon qui irait avec ma veste ?
5. Les pantalons de velours sont très confortables, mais ils ne sont pas très habillés.

Corrigé

A ■ 1. envelopes — stationer's. **2.** tennis racket — sports shop. **3.** bracelet — jeweller's. **4.** fish — fishmonger's. **5.** bread — baker's. **6.** sausage — butcher's. **7.** book — bookshop. **8.** skirt — clothes shop. **9.** newspaper — newsagent's. **10.** cigarettes — tobacconist's. **11.** pair of boots — shoe shop. **12.** handbag — leather goods shop.

B ■ 1. down. **2.** out. **3.** on. **4.** up. **5.** in.

C ■ 1. Where is the fitting room, please ?
2. This blouse is too tight, do you have a bigger size ?
3. I love that tie, it really suits you.
4. Do you have a pair of trousers to go with my jacket ?
5. Cords are very comfortable but they are not very dressy.

■ Complaining

W : Woman S : Shop-assistant.

W— Excuse me, do you work here ?
S— Yes, is there anything I can do for you ?
W— Well, I'm awfully[1] sorry to bother you, but I bought this dress here on Saturday and it was[2] only when I got it home[3] that I realised there were a couple of flaws[4] in it.
S— Do you have a receipt[5], madam ?
W— Yes I do... Here it is !
S— What exactly is wrong with the dress ?
W— Well, for one thing there is a small tear at the back, the stitching[6] in the hem is coming undone[7] and the zip is broken[8].
S— Are you sure you haven't done it yourself ?
W— Quite sure. I haven't even worn it yet !
S— Really ? I can't imagine us[9] selling a dress in such a state. Didn't you try it on ?
W— Yes, of course I did !
S— And didn't you notice anything ?
W— No... You know how things are when you're rushed[10] for time. You don't look at everything. It seemed all right to me, otherwise[11] I wouldn't have bought it.
S— What size is it ?
W— Twelve[12].
S— I'll go and see if we've got any left in stock... The only twelve we've got is in green. Would that do ?
W— No, it wouldn't. It was red that I wanted to match my shoes and bag.
S— Would you like to choose anything else ?
W— Not really. I think I'd rather have my money back.
S— I'm sorry, but I'm only authorized to give you a credit note[13].
W— But I don't want a credit note. I want a refund[14]. I'm perfectly within my legal rights[15]. I'd like to see the manager, please.

excuse	[iks**kjou:z**]	otherwise	[**oe**zewaïz]
awfully	[**o:**fouli]	refund	[**ri:**foend]
realised	[**rie**laïzed]	manager	[**ma**nidje]
receipt	[ri**si:t**]	legal	[**li:**gell]
tear	[tèe]	rushed	[ròecht]

D : dame V : vendeuse

D— Pardon, vous travaillez ici ?
V— Oui, puis-je faire quelque chose pour vous ?
D— Je suis désolée de vous déranger, mais j'ai acheté cette robe ici samedi et c'est seulement quand je suis rentrée chez moi que je me suis rendu compte qu'il y avait quelques défauts.
V— Vous avez un reçu, madame ?
D— Oui... Voici !
V— Qu'est-ce qui ne va pas exactement avec la robe ?
D— Eh bien, d'abord elle est un peu déchirée dans le dos, la couture de l'ourlet se défait et la fermeture Eclair ne va pas.
V— Vous êtes sûre que ça ne vient pas de vous ?
D— Tout à fait. Je ne l'ai même pas encore mise !
V— Vraiment ? Je n'arrive pas à croire qu'on vous ait vendu une robe dans un tel état. Vous ne l'avez pas essayée ?
D— Si, bien entendu !
V— Et vous n'avez rien remarqué ?
D— Non... Vous savez comment ça se passe quand on est pressé. On ne vérifie pas tout. Elle me paraissait bien, sinon je ne l'aurais pas achetée.
V— C'est quelle taille ?
D— Du douze.
V— Je vais voir si on en a encore en stock... La seule taille douze que l'on ait est en vert, ça irait ?
D— Non, c'est du rouge que je voulais pour aller avec mes chaussures et mon sac.
V— Voudriez-vous choisir autre chose ?
D— Non, pas vraiment. Je crois que je préférerais ravoir mon argent.
V— Je suis désolée, mais je ne suis autorisée qu'à vous donner un avoir.
D— Mais je ne veux pas d'avoir. Je veux être remboursée. Je suis parfaitement dans mon droit. Je voudrais voir le directeur, s'il vous plaît.

■ Remarques

1. **awfully,** *horriblement, effroyablement* → **I'm awfully sorry,** *je regrette infiniment.*
2. **it was only when I got it home,** *c'est seulement quand je suis rentrée.* Notez en anglais la nécessité de la concordance des temps (« **it was** » « **I got** ») qui n'existe pas en français. Cf. **It was red that I wanted.**
3. **I got it home,** lit : *je l'ai apportée chez moi.* Encore un autre sens de **get** : **to get sth somewhere,** *faire parvenir qch quelque part.*
4. **a couple of flaws,** *quelques défauts ;* **a flaw = defect,** *imperfection.*
5. **a receipt** [risi:t], *reçu, facture.* Pour un match de football, on parle de **gate receipts,** *recette.*
6. **the stitching,** fil utilisé pour la couture (**seam**).
7. **is coming undone** = **in the process of undoing itself,** *se défait.*
8. **the zip is broken,** lit. : *la fermeture Eclair est cassée.*
9. **I can't imagine us selling a dress** = **I can't imagine that we would sell a dress. Us** pronom complément de **imagine** et sujet de **selling.**
10. **to be rushed** (for time), *être bousculé, débordé* → **to rush** 1) v. intrans., *se précipiter.* 2) v. trans., *expédier à toute vitesse.*
11. **otherwise,** *autrement, dans le cas contraire.* Egalement dans ce genre d'expression : **the boxer Pat Smith, otherwise known as « the bruiser »,** *le boxeur Pat Smith, autrement dit « le cogneur ».*
12. **Twelve,** taille anglaise correspondant au 40 en France.
13. **credit-note,** *un avoir* (c'est une note qui indique ce que l'on a à son crédit).
14. **a refund,** *un remboursement* → **to refund money to s.o = to refund s.o,** *rembourser qqn.*
15. **within my legal rights,** m. à m. : *à l'intérieur des droits qui me sont donnés par la loi.*

Consumers' organisations in Britain.

The Consumers' Association was set up in 1957. Its independence is safeguarded because its income is derived solely from subscriptions from its members and the sale of its publications and research. The Association publishes a number of magazines covering a wide variety of subjects, the most famous being *Which* ?. The basic tasks of the organisation are comparing and testing consumer goods and services and making consumer information more widely available. The Association maintains close contact with members of Parliament.

An important activity is getting as much publicity and discussion for consumer affairs as possible, which entails working with all types of communication media. Other useful sources of advice are : the **local Citizens' Advice Bureaux** which provide free information to members of the public, the **National Consumer Council** and the **Office of Fair Trading**, a government agency which reviews commercial activities in the U.K. to identify practices detrimental to consumers.

Les organisations de consommateurs en Grande-Bretagne

L'Association des Consommateurs fut créée en 1957. Son indépendance est sauvegardée par le fait que ses revenus proviennent uniquement des cotisations de ses membres et de la vente de ses publications et recherches. Elle publie un certain nombre de magazines couvrant une grande variété de sujets et sa publication la plus célèbre est *Which ?*. Les tâches essentielles de l'organisation sont de comparer et de tester les biens de consommation et les services et de diffuser largement leurs informations aux consommateurs. L'Association maintient un contact étroit avec les parlementaires.

Une activité importante est d'obtenir autant de publicité et de débats que possible, ce qui l'amène à travailler avec tous les types de moyens de communication. Parmi les autres sources de renseignements utiles, on notera : les **Bureaux locaux d'Information du citoyen** qui renseignent gracieusement le public, le **Conseil National de la Consommation** et le **Bureau des Lois du Commerce**, un office gouvernemental qui examine les activités commerciales dans le Royaume-Uni pour détecter les pratiques préjudiciables aux consommateurs.

Last year a disgruntled car-owner who had paid £ 1,800 for repairs to his nearly-new car assembled a group of reporters and photographers. Then he drove the car straight into the plate-glass window of the car factory's showrooms

At a prestigious London department store, a customer failed to get a refund of the £ 115 he had paid for a suit he claimed was « falling to pieces ». So he stripped and ran naked through the store. Embarrassed assistants tried unsuccessfully to cover him up. The store hurriedly returned his money.

These cases of militant consumer action are by no means unique. The protesters gained national publicity, but they did not necessarily succeed in solving their own problems with the troublesome products or services. The car-owner was taken to court when it was discovered that not only was the car second-hand and out of warranty, but also that he had bought it privately and not from a regular dealer. And in the case of the streaker, his credit-account was cancelled.

L'année dernière, un propriétaire de voiture mécontent qui avait payé 1 800 livres de réparations sur une voiture presque neuve a convoqué un groupe de journalistes et de photographes. Puis il a foncé avec sa voiture dans la vitrine des salles d'exposition de l'usine automobile.

Dans un grand magasin prestigieux de Londres, un client n'avait pas réussi à se faire rembourser les 115 livres qu'il avait payé pour un complet qui, affirmait-il, « tombait en lambeaux ». Il se dévêtit donc et, tout nu, traversa le magasin en courant. Des vendeurs embarrassés essayèrent vainement de couvrir sa nudité. On le remboursa précipitamment.

Ces exemples d'activisme de la part des consommateurs ne sont en rien isolés. Les protestataires ont obtenu une publicité nationale mais ils n'ont pas nécessairement résolu les problèmes que leur posaient les produits ou les services incriminés. L'automobiliste passa en jugement quand on découvrit que non seulement la voiture était d'occasion et hors garantie, mais encore qu'il l'avait achetée à un particulier et non chez un concessionnaire officiel. Quant au coureur dévêtu, son compte-crédit fut annulé.

1. Faites respecter vos droits !
2. Pouvez-vous faire l'échange avec un de même taille ?
3. Ce corsage s'est défraîchi en vitrine.
4. Je l'ai lavé exprès à la main, mais il a quand même rétréci.
5. Les couleurs ont déteint.
6. Il manque un bouton à la chemise que j'ai achetée hier.
7. Vous m'avez compté trois articles au lieu de deux.
8. La vendeuse m'a donné une mauvaise taille.
9. Est-ce que je pourrai l'échanger si ça ne va pas ?
10. C'est encore sous garantie.
11. Pouvez-vous changer la pièce défectueuse ?
12. Nos articles ne sont ni repris ni échangés.
13. Où se trouve le bureau des réclamations ?
14. Au cours de ces dernières années, plusieurs lois pour la protection des consommateurs ont été votées.
15. On m'a rendu mon argent.
16. Je n'ai eu aucune difficulté à me faire rembourser.
17. L'étiquette est décollée.
18. Je n'arrive pas à la même somme.

---

1. **Stick up for your rights/Stand up for your rights !**
2. **Have you got a replacement in my size ?**
3. **This blouse is shop-soiled.**
4. **I washed it specially by hand but it still shrank.**
5. **The colours have all run.**
6. **There is a button missing on the shirt that I bought yesterday.**
7. **You charged me for three articles instead of two.**
8. **The salesgirl has given me the wrong size.**
9. **Can I bring it back if it doesn't fit ?**
10. **It is still under guarantee.**
11. **Can you change the faulty part ?**
12. **Our articles are neither refunded nor exchanged.**
13. **Where is the complaints department ?**
14. **During the last few years, several laws for consumer protection have been passed / voted.**
15. **I got my money back (I've been returned my money, I've been refunded).**
16. **I had no difficulties getting my money back.**
17. **The label / sticker has come unstuck.**
18. **I don't come out with the same amount as you. (ou : My calculations don't tally with yours)**

to bother, embêter
to complain about sth, se plaindre de qch
shop-assistant, vendeur, euse
flaw, défaut
receipt, reçu
tear, déchirure
stitching, couture
hem, ourlet
zip, fermeture Eclair
to wear, wore, worn, porter
to match, aller *(convenir)*
credit note, avoir
manager, directeur
consumer, consommateur
to set up, établir
income, revenu
subscription, cotisation
consumer goods, biens de consommation
to entail, entraîner, amener
to review, passer en revue
customer, client
to fail, échouer, ne pas réussir
refund, remboursement
suit, costume
to claim, affirmer
to strip, se dévêtir
naked, nu
streaker, coureur dévêtu
showroom, salle d'exposition
second-hand, d'occasion
dealer, concessionnaire
shop-soiled, défraîchi, qui a fait l'étalage
to shrink, shrank, shrunk, rétrécir
to charge, faire payer, compter
salesgirl, vendeuse
to fit, aller *(taille)*
faulty, défectueux
complaint, réclamation
complaints department, service des réclamations
label, étiquette
amount, montant, somme

Vocabulaire complémentaire

bargain, affaire, occasion
to bargain, marchander
catalogue, catalogue
clearance sale, vente de liquidation *(du stock),* soldes
discontented, dissatisfied, mécontent
door-to-door salesman, démarcheur, vendeur à domicile
edible, eatable, mangeable
guarantee, garantie, bon de garantie
to haggle, marchander
labelling, étiquetage
mail-order service, vente par correspondance
obliging, affable, arrangeant
package, paquet, emballage
packaging, conditionnement
pre-packed, pré-emballé
to put up with, s'accommoder de, tolérer
retailer, détaillant
sal(e) able, vendable
shoddy goods, camelote
to slash prices, écraser les prix
sold out, épuisé
to swap, troquer, échanger
unsal(e) able, invendable
tag, étiquette
wholesaler, grossiste

A ■ Traduire :

1. C'est lui que j'ai vu hier.

2. Si vous ne pouvez pas me le changer, je vous prierais de me rembourser.

3. Le poids et la composition du produit doivent être indiqués sur la boîte.

4. C'est en 1957 que l'Association des Consommateurs a été créée.

5. C'est complètement différent de ce que j'avais commandé.

B ■ Traduire en français :

1. You shouldn't only listen to the customer's point of view. Consumers aren't always right.

2. You are not entitled to a refund on faulty goods if the faults were pointed out to you when you bought them in the first place.

3. There is no need to put up with shoddy goods.

4. A complaint about bad food should be made to the local authority before you contact the seller.

5. It is an offence to give short weights, so you should report infringements of the law to the Weights and Measures Department.

Corrigé

A ■ 1. It was him that I saw yesterday.

2. If you can't exchange it for me, I'd like my money back.

3. The weight and composition of the product should be marked on the box.

4. It was in 1957 that the Consumers' Association was set up.

5. It's completely different from what I ordered.

B ■ 1. Il ne faut pas seulement écouter le point de vue du client. Les consommateurs n'ont pas toujours raison.

2. Vous ne pouvez pas prétendre au remboursement de marchandises défectueuses si les défauts vous ont été montrés lors de l'achat initial.

3. On n'a pas à accepter de marchandises de mauvaise qualité.

4. Il faut se plaindre de la mauvaise qualité d'une nourriture aux autorités locales avant de prévenir le vendeur.

5. La tromperie sur la quantité est un délit, c'est pourquoi il faut avertir le service des Poids et Mesures des entorses à la loi.

At a flat agency[1].

G : Girl A : Flat Agent

A— Come in !

G— Good morning. I'm looking for accommodation[2]. Can you show me what you've got on your books[3], please ?

A— Well, that depends on what you want and where you want to live.

G— I was thinking of a flat or a bedsit[4] in the Notting Hill Gate[5] area or somewhere relatively central[6].

A— How much are you prepared to pay ?

G— Between twenty and twenty-five pounds per week.

A— Hmm. You'll have a problem finding anything furnished[7] for that sort of money[8], even a bedsitter. You'll have to think in terms[9] of £ 35 - 40 per week[10], at least, for that sort of area. You don't fancy somewhere a bit further away[11] from the centre ?

G— Well, it has got to be near a tube station or on a good bus route[12] because I'll be working just off Oxford Street[13] and I don't want to spend all my time and money[14] travelling.

A— We've got a couple of things out towards Tottenham Court Road[15]. Is that of any interest to you ? Furnished bedsits at £ 30 per week.

G— What sort of an area is it ?

A— It's all right. I don't think you'll have any problems. There are quite a few late-night shops open in the area, which is pretty handy.

G— How much commission do you charge ?

A— We require a signing-on fee[16] of £ 15 which is non refundable, plus two weeks' rent, should you decide to take the property.

G— When can I go and look at them ?

A— Straight away if you want. I've got the addresses right here... Wait a minute, there is one of them that you can only see after six.

accommodation	[ekome**dèï**chen]	**least**	[li:st]
Tottenham	[**tot**nem]	**live**	[liv]
relatively	[**rè**letivli]	**Court**	[ko:t]
addresses	[e**drè**siz]	**pretty**	[**pri**ti]
require	[ri**kwaïe**]	**further**	[**fe**:ze]
property	[**pro**peti]	**terms**	[te:mz]

Dans une agence de location immobilière.

F : jeune fille A : agent immobilier

A— Entrez !

F— Bonjour monsieur. Je cherche un logement. Pouvez-vous me montrer ce que vous avez, s'il vous plaît ?

A— Eh bien, ça dépend de ce que vous voulez et de l'endroit que vous désirez.

F— Je pensais à un appartement ou à un studio meublé dans le quartier de Notting Hill Gate ou quelque part pas trop loin du centre.

A— Et combien êtes-vous prête à mettre ?

F— Entre 20 et 25 livres par semaine.

A— Hmm. Vous aurez du mal à trouver un meublé à ce prix-là, même un studio. Il faut plutôt compter aux environs de 35 à 40 livres la semaine, au moins, pour ce genre de quartier. Vous n'avez pas envie d'un endroit un peu plus éloigné du centre ?

F— Enfin, il faut que ce soit près d'une station de métro ou sur une bonne ligne de bus, parce que je vais travailler tout près d'Oxford Street et je ne veux pas passer tout mon temps et dépenser tout mon argent en transports.

A— Nous en avons quelques-uns du côté de Tottenham Court Road, est-ce que ça vous intéresse ? Des studios meublés à 30 livres la semaine.

F— Quel genre de quartier est-ce ?

A— Ça va. Je ne pense pas que vous aurez de problèmes. Il y a pas mal de magasins qui restent ouverts tard le soir dans le coin, ce qui est assez pratique.

F— Combien prenez-vous de commission ?

A— Nous demandons un droit d'inscription de 15 livres qui n'est pas remboursable, plus deux semaines de loyer si vous vous décidez à prendre le logement.

F— Quand puis-je aller les voir ?

A— Tout de suite, si vous voulez. J'ai les adresses ici même. Attendez une seconde, il y en a un que vous ne pouvez visiter qu'après six heures.

■ Remarques

1. **flat agency**, *agence immobilière* spécialisée uniquement dans la location. Elle se distingue de l'agence de vente immobilière : **estate agency**, Cf. **estate agent**, *agent immobilier.*
2. **accommodation**, *logement.*
3. **what you've got on your books**, m. à m. *ce que vous avez sur vos registres* (i.e. **on the list that you have in your books**). NB : **to be in s.o's good books** : *être dans les petits papiers de qqn.*
4. **bedsit = bedsitter**, *studio meublé* qui fait donc à la fois chambre et salle de séjour (**bedroom + sitting-room**), avec coin cuisine. La salle de bains est, en général, commune à plusieurs appartements.
5. **Notting Hill Gate**, quartier du centre-ouest de Londres.
6. **relatively central**, m. à m. *relativement central.*
7. **furnished**, *meublé* → **to furnish**, *meubler ;* **unfurnished**, *non meublé ;* **furniture**, *les meubles ;* **a piece of furniture**, *un meuble.*
8. **for that sort of money**, m. à m. *pour ce type de prix.* L'argent que l'on est prêt à payer correspond à une catégorie bien précise de logements.
9. **terms**, ici le sens de prix ; cf. **on moderate terms**, *à prix modéré.*
10. **per week** = **a week**, *par semaine.*
11. **a bit further away from**, *un peu plus éloigné de ;* **further**, comparatif irrégulier de **far**.
12. **a bus route**, *ligne de bus* → **route**, *itinéraire, parcours.*
13. **just off Oxford Street**, *tout près d'Oxford Street.* Sous-entendu **a road just off Oxford Street**.
14. **spend my time and money**, notez ici l'utilisation de **spend** avec ses deux sens de *passer* (son temps) et *dépenser* (son argent).
15. **Tottenham Court Road**, Tottenham est un quartier du nord de Londres, célèbre pour son équipe de football.
16. **signing-on fee**, *droit d'inscription.* **Fee**, somme que l'on doit verser pour s'inscrire (**to sign on**).

Housing in Britain

The great majority of the British population doesn't live in flats but houses. Foreign visitors have often talked about the uniformity of British houses, which probably comes from the fact that most houses in an area are built at the same time and by the same constructor, but that is not to say that all houses are completely alike. A semi-detached house is totally different from a terraced one, just as a council estate and a private estate are easily distinguishable. Other sorts of houses that you might find in Britain are detached and back-to-backs.

It is common for British people to buy their own houses with the aid of a mortgage. There are fewer flats in comparison with other European countries and they are only to be seen in big cities. Building a house according to your own desires is a privilege reserved for a very small number of people possessing the funds necessary to pay for such a venture.

Le logement en Grande-Bretagne

La grande majorité des Britanniques ne vit pas en appartement mais dans des maisons. Les visiteurs étrangers ont souvent parlé de l'uniformité des maisons anglaises, ce qui vient probablement du fait que la plupart des maisons d'un quartier sont bâties en même temps et par le même constructeur, mais cela ne signifie pas que toutes les maisons sont identiques. Une maison jumelée est totalement différente d'une maison jointive, tout comme une cité bâtie par la ville et une cité privée sont facilement reconnaissables. D'autres types de maisons que l'on peut trouver en Grande-Bretagne sont les maisons individuelles et les corons.

Il est courant en Angleterre d'acheter sa maison à l'aide d'un prêt hypothécaire. Il y a moins d'appartements en comparaison avec d'autres pays européens et on ne les voit que dans les grandes villes. Bâtir sa maison selon ses désirs est un privilège réservé à un petit nombre de gens qui possèdent les fonds nécessaires pour se risquer dans une telle entreprise.

Writing a letter for holiday accommodation.

February 19th 199—

Dear Sir,

I noted with interest your advert in the *Sunday Times* on the 12.2.84 for a holiday farmhouse in the Yorkshire Dales. My family and I are thinking of spending the month of July in the area and would dearly like any information on the afore-mentioned property : situation, sleeping capacity, facilities offered and the price. We will probably be two adults and six children in all and will no doubt be accompanied by our three-year old fully house-trained labrador. Ideally, we would prefer to be within walking distance from a village, yet are looking for peace, quiet and undisturbed countryside. If possible a photo would be appreciated.

Looking forward to hearing from you,

Yours faithfully,

Robert Brown

Lettre pour une location pendant les vacances

le 19 février 199—

Monsieur,

J'ai noté avec intérêt votre annonce dans le *Sunday Times* du 12.2.84, concernant une fermette pour les vacances dans les collines du Yorkshire. J'ai l'intention de passer, avec ma famille, le mois de juillet dans la région et aimerais bien avoir des renseignements sur la propriété mentionnée ci-dessus : situation, capacité d'hébergement, installations offertes et prix. Nous serons probablement deux adultes et six enfants en tout, et nous serons vraisemblablement accompagnés de notre labrador de 3 ans, parfaitement dressé et propre. L'idéal serait pour nous d'être à une distance qui nous permette d'aller à pied jusqu'à un village, tout en satisfaisant notre désir de tranquillité, de calme et de campagne paisible. Si c'est possible nous aimerions avoir une photo.

Dans l'attente de votre réponse, je vous prie d'agréer, Monsieur, l'expression de mes meilleurs sentiments.

Robert Brown

1. Je suis venu pour l'appartement ; serait-il possible de le visiter ?
2. Il faut verser une caution équivalant à un mois de loyer.
3. Le propriétaire a insisté pour avoir deux lettres de recommandation.
4. Si vous avez un problème, allez voir le concierge.
5. Il faudra que je renouvelle mon bail.
6. Il n'y a ni cave ni grenier, mais un cellier à côté de la cuisine.
7. C'est grand comme un mouchoir de poche !
8. Les impôts locaux sont très élevés dans ce quartier.
9. Je cherche quelqu'un pour partager l'appartement.
10. Il a trouvé quelque chose aux environs de Londres.
11. Si vous voulez partir, vous devez donner un préavis de deux mois.
12. J'ai refusé de signer l'état des lieux car il manquait des choses.
13. Il y a un vide-ordures sur le palier.
14. Je vais déménager la semaine prochaine.
15. La maison d'un Anglais est son château. (Proverbe.)

---

1. **I've come about the flat ; would it be possible to view it ?**
2. **You have to pay a deposit of one month's rent in advance.**
3. **The landlord insisted on having two references.**
4. **If you have any problems, go and see the caretaker.**
5. **I'll have to renew the lease.**
6. **There is neither a cellar nor an attic, but there's a store room next to the kitchen.**
7. **There's not enough room to swing a cat around !**
8. **The rates are very high in this area.**
9. **I'm looking for somebody to share the flat with.**
10. **He found something on the outskirts of London.**
11. **If you want to leave, you have to give two months' notice.**
12. **I refused to sign the inventory because things were missing.**
13. **There is a rubbish chute on the landing.**
14. **I'll be moving next week.**
15. **An Englishman's home is his castle.**

flat agency, agence de location immobilière
accommodation, logement
bedsit, bedsitter, meublé
furnished, meublé
to fancy, avoir envie
bus route, ligne de bus
route, trajet, itinéraire
a couple of, quelques
late-night shop, magasin restant ouvert tard
pretty, *(ici adv.),* assez
handy, commode, pratique
commission, commission
to charge, faire payer
signing-on fee, droit d'inscription
refundable, remboursable
property, propriété
rent, loyer
straightaway, tout de suite
flat, appartement
semi-detached house, maison jumelée *(groupe de deux)*
terraced-house, maison jointive *(rangée dans une cité)*
detached house, maison individuelle
mortgage loan, prêt hypothécaire (au logement)
funds, fonds, moyens financiers
venture, opération, entreprise *(avec la notion de risque)*
advert, annonce
farmhouse, fermette
facilities, installations
trained, entraîné, dressé
to look forward to (+ **-ing**), attendre, espérer
deposit, caution
landlord, propriétaire (le)
caretaker, concierge
to renew, renouveler
lease, bail
cellar, cave
attic, grenier
store-room, cellier
rates, impôts locaux
to share, partager
outskirts, environs
notice, préavis
landing, palier
sleeping capacity, capacité d'hébergement

Vocabulaire complémentaire

bay-window, fenêtre en saillie, à baie
block of flats, immeuble
bungalow, maison de plain-pied *(sans étage)*
ceiling, plafond
central heating, chauffage central
chimney, cheminée *(toit)*
closet, placard
digs, logement chez un particulier
to evict, expulser
fence, clôture
fireplace, cheminée *(foyer)*
front door, porte d'entrée
holiday home, résidence secondaire
landlady, propriétaire (la)
housing development, grand ensemble, ensemble résidentiel
lift, ascenseur
manor, manoir
mansion, château ; hôtel particulier
to move in, emménager
to move out, déménager
partition, cloison
penthouse, 1) appartement de standing ; 2) appentis
roof, toit
staircase, escalier
slum, taudis
split-level, duplex
suburbs, banlieue
unfurnished, non meublé

A ■ Complétez :

1. The flat is ....., so you'll have to bring your own furniture.
2. The landlady wants a ..... of £ 50.
3. I would like to ..... a cottage for the holidays.
4. They don't have any neighbours next door because they live in a ..... house.
5. He has just bought a house and now has to pay the ..... for 25 years.

B ■ Classez les mots suivants dans le groupe ⓐ si l'on y trouve la voyelle brève [i] ; ⓑ la voyelle longue [i:] :

1. leave	**2.** live	**3.** bit	**4.** six
5. which	**6.** people	**7.** big	**8.** least
9. money	**10.** lease	**11.** see	**12.** city
13. bedsit	**14.** minute	**15.** British	**16.** peace
17. street	**18.** please		

C ■ Traduire en anglais :

1. Je n'ai pas envie d'habiter en banlieue, je préférerais avoir quelque chose dans le centre.
2. Ce studio meublé me plaît, je vais le prendre.
3. Ils habitent en ville et ont une résidence secondaire à la campagne.
4. Ils n'arrivaient plus à payer le loyer et ont été expulsés.
5. C'est un grand quartier résidentiel, il y a très peu de grands immeubles.

Corrigé

A ■ **1.** unfurnished **2.** deposit **3.** rent **4.** detached **5.** mortgage

B ■ ⓐ

2. [liv]	**3.** [bit]	**4.** [siks]	**5.** [witch]
7. [big]	**9.** [moeni]	**12.** [siti]	**13.** [bèdsit]
14. [minit]	**15.** [britich]		

ⓑ

1. [li:v]	**2.** [pi:pl]	**8.** [li:st]	**10.** [li:s]
11. [si:]	**16.** [pi:s]	**17.** [stri:t]	**18.** [pli:z]

C ■ **1.** I don't want to live in the suburbs, I'd prefer to have something in the centre.
2. I like the bedsit, I'll take it.
3. They live in town and have a holiday home in the country.
4. They couldn't manage to pay the rent and were evicted.
5. It's a residential area, there are very few big blocks of flats.

■ At the police station

F : French resident working in England P : Policeman

F— I'd like to report a theft, please. What do I have to do ?

P— Give me some details.

F— Well, I was at a party last Saturday night at 26 Blenheim Grove[1]. I left my coat in the corridor on the 2nd floor, and when I came back to collect it at the end of the evening, my wallet had gone[2]. I looked everywhere for it but I still[3] couldn't find it, so all I say is that somebody must have stolen[4] it.

P— What time did the theft occur[5] ?

F— It[6] must have been sometime[7] between ten o'clock[8] and one thirty in the morning.

P— Can you describe your wallet and its contents[9] ?

F— It was dark brown, leather, and there was about ten pounds in cash in it, my driving licence, my identity card and my insurance papers for the car. The problem is that I'm French and now I haven't got any means whatsoever[10] of proving my identity[11]. Would it be possible to get a certificate to show to the French consulate ?

P— That's what I'm typing out for you now. Your name and address in England ?

F— Luc Bomel, 23 Oakley Road, Leeds 6[12]. Oh yes, another problem — what happens if I'm stopped[13] by the police when I'm driving ?

P— In that case, you can tell them that your licence was stolen and refer them back to us. I'd photocopy the report, if I were[14] you, just to be on the safe side. One thing before you go, if your wallet ever comes back to you, you must inform us immediately. You might have a visit from the C.I.D.[15], too.

police	[pèli:s]	contents	[**kon**tènts]
details	[**di**:tèïlz]	leather	[**lè**ȿe]
grove	[grôouv]	identity	[aï**dèn**titi]
wallet	[**wo**lit]	means	[mi:nz]
occur	[e**ke:**]	certificate	[se**ti**fikèït]

F : Français travaillant en Angleterre   P : policier

F— Je voudrais déposer plainte pour vol, s'il vous plaît. Que dois-je faire ?

P— Donnez-moi des précisions.

F— Eh bien, j'étais à une soirée samedi dernier au 26, allée de Blenheim. J'ai laissé mon manteau dans le couloir au deuxième étage, et quand je suis venu le reprendre à la fin de la soirée, mon portefeuille avait disparu. Je l'ai cherché partout, mais je n'ai pas réussi à le trouver, c'est pourquoi je pense que quelqu'un a dû le voler.

P— A quelle heure a eu lieu le vol ?

F— Certainement entre 22 h et 1 h 30 du matin.

P— Pouvez-vous décrire le portefeuille et son contenu ?

F— Il était marron foncé, en cuir, et contenait à peu près 10 livres en liquide, mon permis de conduire, ma carte d'identité et mon attestation d'assurance. Le problème est que je suis français et que je n'ai absolument aucune preuve d'identité. Serait-il possible d'avoir un certificat pour montrer au consulat de France ?

P— C'est ce que je suis en train de vous taper. Vos nom et adresse en Angleterre ?

F— Luc Bomel, 23 route d'Oakley, Leeds 6. Ah oui, un autre problème. Que se passe-t-il si la police m'arrête au volant ?

P— Dans ce cas, vous pouvez leur dire qu'on vous a volé votre permis et leur demander de s'adresser à nous. Si j'étais vous, je photocopierais le dépôt de plainte pour être couvert. Une chose avant que vous partiez : si jamais vous retrouvez votre portefeuille, il faut nous informer immédiatement. Il se peut également que vous ayez la visite de la police judiciaire.

1. **Grove,** c'est au sens premier un bosquet, mais il sert souvent à désigner, un peu pompeusement, une rue, en principe seulement bordée d'arbres.
2. **had gone** (sous-entendu **away**), *disparu.*
3. **still** se place toujours devant l'auxiliaire quand celui-ci est à la forme négative.
4. **must have stolen,** on indique le passé en faisant suivre **must** de l'infinitif passé du verbe.
5. **occur** peut s'utiliser, comme ici, de façon personnelle, mais aussi impersonnelle comme dans **it occurred to me,** *ça m'est venu à l'esprit.*
6. **it, the time when it occurred.**
7. **sometime,** *à un moment ou à un autre* (ne pas confondre avec **sometimes,***quelquefois.*
8. On ne compte jamais en anglais sur 24 h mais sur 12 h. On ne peut donc pas dire **22 o'clock,** encore que l'on puisse lire sur des horaires de train ou d'avion 16.47 (**sixteen forty-seven**) et 13.00 (**thirteen hundred hours**)
9. **contents,** toujours au pluriel quand il a le sens de *contenu,* l'adjectif **content** est accentué sur la deuxième syllabe.
10. **whatsoever** = **at all,** seulement quand il modifie un nom à la forme interrogative ou négative et se place après celui-ci.
11. Il n'existe pas en Grande-Bretagne de carte d'identité, et la tradition démocratique s'illustre dans le fait qu'une pièce sans photo suffit à prouver l'identité.
12. Les grandes villes sont divisées en districts postaux.
13. Ne pas confondre avec **arrested,** *mis en état d'arrestation.*
14. **were,** c'est à la première personne du singulier la seule forme du subjonctif subsistant en anglais ; il marque une situation totalement hypothétique.
15. **C.I.D.** = **Criminal Investigation Department,** la police judiciaire. **A crime** n'est pas un crime (qui se dit **murder**), mais un *délit,* une transgression de la loi ; si c'est un délit mineur, on le qualifie de **an offence.**

The Police in Britain is organized on a regional basis. Each area has its own police force and each police force is answerable to the Chief Constable (except in London, where the Head of Police is called the Metropolitan Police Commissioner.)

British policemen are commonly known as « bobbies » and get their name from the founding father of the modern police force Sir Robert Peel, who introduced the New Police Act in 1827.

Police in Britain are rarely armed (they do however carry truncheons) and are generally well respected. They can be easily recognized with their tall helmets and dark blue uniforms. If you don't see them on the beat you can no doubt spot them in their striped panda-cars. Others prefer to remain in plain clothes.

Traffic wardens check if you are parked correctly (if you're not, you risk getting a parking fine) and lollipop men and ladies stop cars and help children across the road outside schools.

La police est, en Grande-Bretagne, organisée à l'échelon régional. Chaque région a ses propres forces de police qui ont toutes des comptes à rendre au préfet de police (sauf à Londres où le chef de la police a le titre de préfet de la police métropolitaine).

Les policiers britanniques sont en général connus sous le nom de « bobbies » dont l'origine remonte au père fondateur de la police moderne, Sir Robert Peel, qui a fait passer la nouvelle loi sur la police en 1827.

Les policiers britanniques sont rarement armés (ils sont toutefois en possession d'une matraque) et sont généralement assez respectés. On peut les reconnaître facilement à leur casque haut et à leur uniforme bleu foncé. Si vous ne les voyez pas faire leur ronde, vous pourrez sans doute les apercevoir dans leurs voitures pie. D'autres préfèrent rester en vêtements civils.

Les contractuels vérifient si vous êtes garé correctement (dans le cas contraire, vous risquez une contravention) et les agents non-professionnels de la circulation appelés « les sucettes » arrêtent les voitures pour permettre aux enfants de traverser la route à proximité des écoles.

« Habeas Corpus »

English law provides that if anyone is arrested or detained otherwise than upon lawful grounds, he may have a writ of « habeas corpus » issued against the person who detained him, who is then required to produce him in court so that a judge may decide the case.

Anyone arrested on a criminal charge must be informed at once of the reason for his arrest (except when he is caught in the act) and brought speedily for trial before a magistrate court, sitting in public. Unless the offence is serious, bail must be granted if the defendant cannot be brought before the court within a day.

La loi anglaise prévoit que quiconque est arrêté ou détenu, autrement que pour des motifs légaux, peut bénéficier d'une ordonnance d'**habeas corpus***, lancée contre la personne qui le détient, laquelle est alors dans l'obligation de le faire comparaître au tribunal de façon qu'un juge puisse statuer sur l'affaire.

Quiconque est arrêté sous l'inculpation d'un délit doit être immédiatement informé de la raison de son arrestation (sauf s'il est pris en flagrant délit) et être rapidement amené pour jugement devant un tribunal siégeant en public. A moins que le délit ne soit grave, la liberté sous caution doit être accordée si le prévenu ne peut être présenté devant le tribunal dans les 24 heures.

(*) **habeas corpus :** principe juridique garantissant les droits de l'individu et selon lequel un citoyen ne peut être gardé à vue ou maintenu en prison sans être présenté à un juge ou à un tribunal dans un certain délai.

Privacy in Britain

Almost alone in the world, the British do not have to carry any identification on their persons. If one is asked, the production of a letter addressed to oneself will usually do, as if that proved anything... A man is expected to be who he says he is.

Frederick Forsyth *(The Fourth Protocol — 1984)*

La vie privée en Grande-Bretagne

Les Britanniques sont presque les seuls au monde à ne pas être obligés de porter sur eux des papiers d'identité. Si on vous les demande, la présentation d'une lettre qui vous a été adressée suffira, comme si cela prouvait quoi que ce soit... On s'attend que les gens soient ce qu'il déclarent être.

1. Ma voiture a été endommagée par un tiers non identifié.
2. Je voudrais faire un dépôt de plainte, pour mon assurance.
3. Je ne savais pas que c'était interdit par la loi.
4. Vous avez dépassé la limite de vitesse.
5. Notre voiture a été forcée.
6. Monsieur l'agent, cet homme me poursuit.
7. Tout voleur à l'étalage sera poursuivi.
8. Mon sac à main a été arraché par un jeune en cyclomoteur.
9. Il a eu une amende de 25 livres à payer sur-le-champ.
10. Soufflez dans le ballon, s'il vous plaît !
11. Il a eu six mois de suspension de permis.
12. Le juge a condamné le jeune délinquant à six mois de prison.
13. J'ai été roué de coups par un groupe de voyous.
14. Allez-vous plaider coupable ou non coupable ?
15. Les responsables de la police ont décidé de renforcer les contrôles.
16. Pour appeler la police, il faut faire le 999.
17. Vous avez parfaitement le droit de téléphoner à un avocat.
18. Avez-vous été interrogé par la police ?

---

1. **My car has been damaged by an unidentified person.**
2. **I'd like to file a complaint for my insurance company.**
3. **I didn't realize it was an offence.**
4. **You have broken the speed limit.**
5. **Our car has been broken into.**
6. **Officer, this man is harassing me.**
7. **Shoplifters will be prosecuted.**
8. **My handbag was snatched by a youth on a moped.**
9. **He was given a spot fine of £ 25.**
10. **Blow into the bag, please !**
11. **He was banned from driving for six months.**
12. **The judge sentenced the juvenile delinquent to six months imprisonment.**
13. **I was beaten up by a gang of hooligans.**
14. **Will you plead guilty or not guilty ?**
15. **Police chiefs have decided to step up controls.**
16. **Dial 999 for the police.**
17. **You are perfectly entitled to telephone a lawyer.**
18. **Have you been questioned by the police ?**

■ Vous devez connaître

to report, signaler, rendre compte *(ici d'un vol)*
theft, vol
party, réception, soirée
to collect, reprendre, récupérer
corridor, couloir
wallet, portefeuille
to steal, stole, stolen, voler
to occur, se produire
content, contenu
leather, cuir
cash, argent liquide
driving licence, permis de conduire
identity card, carte d'identité
insurance papers, attestation d'assurance
means, moyen(s)
to type (out), taper à la machine
to be on the safe side, être « couvert »
truncheon, matraque
helmet, casque
hatband, ruban de chapeau
traffic warden, contractuel(le)
to check, vérifier
bobby *(pl.* **bobbies***), fam :* policier(s) britannique(s)
founding, fondation
headquarters, quartier général
lawful, légal, licite
grounds, motifs
writ, ordonnance, mandat
to issue, émettre, lancer
charge, accusation
trial, procès
offence, délit
bail, caution, liberté sous caution
to grant, accorder
defendant, défendeur, prévenu
to damage, endommager
to file a complaint, déposer une plainte
to realize, se rendre compte
to break the speed limit, dépasser la limite de vitesse
to harass, tracasser
shoplifter, voleur à l'étalage
to prosecute, poursuivre
to snatch, arracher
moped, vélomoteur
(spot) fine, amende *(à payer sur-le-champ)*
to ban, suspendre
to sentence, condamner
to be beaten up, être roué de coups
to plead guilty, plaider coupable
to step up, renforcer
to dial, composer un numéro
to be entitled, avoir le droit
lawyer, avocat, juriste.

Vocabulaire complémentaire

to accuse, accuser
to appeal, faire appel
assault and battery, coups et blessures, voies de fait
barrister, avocat
blackmail, chantage
to bribe, corrompre
burglar, cambrioleur
to convict, condamner
embezzlement, détournement de fonds
evidence, preuve
hoax, mystification
indictment, inculpation
jail, prison
manslaughter, homicide par imprudence
murder, meurtre
offender, délinquant
police constable, agent de police
police station, commissariat de police
robbery, vol
to sue, poursuivre en justice
warrant, mandat

Exercices

A ■ Mettre au passé :

ex : he must do it → he must have done it.

1. She must read it.
2. You must see him.
3. We must ask them.
4. It must be six o'clock.
5. They must have a lot of money.

B ■ Classez les mots suivants dans le groupe ⓐ quand le « ea » se prononce [i:] et ⓑ quand il se prononce [e].

1. means.	**2.** leather.	**3.** please.
4. to read.	**5.** head.	**6.** beaten.
7. plead.	**8.** death.	**9.** breathalized

C ■ Traduire en français :

1. I'd like to report a mugging.
2. I was stopped by the police and breathalized.
3. My wallet has been stolen.
4. She was pickpocketed in Victoria Station.
5. Do you have any means of identity ?
6. What's the crime rate like in your country ?

Corrigé

A ■
1. She must have read it.
2. You must have seen him.
3. We must have asked them.
4. It must have been six o'clock.
5. They must have had a lot of money.

B ■ ⓐ **1.** mi:nz **3.** pli:z **4.** ri:d **6.** bi:tn **7.** pli:d
ⓑ **2.** lèze **5.** hèd **8.** dès **9.** breselaïzd

C ■
1. Je voudrais déposer plainte pour une agression.
2. J'ai été arrêté par la police et ai subi l'alcootest.
3. On m'a volé mon portefeuille
4. Elle a été victime d'un vol à la tire à la gare Victoria.
5. Avez-vous une pièce d'identité ?
6. Quel est le taux de criminalité dans votre pays ?

A football match

S : Steve P : Paul

Steve and Paul discuss the football match that they have just been to.

S— What did you think of the match ?
P— I enjoyed it. I reckon that Arsenal[1] were lucky[2] to snatch[3] a draw though. Let's be honest, Liverpool dominated the play. The ref[4] must have been biased.
S— I wouldn't say that. Arsenal could have scored three or four times if the ball had run right[5] for them... and Liverpool were far too physical. Some of the tackles[6] they got away with were deliberate fouls[7]. They didn't play for the ball, they went for the man, every time. It was daylight robbery[8], they shouldn't even have got a point. I hate negative tactics[9] like that !
P— They were away from home, you know. The onus[10] was on Arsenal. OK, so Arsenal had one or two good moves here and there but they still didn't come up[11] with anything. If they carry on like this, they're sure to be relegated at the end of the season.
S— Which part of the ground[12] were you in ?
P— The stands[13]. Where were you ?
S— In the paddock. I thought there was going to be a bit of a trouble. We were surrounded by a group of yobbos[14] and they didn't look very friendly at all. We left 5 minutes before the end to avoid a scrap.
P— It was just as well you did. It said on the news[15] that the police arrested one hundred and fifty hooligans.
S— I gather they were drunk, as per usual[16]. It spoils all the fun of going to the match, doesn't it ? You're never sure if you're going to be bottled[17] at the end of it !
P— I suppose they regard that as part of the sport !
S— Well, I don't !

Arsenal	[**a:**sinl]	relegated	[**rè**ligèïtid]
honest	[**o**nist]	paddock	[**pa**dek]
dominated	[**do**minèïtid]	arrested	[e**rès**tid]
biased	[**baï**est]	hooligans	[**hou:**ligenz]
foul	[faoul]	suppose	[se**pôouz**]
onus	[**ôou**nes]	regard	[ri**ga:d**]

S : Steve P : Paul

Steve et Paul discutent du match de football qu'ils viennent d'aller voir.

S— Qu'as-tu pensé du match ?

P— J'ai bien aimé. Je crois pourtant qu'Arsenal a eu de la chance d'arracher un nul. Soyons honnêtes, Liverpool a dominé. L'arbitrage ne leur a pas été favorable.

S— Je ne dirais pas ça. Arsenal aurait pu marquer 3 ou 4 fois s'ils avaient eu de la chance... et Liverpool a joué beaucoup trop physiquement — certains de leurs *tackles* qui n'ont pas été sifflés étaient des agressions caractérisées — ils ne jouaient pas la balle, ils jouaient l'homme, à chaque fois. C'est tout à fait injuste, ils n'auraient même pas dû gagner un point. Je déteste un tel anti-jeu.

P— Ils jouaient à l'extérieur, hein. C'était à Arsenal de faire le jeu. D'accord, Arsenal a eu une ou deux belles actions par-ci par-là, mais ils n'ont cependant rien réussi. S'ils continuent comme ça, ils sont sûrs d'être relégués à la fin de la saison.

S— Dans quelle partie du stade étais-tu ?

P— Dans la tribune d'honneur. Et toi ?

S— Debout, en bordure du terrain. Je pensais qu'il allait y avoir des incidents. Nous étions entourés par un groupe de voyous et ils n'avaient pas du tout l'air sympathique. Nous sommes partis cinq minutes avant la fin pour éviter la bagarre.

P— Vous avez bien fait. On a dit aux informations qu'on avait arrêté cent cinquante vandales.

S— J'imagine qu'ils étaient souls, comme à leur habitude. Ça gâche tout le plaisir d'aller au match, hein ? On ne sait jamais si, à la fin, on ne va pas recevoir une bouteille sur la tête.

P— Je suppose qu'ils considèrent que ça fait partie du sport.

S— Eh bien, moi pas !

■ Remarques

1. **Arsenal :** club de football londonien.
2. **Arsenal were lucky :** *Arsenal a eu de la chance.* On notera qu'**Arsenal** est considéré comme un pluriel (les 11 joueurs qui constituent l'équipe).
3. **to snatch :** *arracher, prendre des mains.* Ce terme sous-entend qu'Arsenal ne méritait pas un tel résultat.
4. **the ref must have been biased :** m. à m. : *« l'arbitre a dû être partial ».* **Ref** (familier) = **referee :** *arbitre.*
5. **if the ball had run right for them :** m. à m. : *« si la balle avait bien roulé pour eux », si la chance avait été de leur côté (=* **if luck had been on their side).**
6. **a tackle :** *un tackle.* Terme technique utilisé en français aussi, qui désigne l'action consistant à essayer de déposséder un joueur du ballon.
7. **a foul :** *une faute* (action interdite par les règles du jeu). Le nom n'est utilisé qu'en sport et l'adjectif signifie *mauvais, blâmable.* Cf. : **foul weather, foul language, foul play (≠ fair play).**
8. **daylight robbery :** m. à m. *« vol en plein jour », vol manifeste.*
9. **tactics :** *la tactique.* Est toujours pluriel : **their tactics are...** Attention aux noms terminant par **-ics** qui sont en général pluriel sauf quand ils désignent des sujets d'étude. Ex. : **Physics is a difficult science.**
10. **onus :** *responsabilité.* Mot latin qui n'est en général utilisé que dans cette structure. Ex. : **the onus is on him to do it** : *il lui incombe de le faire.*
11. **to come up with sth = to produce sth** : *produire, sortir qch.* Cf. : **to come up with an idea.**
12. **the ground :** *stade* (plus courant que **stadium**). Désigne à la fois les *tribunes* et *le terrain* lui-même **(the football pitch).**
13. **stands :** *tribune d'honneur* (places assises et couvertes). **The grandstand** : *tribune* (terme général). **The terraces = the ground** : *tribune populaire* (debout).
14. **yobbo = yob :** *voyou.* Ce terme argotique est la version verlan **(backslang)** de **boy.**
15. **it said on the news** (forme impersonnelle sous-entendue « **it was said...** ») *: on a dit aux informations.*
16. **as per usual :** *comme d'habitude, c'est toujours pareil.* Marque la lassitude par rapport à **as usual.**
17. **to be bottled :** *recevoir une bouteille* (au visage). Notez comment le nom ici *« verbalisé »* sert à créer l'image. Cf. **to be knifed** : *recevoir un coup de couteau.*

Sports in Britain

Soccer isn't the only sport played in Britain, although it is certainly the most popular. Rugby League and Rugby Union can, however, rival it in certain areas, if not actually replace it on a national level. Rugby or more familiarly rugger is named after the town where it was born in 1823. A tablet in the school grounds bears the following inscription : « This stone commemorates the exploit of William Webb Ellis who, with a fine disregard for the rules of football as played in his time, first took the ball in his arms and ran with it, thus originating the distinctive feature of the Rugby game. »

In summer the most popular sport is, without a shadow of a doubt, cricket, a game which often puzzles foreign tourists, but which, for English people, seems very logical.

If you are very sporty, you cannot fail to find swimming baths and sports centres dotted all over the country. The golf links are gorgeous and in winter you can even ski in Scotland (Aviemore). Prices tend to be very reasonable.

Les sports en Grande-Bretagne

Le football n'est pas le seul sport pratiqué en Grande-Bretagne bien qu'il soit, certainement, le plus populaire. Le jeu à 13 et le rugby à 15 peuvent, toutefois, l'être tout autant dans certaines régions, sans cependant le supplanter au niveau national. Le rugby, plus familièrement appelé « rugger », tire ce nom de celui de la ville où il naquit en 1823. Une plaque dans le terrain de sports de l'école porte l'inscription suivante : « Cette pierre commémore l'exploit de William Webb Ellis qui, avec une belle indifférence à l'égard des règles du football tel qu'on le pratiquait en ce temps, fut le premier à prendre le ballon dans ses bras et à courir avec, donnant ainsi naissance à la principale caractéristique du jeu de rugby. »

En été le sport le plus populaire est, sans l'ombre d'un doute, le cricket, un jeu qui intrigue souvent les visiteurs étrangers mais qui, pour un Anglais, paraît très logique.

Si vous êtes très sportif, vous ne pouvez pas ne pas trouver de piscines et de salles de sport, réparties dans tout le pays. Les terrains de golf sont merveilleux et en hiver vous pouvez même faire du ski en Écosse (Aviemore). Les prix ont tendance a être très raisonnables.

Lawn Tennis

A form of tennis has been played out of doors from the earliest times ; but modern lawn tennis dates from about 1873, when it began to take its place with cricket as one of the British national summer games. In 1877, the words "and lawn tennis" were added to the title of the All England Croquet Club at Wimbledon and in the same year the first championships were played ; the Lawn Tennis Association, the controlling body of the game, was founded in 1888.

The number of people who play lawn tennis has greatly increased during the past sixty years ; the game is played nowadays in most secondary schools (particularly in girls' schools) throughout the summer months, by families in their own gardens, and at the innumerable tennis clubs that exist throughout Britain. Many local authorities also provide tennis courts in parks and recreation grounds, where members of the public may play at a very low cost.

The annual amateur championships, held for two weeks at the end of June and the beginning of July, at Wimbledon, London, are the main event of the lawn tennis season.

Tennis sur gazon

Depuis fort longtemps une certaine forme de tennis se joue en plein air ; mais le tennis sur gazon moderne date de 1873 environ, lorsque, avec le cricket, il commença à prendre place, chez les Britanniques, comme un des sports nationaux d'été. En 1877, les mots « et de tennis sur gazon » furent ajoutés au titre du All England Croquet Club à Wimbledon tandis que cette même année se jouaient les premiers championnats ; l'Association de Tennis sur gazon, l'organisme de contrôle de ce jeu, fut fondée en 1888.

Le nombre de gens qui jouent au tennis sur gazon a considérablement augmenté au cours de ces soixante dernières années ; de nos jours le jeu est pratiqué dans la plupart des établissements secondaires (particulièrement dans les écoles de filles) tout au long des mois d'été, par des familles dans leur propre jardin, et dans les innombrables clubs de tennis qui existent partout en Grande-Bretagne. De nombreuses autorités locales mettent également à disposition des courts de tennis dans les parcs et terrains de jeu pour un prix très modéré.

Le championnat amateur annuel, qui a lieu pendant deux semaines, de la fin juin au début juillet, à Wimbledon, est le principal événement de la saison de tennis sur gazon.

Football

1. Ils ont été éliminés en quarts de finale après prolongations.
2. Il était hors-jeu quand il a marqué.
3. L'arbitre a accordé un coup-franc à l'équipe des visiteurs.
4. Il a donné un carton jaune aux deux joueurs.
5. L'avant-centre a été blessé et a dû être remplacé.
6. La finale de la coupe s'est terminée sur un nul et a dû être rejouée.
7. Aston Villa a perdu deux à zéro au match aller mais a gagné sur l'ensemble des deux matchs.
8. L'arbitre a sifflé la mi-temps.
9. Les abonnés n'ont pas à faire la queue aux guichets.
10. Les deux capitaines ont tiré à pile ou face avant le coup d'envoi.
11. Il a été sacré meilleur buteur du championnat avec vingt-six buts.
12. Ils ont dit aux informations qu'on avait arrêté cinquante vandales.
13 Sa tête a heurté le montant.
14. S'ils continuent à perdre leurs matchs à l'extérieur, ils risquent la relégation.
15. Ce fut un match nul, zéro à zéro.

---

1. **They were knocked out in the quarter finals after extra time.**
2. **He was off-side when he scored.**
3. **The referee awarded a free kick to the away team.**
4. **He booked both players.**
5. **The centre forward was injured and had to be replaced by a substitute.**
6. **The Cup Final ended in a draw and had to be replayed.**
7. **Aston Villa lost the first leg two to nil but won on aggregate.**
8. **The referee blew his whistle for half-time.**
9. **Season-ticket holders don't have to queue up at the turnstiles.**
10. **Both captains tossed up before the kick-off.**
11. **He was the League top scorer with twenty-six goals.**
12. **They said on the news fifty hooligans had been arrested.**
13. **His head hit the goalpost.**
14. **If they keep losing their away matches, they risk being relegated.**
15. **It was a no-score draw.**

to snatch, arracher
ref = referee, arbitre
biased, partial
to score, marquer
foul, faute
onus, responsabilité
move, (ici) action
to carry on, continuer
ground, terrain, stade
stands, tribune d'honneur
paddock, bordure du terrain
scrap, bagarre
news, informations
drunk, ivre
to spoil, gâcher
fun, plaisir
to regard, considérer
soccer, football
rugby league, jeu à 13
rugby union, jeu à 15
area, région, zone
level, niveau
tablet, *ici :* plaque commémorative
grounds, terrain
stone, pierre
to commemorate, commémorer
disregard, indifférence, insouciance
to originate, donner naissance
feature, trait, caractéristique
to puzzle, intriguer
sporty, sportif
to fail to, manquer, échouer
links, terrain *(de golf)*
gorgeous, merveilleux
lawn tennis, tennis sur gazon
out of doors, à l'extérieur
championship, championnat
body, organisme ; corps
to found, fonder
to increase, augmenter
main, principal
to compete, concourir
crowd, foule
knocked out, éliminé
extra time, prolongation
off-side, hors-jeu
referee, arbitre
free kick, coup franc
away team, équipe des visiteurs
injured, blessé
substitute, remplaçant
a draw, un (match) nul
to toss up, tirer à pile ou face
scorer, buteur
season ticket holder, abonné
turnstiles, guichet
hooligans, vandales

Vocabulaire complémentaire

alpinist, alpiniste
archery, tir à l'arc
arrow, flèche
boating, canotage
bow, arc
bowling, jeu de boules
boxing, boxe
climbing, alpinisme
fencing, escrime
foil, fleuret
goalkeeper, gardien de but
horse-racing, course de chevaux
hurdle-race, course de haie
high jump, saut en hauteur
long jump, saut en longueur
oar, rame
rowing, aviron
shooting, tir
skating, patinage
skiing, ski
sledge, traîneau
sword, épée
target, cible
track, piste
walking, marche
wrestling, lutte

A ■ Traduire en français : Rowing
The University Boat Race is between eight oared crews from Oxford and Cambridge. It originated in 1820 and has been rowed annually on the Thames in the early spring since 1836, over a course of some 4 1/4 miles between Putney and Mortlake.

B ■ Lecture : Soccer
The run of the ball was certainly for Nottingham Forest in their home match against Manchester United. Forest centre-forward Hodge scored two minutes after kick-off, thanks to a clumsy back pass from a United defender. United then put the pressure on and hit the goalpost twice, thoroughly dominating the play in the first half. At the beginning of the second half, United midfielder Brian Robson had the misfortune to miss a much contested penalty. Forest scored again five minutes from the end, after a surprise breakaway. The final score did not reflect in any way the run of the play. Had Manchester United's attack shown greater precision in shooting, the result would certainly have been different.

Corrigé

Aviron

A ■ La course d'aviron des Universités se joue entre deux équipages de huit rameurs d'Oxford et de Cambridge. Elle prit naissance en 1820 et, depuis 1836, elle est disputée chaque année sur la Tamise, dès les premiers jours de printemps, sur une distance de près de 7 kilomètres entre Putney et Mortlake.

B ■ **Football**

La chance était certainement du côté de Nottingham Forest qui recevait Manchester United. L'avant-centre de Nottingham, Hodge, a marqué deux minutes après le coup d'envoi, grâce à une passe maladroite à l'arrière d'un défenseur de Manchester. Manchester a alors pressé Nottingham sur son but et frappé deux fois le montant, dominant complètement le jeu en première mi-temps. Au début de la seconde mi-temps, le milieu de terrain de Manchester, Brian Robson, eut la malchance de rater un penalty très contesté. Nottingham a marqué à nouveau à cinq minutes de la fin, sur une contre-attaque surprise. Le score final ne reflétait pas du tout la physionomie du match. Si l'attaque de Manchester s'était montrée plus précise dans ses tirs, le résultat aurait sûrement été différent.

■ Getting your hair cut

P : Pam H : hairstylist[1]

H— Well Madam, have you found the style you were looking for ?

P— Yes and no. I like this one here in this catalogue and that one there. What do you think would suit[2] me best ?

H— Oh, short hair[3]. It would flatter you much more.

P— And what colour streaks[4] should I have ?

H— Blonde perhaps, or even auburn. You've already got some reddish[5] tints in your hair — we could bring them out more, if you want.

P— No, I think blonde would be nicer. But it must look natural. I hate it when the roots are all dark and you can see that the colour has grown out.

N : Neil H : hairdresser

N— I'd like my hair cut[6], please. Could you do it straight away[7] ?

H— Certainly, sir. Will you sit down in the chair[8] and put the gown[9] on... Is it a cut you want or do you want a shampoo too ?

N— Oh I don't think a shampoo is necessary. I only washed my hair yesterday.

H— How do you want your hair ?

N— Can you take about an inch off the back but leave plenty on the top as it's getting rather thin[10] ?

H— And how do you want the sides ?

N— Just above the ears. I'd also like a part[11] on the left.

H— Do you want your sideboards[12] trimming[13] as well ?

N— Good idea. You could also give me a neck[14] shave, I think I need one.

H— How's that, sir ?

N— Fine, except for the back. It's still a bit long for my liking[15].

hairstylist	[hèest**aï**list]	**hairdresser**	[h**èe**dr**è**se]
catalogue	['k**a**telog]	**gown**	[gaoun]
suit	[siou:t]	**shampoo**	[champ**ou:**]
colour	[**kœle**]	**ears**	[iez]
streaks	[stri:ks]	**sideboards**	[s**aï**dbo:dz]
reddish	[r**è**dich]	**idea**	[aïd**ie**]
natural	[n**a**tcherel]		

P : Pam C : coiffeuse

C— Eh bien madame, avez-vous trouvé le style que vous cherchiez ?
P— Oui et non. J'aime celui-ci qui est sur le catalogue et celui-là. Lequel m'irait le mieux à votre avis ?
C— Oh, les cheveux courts. Cela serait plus flatteur.
P— Et il faudrait des mèches de quelle couleur ?
C— Blondes peut-être ou même auburn. Vos cheveux ont déjà des reflets roux au naturel. On pourrait les faire ressortir davantage, si vous voulez.
P— Non, je pense que le blond serait plus joli. Mais ça doit avoir l'air naturel. Je déteste quand la racine est toute brune et qu'on découvre la teinture quand les cheveux poussent.

N : Neil C : coiffeur

N— Je voudrais me faire couper les cheveux, s'il vous plaît. Pouvez-vous me prendre tout de suite ?
C— Bien sûr, monsieur. C'est une simple coupe que vous voulez ou je vous fais aussi un shampooing ?
N— Oh, je ne crois pas que ça soit nécessaire. Je me suis lavé les cheveux hier.
C— Comment est-ce que je vous coiffe ?
N— Vous pouvez les rafraîchir un peu derrière, mais laissez-en au-dessus parce qu'ils commencent à s'éclaircir.
C— Et comment voulez-vous les côtés ?
N— Les oreilles dégagées. Je voudrais aussi une raie à gauche.
C— Vous voulez que je raccourcisse aussi les favoris ?
N— Bonne idée. Vous pouvez également me raser la nuque, je pense en avoir besoin.
C— Comme ça, monsieur ?
N— Parfait, sauf derrière. C'est encore un peu long, à mon goût.

■ Remarques

1. **hairstylist**, *coiffeur/coiffeuse pour dames.*
2. **to suit**, *aller (à), convenir (à).* A ne pas confondre avec **to fit**, *aller* (au point de vue taille, dimensions).
3. **hair**, *cheveux, chevelure ;* c'est un collectif toujours au singulier. Il ne se met au pluriel que quand il a le sens de *poil.*
4. **streak**, *raie, bande, filet* → **streaks of grey**, *mèches grises,* cf. **a streak of lightning**, *un éclair.*
5. **reddish**, *roux, rougeâtre.* Le suffixe **-ish** ajouté aux adjectifs permet d'atténuer leur sens (plutôt). Ex. : **youngish**, *assez jeune* et pour les couleurs le sens de « *tirant sur* » rendu en français par le suffixe *-âtre* ex. **bluish**, *bleuâtre.*
6. **I'd like my hair cut**, *je voudrais me faire couper les cheveux.* Notez l'omission de l'auxiliaire dans cette construction passive (= **my hair to be cut**). A rapprocher de **to have one's hair cut** *se faire couper les cheveux.*
7. **straight away** = **straight off**, *immédiatement, tout de suite.* Cf. **straight**, *direct, droit.*
8. **in the chair**, *dans le fauteuil ;* **in** indique qu'il s'agit d'un fauteuil dans lequel on s'asseoit (et non *d'une chaise sur laquelle* — **on** —).
9. **gown**, *peignoir ;* c'est un vêtement assez lâche ; cf. **dressing-gown**, *robe de chambre ;* **night-gown**, *chemise de nuit.*
10. **it's getting thin**, *ils s'éclaircissent* (par chute des cheveux).
11. **a part**, *une raie* (= **side part** = **parting**). C'est littéralement la ligne qui sépare (**parts**) les cheveux.
12. **sideboards**, *favoris ;* **a sideboard**, *un buffet.*
13. **trimming**, **to trim**, *tailler ;* **to trim a hedge**, *tailler une haie* = **do you want me to trim your sideboards as well.**
14. **neck** = *le cou ; la nuque,* **the nape (of the neck)**.
15. **my liking**, *mon goût.* Cf. **to take a liking to someone** : *se prendre de sympathie pour quelqu'un.*

Hair styles and lifestyles

Hair plays an important role in the lives of British youth. Each social group has its own hair style, uniform, jargon, and of course music.

A punk, therefore, is immediately recognizable by his spiky hair, often dyed green or orange, his ripped clothes and assortment of chains, padlocks and safety pins, aimed to shock.

Skinheads, as their name suggests, have very short hair, specially designed for fighting purposes so that their opponent will find it impossible to grab their heads. They wear a tight-fitting coat, called a crombie, short drain-piped trousers and bovver boots. As opposed to punks, skinheads tend to be of a violent nature and it is best not to brush with them while touring in Britain. Punks and skinheads aren't the only tribes to be found in Britain's crowded isle.

Leather-clad rockers, motorbike fanatics, can also be seen on Britain's roads. Their hair is often long and greasy.

Façons de se coiffer et façons de vivre

La coiffure joue un rôle important dans la vie des jeunes Britanniques. Chaque groupe social a sa propre façon de se coiffer, son uniforme, son jargon et, bien sûr, sa musique.

Un « punk » est donc immédiatement reconnaissable à ses cheveux hérissés, souvent teints en vert ou en orange, ses guenilles et son attirail de chaînes, de cadenas et d'épingles de nourrice, destinés à choquer.

Les « skinheads » ont, comme leur nom l'indique, des cheveux très courts, spécialement étudiés pour les bagarres afin de n'offrir aucune prise à l'adversaire. Ils portent un manteau étriqué, appelé « crombie », un pantalon tuyau de poêle court et de gros godillots. Contrairement aux punks, ils ont tendance à être de nature très violente et il vaut mieux éviter de s'y frotter quand on fait du tourisme en Angleterre. Les punks et les skinheads ne sont pas les seules tribus que l'on trouve dans la populeuse île de Grande-Bretagne.

On peut aussi voir, sur les routes du pays, des « rockers » vêtus de cuir et passionnés de moto. Ils ont souvent les cheveux longs et graisseux.

Some groups of young people prefer to adopt less outlandish hair styles, such as the Sloane Rangers, a name for the country's young respectable rich, recalling the fashionable London square near which many of them live. They dress in a traditional way, not without style.

The Trendies claim to be the most stylish of all. Their hair is far from short, but always perfectly groomed and they often go out of their way to find an inventive cut.

On a nostalgia trip are the Mods (with their scooters, clothes and hair styles from the early sixties), the Teddy Boys (with their sideboards, long jackets and crepe-soled shoes) and the Rockabillies (a better dressed group from the 1950's).

Social class plays a decisive role in the British youth scene. Some young people see, in the group that they belong to, the expression of their rebellion against society ; others merely follow the fashion that will carry them through from their teens to adulthood.

Certains groupes de jeunes préfèrent se coiffer de façon moins extraordinaire, comme les « Sloane rangers », nom donné à la jeunesse dorée du pays et rappelant la place élégante de Londres près de laquelle habitent beaucoup d'entre eux. Ils s'habillent d'une façon traditionnelle, non dénuée de style.

Les « trendies » se proclament les plus raffinés de tous. Leurs cheveux sont plutôt longs mais toujours coiffés parfaitement et ils vont souvent loin dans la recherche d'une coupe originale.

La mode rétro affecte les « mods » (reconnaissables à leur scooter, leurs vêtements et leur coiffure du début des années 60), les « teddy boys » (favoris, veste longue, chaussures à semelles de crêpe) et les « rockabillies » (autre groupe, mais mieux habillé, des années 50).

La classe sociale joue un rôle déterminant dans le monde de la jeunesse britannique. Certains jeunes voient dans le groupe auquel ils appartiennent l'expression de leur révolte contre la société, d'autres suivent simplement la mode qui les conduira à travers l'adolescence jusqu'à l'âge adulte.

1. Pouvez-vous me trouver une coiffure qui m'irait ?
2. Je voudrais me faire faire une permanente.
3. Pouvez-vous me conseiller un shampooing pour cheveux secs ?
4. Ce n'est pas une blonde naturelle. Elle s'est teint les cheveux.
5. Il est chauve et porte une perruque.
6. On peut mettre de la laque pour maintenir votre coiffure.
7. Je ne peux pas aller ouvrir avec des rouleaux sur la tête !
8. Même si vous avez les cheveux crépus, vous pouvez les faire défriser.
9. Est-ce que tu as vu sa nouvelle coiffure ? Elle s'est fait faire des mèches.
10. Il faut que je me coiffe, je suis tout ébouriffé !
11. Connaissez-vous une esthéticienne dans le coin ?
12. Je me ferai également faire les ongles.
13. Il faudra que je me lave les cheveux ; j'ai des pellicules.
14. J'ai passé deux heures sous le séchoir.
15. Je crois que je vais laisser pousser mes cheveux.

---

1. **Can you find me a hairstyle that suits me ?**
2. **I'd like my hair permed.**
3. **Can you recommend a shampoo for dry hair ?**
4. **She isn't a natural blonde. She dyed her hair.**
5. **He's bald and wears a wig.**
6. **We can lacquer your hair to make it stay in place.**
7. **I can't go to the door with rollers in my hair !**
8. **Even if you have frizzy hair, you can have it straightened out.**
9. **Have you seen her new hair style ? She has had her hair streaked.**
10. **I have to comb my hair — it's a mess.**
11. **Do you know of any beauty salons in the area ?**
12. **I'll have my nails manicured too.**
13. **I must wash my hair ; I've got dandruff.**
14. **I spent two hours under the hair-dryer.**
15. **I think I'll let my hair grow.**

hairstylist, coiffeur pour dames
colour streaks, mèches teintées
auburn, auburn
reddish tints, reflets roux
roots, racines
a cut, une coupe
to have one's hair cut, se faire couper les cheveux
to have one's hair done, se faire coiffer (femmes)
sideboards, favoris
part, raie
to shape, mettre en forme
to trim, tailler
to shave, raser
hair style, coiffure
spiky, hérissé
to dye, teindre
greasy hair, cheveux gras
to have perfectly groomed hair, être parfaitement coiffé
dandruff, pellicules
bald, chauve
wig, perruque
hair-dryer, séchoir, sèche-cheveux

Vocabulaire complémentaire

barber, coiffeur *(hommes)*
beard, barbe
beauty spot, grain de beauté
black hair, cheveux bruns
blonde, blonde
bob of hair, chignon
to braid, tresser
brown hair, cheveux châtain
brunette, brune
clip, pince
close-cropped hair, cheveux en brosse
crew cut, coupe en brosse
curl, boucle
curler, bigoudi
curly, frisé
dark, foncé
eyebrow, sourcil
eyelash, cil
fair *(adj.),* blond(e)
foundation cream, fond de teint
hairbrush, brosse
hair set, mise en plis
hair-net, résille
hairy, poilu
henna dye, teinture au henné
lank hair, cheveux plats
light, clair
lipstick, rouge à lèvres
lock of hair, mèche *(de cheveux)*
mahogany, acajou
make up, maquillage
moustache, moustache
nail-file, lime à ongles
peroxyde, eau oxygénée
pin, épingle
to plait, tresser
razor, rasoir
red-head, rouquin(e)
scent, parfum, senteur
to shave off one's beard, se raser la barbe
shaving cream, crème à raser
to split hairs, couper les cheveux en quatre
to turn grey, grisonner
tangled hair, cheveux emmêlés
tousled hair, cheveux en désordre
strawberry blonde, rousse

A ■ Complétez

1. Your hair is greasy. You should use another...
2. A lot of women... their hair when they turn grey.
3. Could you... my moustache, please ? It's too long.
4. He lost all his hair and now he is completely...
5. The hairdresser gave her a new... It changed her completely.

B ■ Traduire en anglais

1. Est-ce que vous pouvez encore me les couper un peu sur le devant ?
2. Je n'aime pas les favoris, coupez-les, s'il vous plaît.
3. Elle a de longs cheveux blonds.
4. Pouvez-vous me laver les cheveux avant de les couper ?
5. Elle va chez le coiffeur toutes les semaines pour se faire faire une mise en plis.

C ■ Traduire en français

1. Do you want a close shave ?
2. My skin is tender.
3. Short at the back and at the sides.
4. Fairly short.
5. I'll leave it to you. (I leave it entirely to you.)
6. Thin the hair out, please.

Corrigé

A ■ 1. shampoo **2.** dye **3.** trim **4.** bald **5.** hairstyle

B ■ 1. Can you take a bit more off the front ?
2. I don't like sideboards, cut them off !
3. She has got long blond hair.
4. Could you wash my hair before cutting it ?
5. She goes to the hairdresser's every week to have her hair set.

C ■ 1. Voulez-vous être rasé de près ?
2. J'ai la peau sensible.
3. Court derrière et sur les côtés.
4. Assez court.
5. Faites pour le mieux.
6. Effilez les cheveux, s'il vous plaît.

■ At the travel agency

T : Travel Agent C : Customer

C— Can you help me at all ? I'm thinking of[1] going on holiday sometime[2] in July. What do you have to offer[3] ?

T— Well, it depends on what sort of holiday you want, where you want to go and how much you're willing[4] to pay. Are you interested in home[5] or abroad ?

C— Oh, I don't really fancy a holiday abroad, with all that foreign food and problems with the language. Mind you[6], the weather might be better.

T— I don't know about that. Last Easter, I went to Spain and it rained every day for a fortnight. I think you're better staying in this[7] country.

C— I've heard that Cornwall[8] is pretty nice. Could you recommend anywhere ?

T— Well, Newquay is a very big tourist centre. If you're looking for entertainment, there are plenty of discos[9] and pubs, and a really good beach if you like lounging in the sun. I am a fan[10] of Saint-Ives myself. The whole area is full of nice little coves and tiny villages. You can't beat it[11].

C— Perhaps I'll give Saint-Ives a try[12], after all. Why not ?

T— What sort of accommodation were you thinking of ? A self-catering[13] flatlet, a cottage[14], a hotel, a caravan, a boarding-house ? It's up to you. We've got everything.

C— Seeing[15] I'm on my own[16], I reckon a hotel might be better, don't you ? But only with half-board because I'd like to be free to do what I want at lunch-time.

T— Here is a brochure of all the hotels in the area. Just choose the one that suits you and we'll arrange everything, even your rail ticket if you're not going by car.

abroad	[e**bro:d**]	Cornwall	[**ko:**nwel]
August	[**o:**goest]	Saint-Ives	[snt**aïvz**]
home	[hôoum]	half-board	[**ha:f bo:d**]
Easter	[**i:s**te]	cove	[kôouv]
fortnight	[**fo:t**naït]	area	[**èe**rie]
Newquay	[**njou:**ki]	brochure	[**brôou**chjue]

A : agent de voyages C : client

C— Pouvez-vous m'aider ? Je voudrais aller en vacances au cours du mois de juillet. Que proposez-vous ?

A— Eh bien, ça dépend du type de vacances que vous voulez, où vous désirez aller et combien vous voulez mettre. Souhaitez-vous rester dans le pays ou aller à l'étranger ?

C— Oh, ça ne me dit rien de passer mes vacances dans un autre pays, avec toute cette nourriture étrangère et des problèmes de langue. Vous me direz qu'on a plus de chance d'avoir du beau temps.

A— Ce n'est pas dit, à Pâques dernier, je suis allé en Espagne, et pendant une quinzaine il a plu tous les jours. Je crois que vous feriez mieux de rester ici.

C— On m'a dit que la Cornouailles est assez jolie. Pouvez-vous me recommander un endroit ?

A— Eh bien, Newquay est un très grand centre touristique. Si vous cherchez des distractions, il y a des tas de dancings et de cafés et vraiment une très belle plage, si vous aimez vous prélasser au soleil. Je suis, moi-même, un fervent de Saint-Ives. Toute la région est pleine de très jolies petites criques et de minuscules villages. On ne peut trouver mieux.

C— Peut-être que j'essayerai Saint-Ives, après tout. Pourquoi pas ?

A— A quel genre de logement aviez-vous pensé ? Un studio, une villa, un hôtel, une caravane, une pension de famille ? C'est comme vous voulez. Nous avons de tout.

C— Etant donné que je suis seul, j'ai l'impression que c'est encore l'hôtel qui serait le mieux, n'est-ce pas ? Mais seulement en demi-pension parce que je voudrais être libre de faire ce que je veux à midi.

A— Voici une brochure avec tous les hôtels de la région. Vous n'avez qu'à choisir celui qui vous convient, et nous nous occuperons de tout, même de votre billet de chemin de fer si vous n'y allez pas en voiture.

■ Remarques

1. **to think of** est toujours suivi d'un verbe à la forme en -ing → **to think of doing something,** *envisager, projeter de faire quelque chose.*
2. **sometime,** lit. : *un jour ou l'autre* (= **sometime** or other) ; cf. **sometime soon,** *un de ces jours.* Attention ! ne pas confondre avec **sometimes,** *quelquefois.*
3. **What do you have to offer ?** *Qu'avez-vous à proposer ?* Il ne s'agit nullement ici de **have to** qui serait une obligation s'appliquant à **offer,** puisque **offer** est complément de **have.**
4. **to be willing to,** *être disposé à ;* expression figée provenant d'une forme en **-ing** du verbe **will,** alors qu'il n'était pas encore auxiliaire mais avait son sens originaire de **vouloir.**
5. **home,** *le pays natal, la patrie,* cf. **the Home Office,** *le ministère de l'Intérieur.*
6. **Mind you,** *remarquez.* Cette forme impérative s'utilise pour attirer l'attention de l'interlocuteur sur ce que l'on va lui dire.
7. **in this country,** c'est toujours **this** qu'il faut employer pour désigner le pays dans lequel on se trouve. **That country** indiquerait un autre pays.
8. **Cornwall,** *la Cornouailles,* comté et presqu'île à l'extrémité sud-ouest de la Grande-Bretagne, à la côte très découpée et à la pointe de laquelle se trouve le point le plus méridional de l'île, « Land's End » (« Finistère » anglais).
9. **disco** = **discothèque,** *boîte de nuit.* Ce mot français abusivement utilisé en anglais est revenu dans la langue française avec un sens différent de celui qu'il avait originairement et qui se traduirait en anglais par **record library** ou **record collection.**
10. **fan** = **fanatics.**
11. **You can't beat it** = **it's unbeatable,** *c'est imbattable.*
12. **to give sth a try** = **to try sth,** *essayer qch.*
13. **self-catering flatlet,** *petit appartement* où l'on peut se faire à manger.
14. **cottage** est une petite maison ; **a villa** est une habitation beaucoup plus luxueuse.
15. **Seeing,** lit. : *vu que.*
16. **on my own** = **alone** = **by myself,** *seul.*

Holidaying in Western Scotland.

Magnificent silver and golden sands, romantic sea lochs biting deep into the mainland, excellent fishing, ferries to the islands - these are some of the attractions of the coast of Western Scotland. Three towns in particular offer a wide range of places to stay and things to do : Fort William (the gateway to Ben Nevis, the highest mountain in Britain), Mallaig (ferry port for Skye and a major fishing centre) and Oban (holiday resort on the Firth of Lorne).

The West has had a storm history of centuries of clan feuds and its battered castles bear witness to the destructions suffered in these struggles. Lively illustrations of how people lived and worked in days gone by can be found in the many craft and folk museums, and reminders of peaceful times are to be seen in the abbeys and priories. The area also provides plenty of opportunities for sports like golf, sailing, canoeing, pony trekking, mountaineering and even skiing.

En vacances dans l'ouest de l'Ecosse.

Des plages magnifiques de sable argenté et doré, des « lochs » romantiques où la mer s'enfonce dans les terres, d'excellents coins de pêche, des bateaux pour les îles, voilà certains des atouts de la côte ouest de l'Ecosse. Trois villes en particulier offrent un large éventail de lieux de séjour et de distractions : Fort William (au pied du Ben Nevis, le point culminant de Grande-Bretagne), Mallaig (point de départ pour l'île de Skye et grand port de pêche) et Oban (station balnéaire sur le Firth de Lorne).

L'ouest a eu une histoire tumultueuse de siècles de luttes claniques et ses châteaux en ruine portent témoignage des destructions dont elle a souffert pendant ces combats. On peut trouver de frappantes illustrations de la manière dont les gens vivaient et travaillaient jadis dans les nombreux musées de folklore et d'artisanat, et l'on peut voir dans les abbayes et les prieurés des souvenirs de temps plus paisibles. La région offre aussi de nombreuses possibilités pour les sports comme le golf, la voile, le canoë, la randonnée équestre, l'alpinisme et même le ski.

The Emerald Isle.

It is not without due reason that Ireland is known as the « Emerald Isle ». There, one shade of green follows another. The shamrock is the national emblem and even the flag is one-third green. Ireland is also a country of contrasts, with the vast central plain, full of pastures, farms, peat bogs, hedges, sheep and steeples, followed by the rocky landscapes of Clare and Donegal, and the pebble fields of Aran. Not to mention the whole of the Atlantic coast, from the Dingle peninsula and the cliffs of Moher to the loughs of Killary !

And who has not heard of the Giants' Causeway in the North, the « Eighth wonder of the world » ? The fame of its 38,000 regular-shaped stone columns has tended to upstage the rest of this marvellous coast. Few capitals are so beautifully situated as Dublin, the capital city of Eire, a city of spacious streets, fine buildings and friendly people.

L'Ile d'Émeraude.

C'est à juste titre que l'Irlande est connue sous le nom d'« Ile d'Émeraude ». Là se succèdent toutes les nuances de vert. Le trèfle est l'emblème national, et même un tiers du drapeau est vert. L'Irlande est aussi un pays de contrastes, avec la vaste plaine centrale, couverte de prairies, de fermes, de tourbières, de haies, de moutons et de clochers, les paysages rocailleux du Clare et du Donegal et le champ de cailloux de l'île d'Aran. Sans parler de toute la côte atlantique, de la péninsule de Dingle et des falaises de Moher jusqu'aux « lochs » de Killary !

Et qui n'a entendu parler de la Chaussée des Géants dans le Nord, la « huitième merveille du monde » ? La célébrité de ses 38 000 colonnes de pierre , aux formes régulières, a tendance à faire oublier le reste de cette côte merveilleuse dont elle est le centre. Peu de capitales ont un aussi beau site que Dublin, capitale de l'Eire, et ville aux larges avenues, aux beaux bâtiments et à la population sympathique.

1. J'ai fait un merveilleux voyage organisé en Irlande l'année dernière.
2. Est-ce que tous les prix des séjours comprennent les taxes d'aéroport, les suppléments et l'assurance voyage ?
3. Ça paraît être très intéressant pour le prix.
4. Serait-il possible de retourner un jour plus tard que prévu ?
5. Dois-je verser des arrhes pour la réservation ?
6. Le prix ne comprend pas la nourriture et les boissons.
7. Notre vol a été annulé.
8. Les prix sont sujets à modification selon le taux de change.
9. Il faut payer un supplément pour une chambre individuelle.
10. Vous pouvez bénéficier d'une troisième semaine gratuite si vous partez hors saison.
11. Nous combinons le voyage avec un circuit organisé.
12. Il faudra changer d'avion en Islande.
13. Je voudrais faire un stage de planche à voile.
14. Il y aura un moniteur de ski nautique à votre disposition.
15. Y a-t-il des temps libres prévus entre les visites ?

---

1. **I went on a wonderful package tour to Ireland last year.**
2. **Are all holidays inclusive of airport taxes, surcharges and travel insurance ?**
3. **It seems excellent value for money.**
4. **Would it be possible to go back a day later than planned ?**
5. **Do you want a deposit for the reservation ?**
6. **Meals and drinks aren't included in the price.**
7. **Our flight was cancelled.**
8. **Prices are subject to variation in the exchange rate.**
9. **You have to pay extra if you want a single room.**
10. **We offer you a third week free if you go off season.**
11. **We combine the journey over with an organised tour.**
12. **It will mean changing flights in Iceland.**
13. **I'd like to go on a wind-surfing holiday.**
14. **There will be a water-skiing instructor to help you.**
15. **Do you have any time off for yourself in between visiting places ?**

travel agency, agence de voyages
sometime, à un moment ou à un autre
to be willing to, être disposé à
mind you, remarquez
Easter, Pâques
Cornwall, Cornouailles
entertainment, distraction(s)
to lounge, se prélasser
a cove, une crique
tiny, minuscule
to give sth a try, essayer qch
accommodation, hébergement
boarding-house, pension de famille
half board, demi-pension
gateway, porte, entrée
holiday resort, station de vacances
feud, querelle
battered, délabré
to bear witness, porter témoignage
struggle, combat, lutte
priory, prieuré
pony trekking, randonnée équestre
mountaineering, alpinisme
emeral, émeraude
peat, tourbe
peat-bog, tourbière
shamrock, trèfle
pebble, caillou, galet
to upstage, éclipser
cliff, falaise
deposit, arrhes
to cancel, annuler
single room, chambre individuelle
off-season, hors saison
flight, vol
wind-surfing, planche à voile
water-skiing, ski nautique
instructor, moniteur

Vocabulaire complémentaire

to bask in the sun, se dorer au soleil
to boat, faire du canotage
to canoe, faire du canoë
to climb, grimper
cruise, croisière
to dive, plonger
footpath, sentier
guest-house, pension de famille
guide, guide *(personne)*
guide-book, guide *(livre)*
inland, dans l'arrière-pays
market town, bourg *(où se tient un marché)*
picnic sites, endroits pour pique-niquer
picturesque, pittoresque
places to stay, lieux de séjour
to row, ramer
to sail, faire de la voile
sandy beach, plage de sable
scenery, paysage
seaside-resort, station balnéaire
sightseeing tour, voyage touristique
ski-resort, station de ski
spa resort, station thermale
stately home, château
to sunbathe, prendre un bain de soleil
to swim, nager
swimming pool, piscine
to tour, faire du tourisme ; visiter *(une région)*
tour operator, organisateur de voyages
trail, piste
trip, excursion

A ■ Lecture

French people are often attracted by Scotland and Ireland but they are rarely aware of the beauty and variety of the English countryside and its wealth of historic sites and memories. And yet the valleys of Wales, the coast of Cornwall — which reminds one of Brittany —, the Lake District, celebrated by the romantic poets in the 19th century, or the New Forest, where ponies roam freely, are well worth a visit.

After the damage caused to the environment by the first industrial revolution, the English have preserved their traditional landscapes and villages with their old inns and thatch-roofed cottages.

B ■ Traduire en anglais

1. Je voudrais passer une quinzaine de jours en Ecosse courant juillet.

2. Quels types d'hébergement avec possibilité de se faire à manger proposez-vous ?

3. J'aime bien visiter les châteaux forts et les abbayes.

4. Je crois que je vais essayer une petite pension de famille dans une station balnéaire.

5. Y a-t-il beaucoup de distractions ici ?

Corrigé

A ■ Les Français sont souvent attirés par l'Ecosse et l'Irlande, mais sont rarement conscients de la beauté et de la variété de la campagne anglaise, et de sa richesse en sites et en souvenirs historiques. Et pourtant les vallées du Pays de Galles, la côte de Cornouailles — qui rappelle la Bretagne —, la région des lacs, célébrée par les poètes romantiques au XIXe siècle, ou la « New Forest », où les poneys se promènent en liberté, méritent bien une visite.

Après la destruction de l'environnement causée par la première révolution industrielle, les Anglais ont préservé leurs paysages et leurs villages traditionnels, avec leurs vieilles auberges et leurs cottages aux toits de chaume.

B ■ 1. I'd like to spend a fortnight in Scotland sometime in July.

2. What sort of self-catering accommodation do you offer ?

3. I like visiting castles and abbeys.

4. I think I'll try a little boarding-house in a seaside resort.

5. Is there a lot of entertainment here ?

■ At the garage

T : Tourist   M : Mechanic

T— I'd like to put my car in[1] for repair please.
M— I can't do it before next Monday, we're all booked up[2].
T— Oh, that's a bit of a problem. You see, I'm here on holiday and I'm due back[3] in Glasgow at the weekend... Judging by the state the car's in[4], there's no way it will get me there.
M— Why ? What's the matter ?
T— The clutch has been playing up[5] a bit and I've not been able to get the gears[6] very well. It seems to be knocking[7] in second. The brakes[8] need looking at, too.
M— Didn't you have a look at all this before you left ?
T— Well, in actual fact[9], I did. The car has been regularly serviced[10] ever since[11] I got it. It must have been the journey[12] down which did it. Six hundred miles is a long way, you know. Are you sure you can't fit me in[13] between customers ?
M— You'll have to see the boss about that. I'll have a quick look anyway to see how long it would take, if we could do it.
T— I'd really appreciate it. If not, I don't know what I'll do.
M— How do you open the bonnet ?
T— Press the button on the right, just below the steering-wheel[14]...
M— Start your motor[15] up... Stop ! You can turn it off, now. Put it into first ! Second !... Second !
T— I can't ! It's stuck[16] !
M— Oh, I don't like the look of that ! I think you could do with a new gear-box.
T— Are you sure about that ? Is there absolutely no way of mending it ?
M— Well, nothing lasts for ever, you know.

mechanic	[mi**ka**nik]	appreciate	[e**pri:**chièït]
repair	[ri**pèe**]	stearing-wheel	[**stie**riŋgwi:l]
Glasgow	[**gla:s**gôou]	bonnet	[**bo**nit]
clutch	[kloetch]	motor	[**môou**te]
gear	[gie]	absolutely	[**ab**selou:tli]
journey	[**dje**:ni]	last	[la:st]

T : touriste M : mécanicien

T— Je voudrais faire réparer ma voiture, s'il vous plaît.
M— Je ne peux pas la prendre avant lundi prochain, notre planning est complet.
T— Ah, ça m'ennuie. Vous comprenez, je suis ici en vacances et je dois être de retour à Glasgow ce week-end... A voir l'état de la voiture, il est impossible qu'elle m'emmène jusque-là.
M— Pourquoi ? Qu'est-ce qu'il y a ?
T— J'ai des problèmes d'embrayage et j'ai du mal à passer les vitesses. On dirait que la seconde ne passe pas. Il faudrait aussi revoir les freins.
M— Vous n'avez pas vérifié tout ça avant de partir ?
T— Mais si, justement. J'ai toujours fait réviser la voiture régulièrement depuis que je l'ai. C'est certainement dû au voyage. Mille kilomètres, ça fait de la route, quand même. Vous êtes sûr que vous ne pouvez vraiment pas me prendre, entre deux clients ?
M— Faudra que vous voyiez ça avec le patron. Je vais quand même jeter un coup d'œil pour voir ce qu'il y a à faire, au cas où on pourrait la prendre.
T— Ça serait vraiment très aimable à vous. Sinon je ne sais pas du tout ce que je vais faire...
M— Comment est-ce que l'on ouvre le capot ?
T— Appuyez sur le bouton à droite, juste en dessous du volant...
M— Démarrez... Stop ! Vous pouvez couper le moteur. Mettez en première ! En seconde !... En seconde !
T— Je n'y arrive pas ! C'est coincé !
M— Oh la la, je n'aime pas ça ! Je pense qu'il va vous falloir changer de boîte de vitesses.
T— Vous êtes sûr ? Il n'y a vraiment pas moyen de la réparer ?
M— Vous savez, rien n'est éternel, hein ?

■ Remarques

1. **to put my car in for repair** = to put my car into the garage, lit. *mettre ma voiture au garage pour la faire réparer.*
2. **booked up**, *réservé, complet, sans place ou temps disponible.*
3. **to be due back**, *être attendu, supposé être de retour,* cf. **the train was due to arrive at 6** *(devait arriver à 6 h).*
4. **the state the car's in** = **the state THAT the car's in**, *l'état dans lequel est la voiture.* Le pronom relatif **that** peut toujours être omis quand il est complément mais jamais quand il est sujet.
5. **to play up** (familier), *ennuyer, tourmenter, faire des siennes.* Cf. **my back is playing up, the children are playing up again.**
6. **the gears**, *les vitesses.* On dit aussi **bottom gear** pour *la première* et **top gear** pour *la quatrième ; la cinquième* quand elle existe sera appelée **overdrive.** *Changer de vitesse,* **to change gear.**
7. **to be knocking in second**, i.e. **it knocks back**, quand on essaie de passer la seconde, on revient en première.
8. **The brakes need looking at, too**, *il faudrait aussi revoir les freins.* Notez l'utilisation d'une forme en **-ing** après **need** ; le verbe nominalisé (l'action de regarder) a ici le sens d'un passif (= **need to be looked at**).
9. **in actual fact**, *en vérité.* C'est une forme plus marquée que **in fact.**
10. **to service a car**, *entretenir et réparer, faire réviser.*
11. **ever since**, *depuis lors ;* insiste plus que **since** sur le fait qu'il s'agit d'une durée sans interruption.
12. **journey**, *voyage.* A son origine dans le vieux mot français journée qui désignait à la fois la journée de travail ou de voyage. C'était au sens premier la distance parcourue en un jour.
13. **fit me in**, *m'insérer dans le planning.*
14. **steering-wheel**, *volant, gouvernail.* C'est littéralement *la roue* **(wheel)** qui sert à diriger, à *gouverner* **(to steer).**
15. **motor** = **engine**, *moteur.*
16. **stuck**, *collé* → **to stick, stuck, stuck**, 1) *enfoncer,* 2) *planter,* 3) *coller.*

Starting a car

1. Before starting the car, make sure that the gear-lever is in the neutral position.
2. Insert the ignition key into the ignition switch. Turn the key to the right (clockwise) in order to release the steering-lock, so that the steering-wheel can be freely rotated.
3. Turn the key further to the right until it springs back and you hear the engine running.
4. If you don't release the key immediately, it could damage the starter. (To start a cold engine, the choke should be pulled out before the ignition is switched on).
5. Press the clutch down and put the car into first gear or reverse.
6. Slowly let the clutch pedal up whilst pressing gently the accelerator and releasing the hand-brake, all at the same time.

Mettre une voiture en marche

1. Afin de faire démarrer la voiture, assurez-vous que le levier de vitesses est au point mort.
2. Mettez la clé dans le contact. Tournez la clé vers la droite (dans le sens des aiguilles d'une montre) afin de libérer l'antivol et de pouvoir tourner le volant librement.
3. Tournez la clé un cran de plus à droite jusqu'à ce qu'elle revienne à sa position initiale et que vous entendiez le bruit du moteur.
4. Si vous ne relâchez pas la clé immédiatement, cela pourrait endommager le démarreur. (Pour faire démarrer un moteur, il faut mettre le starter avant de mettre le contact.)
5. Embrayez et mettez la voiture en première ou en marche arrière.
6. Débrayez lentement tandis que vous accélérez doucement et relâchez le frein à main, tout en même temps.

Cars in Britain not only have to be insured and driven by a person with a valid driving-licence, but they also have to be issued with an M.O.T. (Ministry of Transport) certificate. The M.O.T. test takes place once a year and it is carried out in most garages for a small fee and proves whether a car is roadworthy or not.

Road tax can be paid once or twice yearly and is the same for all cars, with no distinction being made between new and old vehicles. It gives you the right to use all roads and motorways in Britain free of charge. Once you have paid it, you'll be given a tax disc which has to be displayed on your windscreen at all times. The date of expiry and the car registration number are written on it.

The striking thing about the number plates of British cars is that it is extremely difficult to guess the area of origin but the last letter will always tell you the year of the car, e.g. L = car registered after the 1st of August 1993.

En Grande-Bretagne, les voitures doivent non seulement être assurées et conduites par une personne titulaire d'un permis valable, mais avoir aussi un certificat délivré par le ministère des Transports. Le test de conformité qu'on leur fait passer annuellement peut se faire dans la plupart des garages pour un prix modeste et permet de voir si la voiture est apte à prendre la route.

La vignette doit être payée chaque année, en une ou deux fois, et c'est la même pour toutes les autos, quel que soit leur âge. Cela vous donne le droit d'emprunter gratuitement toutes les routes et autoroutes de Grande-Bretagne. Une fois payée, la vignette doit être apposée sur votre pare-brise en permanence. La date d'expiration et le numéro d'immatriculation de la voiture sont indiqués dessus.

On notera que les plaques minéralogiques des voitures britanniques ne vous permettront de deviner qu'avec une extrême difficulté la région d'origine, mais que la dernière lettre vous indiquera toujours l'année de mise en circulation. Ex. : L = voiture immatriculée entre le 1er août 1993 et le 1er août 1994.

1. Ma batterie est à plat. Pourriez-vous m'aider à démarrer avec des pinces ?
2. Regarde la fumée qui sort de ton pot d'échappement !
3. Tu dois consommer de l'huile.
4. Mes bougies ont besoin d'être nettoyées.
5. J'aurais dû faire la vidange avant de partir.
6. Soudain tous les voyants du tableau de bord se sont allumés.
7. Elle a crevé mais, heureusement, il y avait une roue de secours.
8. Avec la chaleur extérieure le moteur a chauffé.
9. Est-ce qu'il est possible de m'envoyer une dépanneuse ?
10. Combien de kilomètres votre voiture a-t-elle au compteur ?
11. La carrosserie est en très bon état.
12. Les voitures roulaient pare-chocs contre pare-chocs de Londres à Brighton.
13. Je ne suis pas très content de la façon dont vous avez réparé ma voiture.
14. J'ai dérapé sur une plaque de verglas.
15. Ce n'est pas une voiture neuve, c'est une occasion.
16. Il doit y avoir une fuite quelque part.

---

1. **My battery is flat. Could you help me to start the car with jump leads ?**
2. **Look at the smoke coming out of your exhaust-pipe !**
3. **You must be using up a lot of oil.**
4. **My spark-plugs need cleaning.**
5. **My car should have had an oil change before I left.**
6. **Suddenly all the lights on the dashboard lit up.**
7. **She had a puncture but luckily there was a spare tyre.**
8. **The engine overheated with the hot weather.**
9. **Is it possible to send a breakdown truck out to me ?**
10. **How many miles has your car got on the clock ?**
11. **The bodywork is in beautiful condition.**
12. **It was bumper to bumper all the way from London to Brighton.**
13. **I'm not too happy with the way you repaired my car.**
14. **I skidded on some black ice.**
15. **It's not a new car, it's second-hand.**
16. **There must be a leak somewhere.**

■ Vous devez connaître

to be due, être attendu
clutch, embrayage
gears, vitesses
brakes, freins
in actual fact, en vérité
to service a car, *(faire)* réviser une voiture
to fit s.o in, caser qn
journey, voyage
bonnet, capot
steering-wheel, volant
to start the motor up, mettre le moteur en marche
to turn the motor off, couper le moteur
to stick, coller
gear-box, boîte de vitesses
to mend = to repair, réparer
puncture, crevaison
spare tyre, pneu de secours
to put into neutral, mettre au point mort
gear-lever, levier de vitesses
ignition key, clé de contact
ignition switch, contact
steering-lock, antivol *(au volant)*
clockwise, dans le sens des aiguilles d'une montre
starter, démarreur
choke, starter
reverse, marche arrière
road tax, vignette, taxe fiscale
tax disc, vignette *(autocollant)*
registration number, numéro d'immatriculation

Vocabulaire complémentaire

breakdown, panne
to break down, tomber en panne
breakdown van, camionnette de dépannage
boot, coffre
to bump/crash into, heurter, rentrer dans
bumper, pare-chocs
to change down, rétrograder
to collide with, entrer en collision avec
convertible, décapotable
dashboard, instrument panel, tableau de bord
to dip your lights, mettre en code
estate car, break
headlights, phares
indicator, clignotant
jack, cric
lorry, camion
rear lights, feux arrière
roadholding, tenue de route
roof rack, galerie
shock-absorber, amortisseur
spanner, clé à écrous
spark plug, bougie
speedometer, compteur de vitesse
tool-kit, boîte à outils
tow-truck, camionnette de dépannage
trailer, remorque
wheel, roue
windscreen-wipers, essuie-glaces

A ■ Complétez

1. Now that you are on the motorway, you can put it into fourth ..... .
2. Cars need to be regularly ....., otherwise they break down.
3. If your ..... aren't in good condition, you will have difficulty stopping.
4. I had a ....., so I had to change the wheel.
5. Can you ..... me ..... on Saturday morning ?

B ■ Récrire les phrases en omettant « that » chaque fois que cela est possible :

1. The people that say such things are stupid.
2. The man that you saw is my uncle.
3. Did you see the car that he bought ?
4. That's enough for now, we can do more later.
5. She told me that she was going to do it.

C ■ Traduisez

1. Je voudrais faire réparer ma voiture.
2. Pouvez-vous vérifier les freins, la batterie et les amortisseurs ?
3. N'as-tu pas oublié de payer ta vignette ?
4. Faut-il vraiment remplacer la boîte de vitesses ?
5. Le mécanicien a ouvert le capot et regardé le moteur

Corrigé

A ■ 1. gear **2.** serviced **3.** brakes
4. puncture **5.** fit me in

B ■ That ne peut être omis que dans les phrases 2, 3 et 5.

C ■ 1. I'd like to put my car in for repair.
2. Could you check the brakes, the battery and the shock absorbers ?
3. Didn't you forget to pay your road tax ?
4. Do I really need a new gear-box ?
5. The mechanic opened the bonnet and looked at the engine.

G : Girl B : Boy

G— Did you go to the Clash [1] concert yesterday evening ? What was it like ?
B— Marvellous ! They're a really good band [2] live [3]. The stageshow [4] was fantastic ; the lighting was very sophisticated indeed.
G— How long did they play ?
B— Let me see... The support group [5] came on at eight and they were on for about half an hour, then there was an interval while they set the Clash's stuff up [6] — I reckon that must have taken about three quarters of an hour. I remember looking at my watch when the Clash went off and it was quarter to eleven. So they must have been on stage for about an hour and a half.
G— Did they do any encores ? [7]
B— Yeah, they did « White Riot » and « London's Burning », but you couldn't really make out what they were singing because the sound was so distorted at the end.
G— Did they have any backing musicians [8] with them ?
B— No, there was just the two guitarists, the bassist and the drummer. The lead guitarist [9] did some excellent solos... and the vocals [10] were quite stylish [11] too !
G— Did they do anything off the new album ?
B— All of it, plus a lot of old material.
G— Where were you ? In the stalls or in the circle ?
B— In the stalls — the only problem was that we were right on top of [12] the P.A. [13] My eardrums are still vibrating !
G— I'd watch out, if I were you. You might have done some damage !
B— I don't care ! It was worth it to see the Clash live. The atmosphere was electric — everybody participated. And Joe Strummer [14] had so much stage presence. It was just great... Apart from the bouncers [15] ! They wouldn't let you stand up !

sophisticated	[sefistikèïtid]	guitarist	[gita:rist]
interval	[intevel]	material	[metieriel]
encores	[oŋko:z]	stalls	[sto:lz]
riot	[raïet]	participated	[pa:tisipèïtid]
musicians	[miouzichenz]	presence	[prèzns]
bassists	[bèïsists]	bouncers	[baounsez]

F : fille G : garçon

F— Es-tu allé au concert des « Clash » hier soir ? Comment était-ce ?

G— Formidable ! Ils sont vraiment bons en concert. Leur spectacle était fantastique ; les jeux de lumière étaient vraiment très élaborés.

F— Pendant combien de temps ont-ils joué ?

G— Attends... Le groupe qui passait en première partie est entré en scène à 8 h et il est resté à peu près une demi-heure, puis il y a eu un entr'acte pendant qu'ils installaient le matériel de « Clash » — je crois que ça a dû durer environ trois quarts d'heure. Je me souviens avoir regardé ma montre quand les « Clash » ont quitté la scène et il était onze heures moins le quart. Donc ils ont dû jouer environ 1 h 30.

F— Est-ce qu'ils ont rejoué encore après ?

G— Ouais, ils ont chanté « White Riot » et « London's Burning », mais on n'arrivait pas réellement à comprendre les paroles parce que le son était tellement déformé à la fin !

F— Est-ce qu'il y avait des musiciens qui les accompagnaient ?

G— Non, il y avait simplement les deux guitaristes, le bassiste et le batteur. Les solos de guitare étaient supers... et le chanteur était extra aussi !

F— Ont-ils chanté des morceaux du dernier album ?

G— Oui, tout, plus beaucoup de vieux morceaux.

F— Où étais-tu ? Dans les fauteuils d'orchestre ou au balcon ?

G— Dans les fauteuils d'orchestre — le seul problème, c'est qu'on était juste à côté de la sono. Mes tympans en résonnent encore !

F— Je ferais gaffe, si j'étais toi. Tu vas peut-être avoir des problèmes d'auditon.

G— Je m'en fiche ! Ça en valait la peine, pour voir les « Clash » sur scène. Il y avait de l'électricité dans l'air — tout le monde participait. Et Joe Strummer avait une telle présence sur scène. C'était vraiment génial... A part les videurs ! Ils nous empêchaient de nous lever !

1. **the Clash**, groupe rock anglais qui prétend avoir des résonances politiques et qui devint célèbre en étant à l'origine du mouvement musical « punk ».
2. **band** = **group**, *groupe, fanfare*. Cf. **a jazz band**, *orchestre de jazz*.
3. **live** [laïv], *en concert, en direct* → **transmitted live**, *retransmis en direct* (= **recorded**, *en différé*) → **recorded live**, *enregistré en direct*.
4. **stageshow**, *spectacle* (lit. **the show you put on when you are on stage**, *le spectacle que l'on donne sur scène, les jeux de scène)*.
5. **support group**, *groupe en première partie*, vedette américaine. Ils sont supposés aider et soutenir **(support)** le groupe principal en « chauffant » la salle **(warming the audience up)**.
6. **they set the Clash's stuff up**, *ils ont installé le matériel des « Clash »*.
7. **Did they do any encores ?**, lit. *Ont-ils été bissés ?* Le mot français est utilisé ici pour désigner les morceaux que le groupe joue en fin de concert, après les applaudissements, pour remercier le public qui en « redemande » par ses cris. (**encore !** = *une autre !*).
8. **backing musicians**, accompagnateurs, musiciens chargés de soutenir **(to back)** musicalement le groupe dont ils ne font pas officiellement partie ; cf. **backing vocals**, *chœur d'accompagnement*.
9. **the lead guitarist** = **main guitarist**, *guitariste solo*.
10. **vocals** = **person who does the vocals** = **singer**, *chanteur*. La voix est considérée comme un instrument ; cf. **on the vocals**, *pour la partie vocale*.
11. **stylish**, qui a du style, « extra ». Mot très à la mode actuellement chez les jeunes Anglais.
12. **on top of** n'a pas ici le sens littéral de « au-dessus de » mais celui de **very close to** *(tout près de)*. Ex. : **he's on top of the TV**, *il est collé devant la télé*.
13. **P.A.** = **Public Address system**, *la sono (micros et haut-parleurs,* **microphones + loudspeakers**), c'est littéralement le système par lequel on s'adresse au public.
14. **Joe Strummer**, *chanteur principal* **(lead singer)** du groupe « Clash ».
15. **the bouncers**, *les videurs* (qui font le service d'ordre dans les concerts, bals, boîtes de nuit, etc.).

Pop Music in Britain

Music plays a very important role in the life of British youth. It is their main means of expression and creates trends in itself. A French visitor to Britain would be struck by the interest and knowledge that most young people show in this field : they buy a lot of records, listen to the charts on the radio and are avid viewers of BBC 1's famous pop programme « Top of the Pops », shown every Thursday evening, without fail.

British people, generally, don't pay much attention to foreign music (American music is not considered as « foreign »). It probably comes from the fact that the music scene there changes so quickly that they always have the impression that music from the continent has somehow been left behind along the way. Rythm and music tend to carry the often simplistic lyrics. English is said to be the language of rock because of its flexible intonation which easily lends itself to this free form of music. Concert going is very usual and the choice is wide.

La musique « pop » en Grande-Bretagne

La musique joue un rôle très important dans la vie de la jeunesse britannique. C'est son principal moyen d'expression et elle est elle-même créatrice de mode. Un Français visitant la Grande-Bretagne serait frappé par l'intérêt et les connaissances dont la plupart des jeunes font preuve dans ce domaine : ils achètent beaucoup de disques, écoutent le hit-parade à la radio et regardent avec passion la célèbre émission de la 1re chaîne de la BBC appelée « Top of the Pops », qui passe tous les jeudis soir, régulièrement.

Les Britanniques ne prêtent généralement guère d'attention à la musique étrangère (la musique américaine n'est pas considérée comme « étrangère »). Cela provient du fait que la scène musicale y change si vite qu'ils ont toujours l'impression que la musique des autres pays européens est restée quelque peu en arrière. Le rythme et la musique ont tendance à faire oublier des paroles souvent simplistes. On dit que l'anglais est la langue du rock à cause de la souplesse que lui donne son accent tonique, qui se prête facilement à cette forme libre de musique. On va régulièrement au concert et le choix offert est grand.

Praise the Lord ! We are a musical nation.
Dylan Thomas.

The world's first public concert hall was opened in London in 1672, and for more than 300 years the city has attracted a constant stream of musicians of the highest class.

In the 1850's, Berlioz wrote : « In no country in the world is so much music consumed in a season as in London. Thanks to this immense consumption all artists of genuine talent, after a few months spent in getting known, are sure to find work there. »

And indeed there is no shortage of music to listen to in London.

The two main concert houses are the Albert Hall — famous for the Promenade Concerts (the Proms) held six nights a week for eight weeks from July to September — and the Royal Festival Hall.

From May to September, military and brass bands may be heard playing in the parks. One or other of the five Guards bands marches daily — regardless of traffic lights — to Buckingham Palace for the changing of the Guard, and plays on its way.

Louons le Seigneur ! Nous sommes une nation qui aime la musique. Dylan Thomas.

La première salle de concert publique au monde fut ouverte à Londres en 1672, et depuis plus de 300 ans la ville attire un flot permanent de musiciens de tout premier ordre.

Dans les années 1850, Berlioz écrivait : « En aucun autre pays au monde on ne consomme autant de musique en une saison qu'à Londres. Grâce à cette énorme consommation, tous les artistes de véritable talent, après quelques mois passés à se faire connaître, sont sûrs d'y trouver du travail. »

Et de fait, les occasions d'écouter de la musique ne manquent pas à Londres.

Les deux principales salles de concert sont l'Albert Hall — fameux pour les « Proms », concerts donnés six soirs par semaine pendant huit semaines de juillet à septembre — et le Royal Festival Hall.

De mai à septembre, on peut entendre des orchestres militaires et des orchestres de cuivres jouer dans les parcs. L'un ou l'autre des cinq orchestres des « Guards » défile chaque jour, sans tenir compte des feux tricolores, en se rendant à Buckingham Palace pour le changement de la Garde et joue en marchant.

1. Je ne suis pas amateur de musique classique, je suis branché sur la musique rock.
2. Le concert a été annulé. Quel dommage !
3. Il a interprété trois nouvelles chansons pour la première fois en public.
4. Son nouveau 45 tours, qui vient de sortir, est déjà en tête du hit-parade.
5. C'est mon chanteur préféré.
6. Une formidable ovation a salué l'entrée en scène de la vedette.
7. L'acoustique de la nouvelle salle de concert est très mauvaise.
8. Son récital de piano a été retransmis en direct à la radio.
9. L'orchestre symphonique était dirigé par un excellent chef.
10. Après l'exposition du premier thème, le tempo s'accélère.
11. Le deuxième mouvement commence par un duo pour deux violons.
12. Le concerto en ré majeur pour piano est sublime !
13. Le compositeur J.-S. Bach était un génie.
14. Ça, c'est de la vraie musique !
15. Ma sœur joue du piano.

---

1. **I'm not really into classical music ; rock music is much more my scene.**
2. **The concert was cancelled. What a shame !**
3. **He performed three new songs live for the first time.**
4. **His new single that has just been released is already at the top of the charts.**
5. **He's my favourite singer.**
6. **The star was greeted with tremendous applause when he came on stage.**
7. **The acoustics in the new concert hall are terrible.**
8. **His piano recital was broadcast live on the radio.**
9. **The symphony orchestra was directed by an excellent conductor.**
10. **After the exposition of the first theme, the tempo quickens.**
11. **The second movement begins with a duet between two violins.**
12. **The piano concerto in D major is sublime !**
13. **The composer J.-S. Bach was a genius.**
14. **That's real music !**
15. **My sister plays the piano.**

band, groupe, orchestre *(militaire, de jazz, de variété)*
live, en direct, en concert
stageshow, jeux de scène, spectacle sur scène
interval, entr'acte
an encore, un bis
to make out, distinguer
backing musician, musicien accompagnateur
drummer, batteur
vocals, chant, vocaux
stalls, fauteuils d'orchestre
circle, balcon
eardrum, tympan
to watch out, faire attention
bouncer, videur
trend, tendance
to strike, struck, struck, frapper
the charts, le hit-parade
viewer, *(télé)* spectateur
flexible, souple
to consume, consommer
genuine, authentique
shortage, pénurie
to march, défiler, marcher au pas
to perform, interpréter, jouer, se produire
single, 45 tours
to be released, *(disque)* sortir
to broadcast, transmettre *(radio),* diffuser
orchestra, orchestre *(classique)*
duet, duo

Vocabulaire complémentaire

A, B, C, D, E, F, G, la, si, do, ré, mi, fa, sol
background music, musique de fond, d'ambiance
bagpipe, cornemuse
bandleader, chef d'orchestre *(jazz, variété)*
bow, archet
the brass, les cuivres
chord, accord
to conduct, diriger un orchestre
conductor, chef d'orchestre *(classique)*
crotchet, noire
to do a sound check, faire des essais de son
flat, bémol
to give an A, donner le la
grand piano, piano à queue
harpsichord, clavecin
horn, cor
key, 1) touche ; 2) tonalité
keyboard, clavier
minim, blanche
musical, qui connaît la musique, musicien
music(al) score, partition
music lover, mélomane
out of tune, faux, désaccordé
to play an instrument, jouer d'un instrument
to play scales, faire des gammes
quaver, croche
recorder, flûte à bec
rest, soupir
semi-breve, ronde
semitone, demi-ton
to set to music, mettre en musique
sharp, dièze
to sing out of tune, chanter faux
staff, portée
the strings, les cordes
to strum (a guitar), gratter *(la guitare)*
to test the acoustics, faire un essai de sons
tone, ton
tune, air
to tune an instrument, accorder un instrument

A ■ Complétez

1. I didn't like the ... ..., his guitar playing was all out of tune.
2. They must have enjoyed the concert because they came back and did three ... .
3. During the ..., I went to the bar and had a drink.
4. The stalls were sold out, so we had to go in the ...
5. He was thrown out by a ... .

B ■ Classez les mots suivants selon la syllabe sur laquelle ils sont accentués : ⓐ 1re, ⓑ 2e

1. guitarist. **2.** marvellous. **3.** fantastic. **4.** encores. **5.** sophisticated. **6.** musician. **7.** material. **8.** damage. **9.** atmosphere. **10.** presence. **11.** participated. **12.** interval.

C ■ Traduisez

1. L'orchestre symphonique était dirigé par un chef très célèbre.
2. Je suis mélomane et achète beaucoup de disques classiques.
3. As-tu écouté, hier soir, le concert retransmis en direct de Londres ?
4. Elle ne connaît pas du tout la musique et elle chante toujours faux.
5. Le son était tellement déformé qu'on n'entendait qu'un bruit.

Corrigé

A ■ 1. lead guitarist **2.** encores **3.** interval **4.** circle **5.** bouncer

B ■ ⓐ Accentués sur la 1re syllabe : **2.** [ma:veles] **8.** [damidj] **9.** [atmesfie] **10.** [prèzns] **12.** [intevel]

ⓑ 2e syllabe : **1.** [gita:rist] **3.** [fantastik] **4.** [oŋko:z] **5.** [sefistikèïtid] **6.** [miouzichen] **7.** [metieriel] **11.** [pa:tisipèïtid]

C ■ 1. The symphony orchestra was directed by a very famous conductor.
2. I am a music lover and buy a lot of classical records.
3. Did you listen to the concert on the radio last night, live from London ?
4. She is not musical at all and always sings out of tune.
5. The sound was so distorted that we couldn't make anything out.

■ On the telephone

A : Arthur R : Receptionist C : Charlie

A— Hello ?
R— 436.8055 [1] Ealing Glass Company.
A— Could I speak to Mr Langford, please ? I think he is on extension [2] 16.
R— Yes, that's right. Can you hold on [3] a minute while I put you through [4] ?

....

C— Hello, Charles Langford speaking [5].
A— Hello Charlie ! It's Arthur here. I just thought [6] I'd ring to tell you that everything is OK for Friday. My train gets in at Euston [7] at quarter to nine [8] in the evening.
C— Pardon ? [9]... I don't know about *you* but the line at my end is really bad. I can hardly [10] hear you speak [11]. What did you say ?
A— I said that everything was OK for Friday evening. My train gets in [12] at quarter to nine.
C— Do you want me to pick you up at the station, then ? I gather [13] it's Euston.
A— Yes, that's right. I don't fancy lugging [14] two suitcases around on the underground [15]. Have you got my number, in case anything goes wrong ?
C— To be quite honest I'm not too sure. Won't be a minute [16]. I'll just get a pen and paper [17] to write it down... Arthur, are you still there ?
A— Yes I am. The number is 588.6500. Don't forget to dial the code for Liverpool first. It's 051.
C— All right, then. See you on Friday. Cheerio [18] !
A— Cheers Charlie, and give my regards to Ann !

telephone	[**tè**lifôoun]	hardly	[**ha:**dli]
receptionist	[ri**sèp**chenist]	underground	[**oen**degraound]
extension	[iks**tèn**chen]	dial	[**daï**el]
Euston	[**jou:s**ten]	code	[kôoud]
pardon	[**pa:**den]	cheerio	[**tchi**eriôou]
thought	[so:t]	regards	[ri**ga:dz**]

A : Arthur S : standardiste C : Charlie

A— Allô ?
S— Ici le 436.80.55. Société des Verreries d'Ealing.
A— Pourrais-je parler à M. Langford, s'il vous plaît ? Je pense qu'il est au poste 16.
S— Oui, c'est exact. Ne quittez pas, je vous le passe.

....

C— Allô, Charles Langford à l'appareil.
A— Allô Charlie ! Ici Arthur. Je me suis dit que je t'appellerais pour te dire que ça marche pour vendredi. Mon train arrive à la gare d'Euston à 20 h 45.
C— Pardon ?... Je ne sais pas comment tu me reçois, mais ici là ligne est vraiment mauvaise. Je t'entends très mal. Qu'est-ce que tu disais ?
A— Je disais que c'était d'accord pour vendredi soir. Mon train arrive à 20 h 45.
C— Est-ce que tu veux que j'aille te chercher à la gare ? Je suppose que c'est à Euston que tu arrives ?
A— Oui, c'est bien ça. Ça ne me dit rien de me trimballer avec deux valises dans le métro. Est-ce que tu as mon numéro, au cas où il y aurait contrordre.
C— A vrai dire je n'en suis pas trop sûr. Attends une seconde, je vais chercher un papier et un crayon pour le noter... Arthur, tu es toujours là ?
A— Oui. Mon numéro est le 588.65.00. N'oublie pas de faire d'abord l'indicatif de Liverpool. C'est le 051.
C— Bien. A vendredi, alors. Salut !
A— Salut Charlie, et bonjour à Anne !

Différentes façons de dire « téléphoner ».

- **to ring somebody, to ring sb. up, to phone sb.**
- **to call sb.** est surtout utilisé dans l'expression **to call sb. back,** *rappeler qn.*
- **to give sb. a ring** et surtout **to give sb. a tinkle** sont plus familiers alors que **to give sb. a buzz** est argotique.

1. **4368055, four-three-six-eight-o-double five.** Pour les numéros de téléphone, on prononce chaque chiffre séparément. Pour les années on dira deux chiffres à la fois : 1066 = **ten sixty-six,** sauf pour, par exemple, 1801 = **eighteen-o-one,** 1900 = **nineteen hundred** ou 2000 = **two thousand.** Et pour les dates, le **6.10.83** = **the sixth of the tenth eighty-three.**
2. **extension,** *poste.* C'est littéralement une « extension » du numéro.
3. **to hold on** = **to hold the line,** *ne pas quitter, garder la ligne.*
4. **put you through to s.o** = **put you into contact with s.o,** *vous passer* qqn (i.e. : *mettre en communication avec qqn*).
5. **speaking,** à l'appareil (sous-entendu **who is speaking**).
6. **I just thought (I'd ring** = **I would ring),** lit. *je viens d'avoir l'idée de téléphoner.* Notez l'utilisation du « simple past » avec **just.** C'est à l'action passée (très récemment) et non à ses conséquences que l'on fait référence.
7. **Euston,** gare au nord de Londres.
8. **Quarter to nine :** familier pour **at a quarter to nine.**
9. **Pardon ?** = **I beg your pardon ?** ne s'utilise que quand l'on demande de répéter. Autrement *pardon* se dirait **excuse me !**
10. **hardly,** *à peine,* est un adverbe semi-négatif.
11. **hear you speak,** *vous entendre parler.* L'utilisation de l'infinitif (sans **to**) après **hear** indique que l'on fait référence à la totalité de l'action (c'est-à-dire au sens des paroles) et non, comme dans **hear you speaking** à l'action elle-même (au fait que la personne parle).
12. **my train gets in,** sous-entendu **to the station.**
13. **I gather** = **I suppose,** *je suppose, j'en déduis.*
14. **to lug,** *traîner* (qch de lourd) ; cf. **luggage.**
15. **underground** = **underground railway,** terme générique pour le métro qu'on appelle plus spécifiquement **tube** à Londres, **subway** à New York et **métro** à Paris.
16. **Won't be a minute,** omission de **I** qui raccourcit la phrase et rend linguistiquement l'impression de rapidité.
17. **a pen and paper,** sous-entendu **a piece (sheet) of paper,** *feuille de papier.* **A paper** = *un journal.*
18. **Cheerio** = **cheers,** sympathique salut d'adieu qui peut également se mettre à la fin d'une lettre à un ami.

How to make a phone call

In Britain, you should have no difficulty in finding a public callbox. Firstly there are plenty of them around, all over the country, secondly they are painted red, so you can't miss them, and thirdly they are very likely to work. Ringing from a call-box is different from in France. You lift the receiver and listen for the dialling tone, dial your number and wait for connection.

Once you hear the voice of the person you are calling, insert the necessary coins and off you go ! As your phone call approaches its end, you will hear a series of pips, which means that it is time for you either to insert more money or put the receiver down.

Useful numbers to know are : The Operator 100, Directory Inquiries 192, the International Code 010 and the code for France 33.

Comment téléphoner

En Grande-Bretagne, vous ne devriez pas avoir de difficultés à trouver une cabine téléphonique. Premièrement il y en a des quantités, partout dans le pays, deuxièmement elles sont peintes en rouge, vous ne pouvez donc pas ne pas les voir, et troisièmement elles ont de fortes chances de fonctionner. On ne procède pas de la même façon qu'en France pour téléphoner d'une cabine. Vous décrochez le combiné et attendez la tonalité puis vous composez votre numéro et attendez d'entrer en communication.

Dès que vous entendrez la voix de la personne que vous appelez, introduisez les pièces nécessaires et commencez à parler. Quand votre communication arrivera à son terme, vous entendrez une série de « bips » qui vous indiqueront qu'il est temps pour vous ou bien d'introduire davantage d'argent ou de raccrocher le combiné.

Quelques numéros utiles à connaître, l'opératrice : le 100, les Renseignements : le 192, l'International : le 010 et l'indicatif de la France : le 33.

Stimulated by the interest shown by Queen Victoria for the new invention, the first telephone exchange was opened in London in 1879 with seven or eight subscribers. Several telephone companies were organized in various parts of Great Britain, but in 1880 the British courts held that the telephone system was legally a telegraph system under a previous law which made the telegraph a government monopoly run by the Postmaster General.

The government officials, reluctant to assume the risks involved in developing this new form of communication, issued licences on a royalty basis to several private companies which were later consolidated into a single company. A few municipal telephone systems were also established under licence. As the potentialities of telephone communication began to be appreciated, the government gradually took over the service.

In 1896, the post-office purchased the long-distance lines, and in 1902 it began establishing in London its own local telephone exchanges which were interconnected with those of the privately owned company. Finally, on January 1st, 1912, the post-office acquired all the private telephone properties.

Stimulé par l'intérêt que la reine Victoria avait marqué pour l'invention nouvelle, le premier central téléphonique fut inauguré à Londres en 1879, avec sept ou huit abonnés. Plusieurs compagnies de téléphone furent créées en divers endroits de Grande-Bretagne, mais, en 1880, les tribunaux britanniques jugèrent que, du point de vue légal, le téléphone était une forme de télégraphe, en vertu d'une loi antérieure qui faisait de ce dernier un monopole d'État géré par le ministère des Postes.

L'administration, peu désireuse d'assumer les risques qu'impliquait le développement de ce nouveau mode de communication, accorda des licences sur la base d'une redevance à plusieurs sociétés privées, qui furent par la suite réunies en une seule et unique compagnie. Quelques régies municipales du téléphone furent également créées sous licence. À mesure qu'on percevait mieux les potentialités de la communication par téléphone, l'État reprit peu à peu le service.

En 1896, le ministère des Postes racheta les lignes à longue distance, et en 1902 il commença à installer à Londres ses propres centraux téléphoniques, qui furent interconnectés à ceux de la compagnie privée. Finalement, le 1er janvier 1912, la Poste racheta toutes les installations téléphoniques au secteur privé.

1. Est-ce que je peux laisser un message ?
2. Je voudrais appeler en P.C.V.
3. Qui est à l'appareil ?
4. Ne quittez pas, s'il vous plaît.
5. Je suis désolé, je n'ai pas reconnu votre voix au téléphone.
6. Pouvez-vous lui dire de me rappeler ?
7. Elle n'est pas là actuellement.
8. Ça ne répond pas.
9. Excusez-moi, j'ai fait un mauvais numéro.
10. Il s'est fâché et a raccroché.
11. Pouvez-vous parler plus fort ?
12. Elle n'a pas pu le joindre, c'était occupé.
13. Est-ce que vous êtes sur l'annuaire ?
14. Donne-moi un coup de fil un de ces jours !
15. Vous êtes sur un répondeur automatique. Veuillez, s'il vous plaît, laisser votre nom et votre numéro de téléphone.
16. Tous les appels vers l'extérieur doivent passer par le standard.
17. La prochaine facture de téléphone devrait baisser, car on appelle toujours après 21 h 30, quand c'est moins cher.
18. Il n'y a plus rien sur la ligne, nous avons été coupés.

---

1. **Could I leave a message ?**
2. **I'd like to make a reversed charge call.**
3. **Who's speaking ?**
4. **Hold the line, please.**
5. **I'm sorry, I didn't recognize your voice over the phone.**
6. **Could you tell him to ring me back ?**
7. **She isn't in at the moment.**
8. **There's no answer.**
9. **Sorry, I've got the wrong number.**
10. **He got annoyed and rang off.**
11. **Can you speak up, please ?**
12. **She couldn't get through to him ; it was engaged.**
13. **Are you in the telephone directory ?**
14. **Give me a ring sometime !**
15. **This is an answering machine. Please leave your name and number.**
16. **All external calls have to go via the switch board.**
17. **The next telephone bill should be less expensive because we always phone after 9.30 pm, when it's cheap rate.**
18. **The line's dead, we've been cut off.**

■ Vous devez connaître

to be on the phone, 1) être au téléphone ; 2) avoir le téléphone
hello, allô
extension, poste
hold on ! ne quittez pas !
I'll put you through to X, je vous passe X
Y speaking, Y à l'appareil
to ring s.o. (up), téléphoner à qqn
Pardon ? Pardon ?
hardly, à peine, guère
to pick up, passer prendre
to gather, rassembler ; déduire
to lug, traîner *(qch de lourd)*
underground (tube), métro
in case, au cas où
to write sth down, noter qch
to dial, composer un numéro
code (number), indicatif
cheerio, cheers, au revoir, salut
(best) regards, amitiés
to make a phone call, appeler au téléphone
public callbox, cabine publique
receiver, combiné
dialling tone, tonalité
connection, 1) établissement de la communication ; 2) connexion
to insert, introduire
operator, opérateur(-trice), standardiste
inquiries, renseignements
reversed charge call, appel en P.C.V.
to ring/ call back, rappeler
wrong number, faux numéro
to ring off, raccrocher
the line's engaged, la ligne est occupée
telephone directory, annuaire
answering machine, répondeur
switchboard, pupitre directeur
exchange, central téléphonique
subscriber, abonné
Postmaster General, ministre des P.T.T.
reluctant, réticent
to involve, comporter, impliquer
single, (un) seul, unique
to take over, reprendre ; racheter ; prendre la suite/ le relais
to purchase, acheter, acquérir
privately-owned, *(de droit)* privé
the line's dead, la communication a été coupée
we've been cut off, nous avons été coupés

Vocabulaire complémentaire

coin-box, téléphone public
I had my phone cut off, on m'a coupé le téléphone
STD = subscriber trunk dialling, réseau national *(interurbain)*
telephonist, standardiste
slot, fente *(pour les pièces)*
to hang up, raccrocher
to phone s.o., téléphoner à qqn
to receive a call, recevoir un coup de fil
toll-free number, numéro d'appel gratuit, « numéro vert »
to have the telephone put in, se faire installer le téléphone
phone-card, télécarte
mobile phone, téléphone sans fil

A ■ Lire les chiffres suivants

1. telephone numbers : a) 02 63531. b) 0473 59669. c) 091 426 8877. d) 0602 833162.

2. dates : a) 25.8.51. b) 12.2.42. c) 1.3.79. d) 30.11.63.

3. years : a) 1918. b) 800. c) 1792. d) 1000. e) 1305.

B ■ Traduire en anglais

1. Ne quittez pas, je vous passe M. X.

2. Pardon ? Pourriez-vous parler plus fort ? La ligne est mauvaise.

3. Si vous n'avez pas assez d'argent, essayez d'appeler en P.C.V.

4. Pourriez-vous lui demander de me rappeler après 20 h, s'il vous plaît ?

5. Allô, les renseignements ? Pourriez-vous me donner l'indicatif de Newcastle, je vous prie ?

Corrigé

A ■ 1. a) o-two-six-three-five-three-one.
b) o-four-seven-three-five-nine-double six-nine.
c) o-nine-one-four-two-six-double eight-double seven.
d) o-six-o-two-eight-double three-one-six-two.

2. a) the twenty-fifth of the eighth fifty-one.
b) the twelfth of the second forty-two.
c) the first of the third seventy-nine.
d) the thirtieth of the eleventh sixty-three.

3. a) nineteen eighteen. b) eight hundred.
c) seventeen ninety-two. d) one thousand.
e) thirteen-o-five.

B ■ 1. Hold the line, I'll put you through to Mr X.

2. Pardon ? Could you speak up ? The line is bad.

3. If you don't have enough money, try to make a reversed charge call.

4. Could you ask him to ring me back after 8 pm, please ?

5. Hello, Directory Inquiries ? Could you give me the code for Newcastle, please ?

■ Seeing the doctor

P : Patient D : Doctor

P— Good morning, doctor. I've got a slight problem.
D— Yes, what's the trouble [1] ?
P— Well, I've been feeling [2] a bit run down [3], lately, and my throat and my stomach have been very sore [4]. I just don't know what's up with me [5].
D— Tongue out... Breathe in... Take a deep breath... Breathe out.
P— Is that all right, doctor ?
D— I'd like to take a look at your throat. Say « Aaah » !
P— « Aaah ».
D— That's OK. Can you hold the thermometer [6] in your mouth for a moment... There doesn't seem to be anything serious the matter [7]. Just a nasty case of flu [8] which has lingered on a bit. I'll give you something for it. Are you taking any vitamins at present [9] ?
P— No.
D— I'll prescribe some multivitamins then, as well. Do you want a sick note [10] for your employer ?
P— I could do with one [11]... When do you think I'll be fit [12] enough to go back to work ?
D— I'll give you until Monday. If you're still feeling a bit under the weather [13], come back and see me, and we'll see what can be done. Just stay at home and don't overexert [14] yourself for the next few days, you should be all right.
P— Do you think I should stay in bed, then ?
D— I don't really think that's necessary, you haven't got a temperature [15].

trouble	[troebl]	thermometer	[ṡe**mo**mite]
throat	[srôout]	prescribe	[pris**kraïb**]
stomach	[**stoe**mek]	overexert	[**ôou**veig**ze:t**]
breath	[brèṡ]	necessary	[**nè**siseri]
breathe	[bri:z]	temperature	[**tèm**pritche]

■ En consultation chez le médecin

P : patient D : docteur

P— Bonjour, docteur. J'ai un petit problème.
D— Qu'est-ce qui ne va pas ?
P— Eh bien, je me sens un peu à plat, en ce moment, et j'ai très mal à la gorge et à l'estomac. Je ne sais vraiment pas ce que j'ai.
D— Montrez la langue... Aspirez... Aspirez profondément... Expirez.
P— Ça va, docteur ?
D— Je voudrais voir votre gorge. Dites « Aaah » !
P— « Aaah ».
D— Bien. Pouvez-vous mettre ce thermomètre dans la bouche quelques instants... Il n'y a, apparemment, rien de grave. Simplement une mauvaise grippe qui a traîné un peu. Je vais vous donner quelque chose pour ça. Est-ce que vous prenez des vitamines en ce moment ?
P— Non.
D— Bon, alors, je vais vous prescrire également des multivitamines. Est-ce que vous voulez un certificat de maladie pour votre employeur ?
P— Si c'est possible... Quand pensez-vous que je pourrai reprendre le travail ?
D— Je vous donne jusqu'à lundi. Si vous vous sentez encore un peu faible, revenez me voir et l'on verra ce que l'on peut faire. Restez simplement chez vous et ne vous fatiguez pas trop dans les prochains jours, ça devrait aller.
P— Pensez-vous qu'il faut donc que je reste couché ?
D— Je ne pense vraiment pas que cela soit nécessaire, vous n'avez pas de température.

« An apple a day keeps the doctor away. »
Mangez une pomme par jour et vous n'aurez pas besoin de voir le médecin.

■ Remarques

1. **what's the trouble ?** *où avez-vous mal ?* → **trouble,** *trouble, dérangement* (médical).
2. **I've been feeling...** Notez l'utilisation du « present perfect » qui indique que l'action commencée dans le passé se continue dans le présent, alors que le « simple past » (prétérit) s'utilise chaque fois qu'une action a eu lieu à un moment déterminé du passé, sans prolongement dans le présent.
3. **run down,** *très fatigué,* lit. *sur les genoux* (comme après une course). N'est utilisé dans ce sens que comme adjectif attribut dans **to feel (be) run down.**
4 **sore** (adj.), *douloureux, irrité* → **a sore,** *une plaie ;* **a sore leg** signifie que la chair est à vif, **a pain in the leg** désigne une douleur (interne) dans la jambe ; **ache,** douleur persistante → **to have a backache,** *avoir mal au dos,* **a pain in the back,** *une douleur dans le dos.*
5 **what's up with me,** *ce qui se passe en moi.*
6. **thermometer,** la façon habituelle qu'ont les Français de prendre leur température est inimaginable pour un Anglais qui trouve cela très choquant.
7. **There doesn't seem to be anything serious the matter,** lit. *il ne semble y avoir rien de grave.* Cf. **there is nothing the matter with me,** *je n'ai rien.*
8. **a case of flu,** lit. *un cas de grippe,* **flu** est l'abréviation de **influenza,** terme médical en français aussi.
9. **at present** = **at the present time,** *actuellement.*
10. **a sick note,** *certificat médical,* on dit familièrement **to be on the sick,** *en arrêt de maladie.*
11. **I could do with one,** *ça pourrait m'être utile.* Un bel exemple ici de la pratique anglaise de l'euphémisme appelé « understatement ».
12. **to be fit,** *être en bonne santé.*
13. **to feel under the weather,** *ne pas être en forme.* Cette expression météorologique est d'origine nautique et américaine et signifie mot à mot « bout au vent ».
14. **to overexert,** *surmener, fatiguer outre mesure.*
15. **to have a temperature,** *avoir de la température* → **a high (slight) temperature,** *beaucoup (un peu) de température.*

The National Health Service (N.H.S.) was founded in Britain in 1945-1946, under the first Labour government of Clement Attlee, just after the 2nd World War, although moves had been made to reorganise the social structure of Britain since 1942. The aim of the N.H.S was to provide free health care for all British citizens, and thus improve the quality of life for everybody. It is financed by national insurance contributions from both employees and employers, and forms an integral part of the Welfare state.

Private medicine does exist, but the vast majority of British people prefer to receive treatment from N.H.S doctors, opticians and dentists.

The N.H.S. however is not to be confused with Social Security, which is a term describing the financial help which people in need receive from the state. People, therefore, can receive free N.H.S. treatment without being on Social Security.

Le Service National de Santé (N.H.S.) a été fondé en 1945-1946, sous le premier gouvernement travailliste de Clement Attlee, juste après la Seconde Guerre mondiale, bien que des tentatives pour réorganiser la structure sociale du pays aient été faites dès 1942. Le but du N.H.S. était de donner les soins de santé gratuitement à tout citoyen britannique et d'améliorer ainsi la vie de tous. Il est financé par les cotisations d'assurance sociale à la fois des employés et des employeurs, et forme une partie intégrante de « l'État providence ».

La médecine privée existe aussi, mais la grande majorité des Britanniques préfère s'adresser aux médecins, opticiens et dentistes du N.H.S.

Toutefois le N.H.S. ne doit pas être confondu avec la « Sécurité sociale » qui, en Angleterre, est un terme qui désigne exclusivement l'aide financière que les gens dans le besoin reçoivent de l'État. On peut donc recevoir un service de santé gratuit sans bénéficier de la « Sécurité sociale ».

Dental advice for British subjects

Very few people go to the dentist's if they can avoid it, but once you begin to have toothache or notice signs of tooth decay, you tend to change your mind ! Once you have chosen a dentist, phone the surgery or go there to make an appointment. Say that you want National Health Service treatment.

If you don't do this, you could be treated as a private patient and asked to pay the full cost of the treatment. Give the dentist your N.H.S number — it's on your medical card. Everyone gets check-ups free and people on a low income don't have to pay anything at all.

If that is not your case, you may well have to contribute to the cost of fillings, extractions, crowns, bridges and dentures.

A dentist may also ask you what sort of anaesthetic you require : cocaine, gas or an injection, if a local anaesthetic is not desired.

Conseils aux citoyens britanniques pour les soins dentaires

Très peu de gens vont chez le dentiste s'ils peuvent l'éviter, mais dès que vous commencez à avoir mal aux dents ou à remarquer des signes de carie, vous tendez à changer d'avis ! Quand vous avez choisi un dentiste, téléphonez à son cabinet ou allez-y pour prendre rendez-vous. Précisez que vous voulez un traitement couvert par le Service National de Santé.

Si vous ne le faites pas, vous serez considéré comme un patient privé et l'on vous demandera de payer l'ensemble des soins. Donnez au dentiste votre numéro de sécurité sociale qui se trouve sur votre carte. Les examens sont gratuits pour tous, et ceux qui ont un revenu modeste bénéficient de la gratuité des soins.

Si ce n'est pas votre cas, on peut vous demander une participation financière pour les plombages, extractions, couronnes, bridges et dentiers.

Si vous refusez une anesthésie locale, le dentiste peut aussi vous demander quel type d'anesthésiant vous voulez : cocaïne, gaz ou piqûre, si vous ne voulez pas d'anesthésie locale.

1. Je voudrais m'inscrire sur la liste comme patient temporaire.
2. J'ai de terribles brûlures d'estomac.
3. J'ai une assurance-maladie privée.
4. Pourriez-vous appeler le docteur, c'est une urgence.
5. Est-ce que tous les actes médicaux sont gratuits pour les étrangers ?
6. Il a été admis à l'hôpital.
7. Je vais vous envoyer à la radio.
8. Je pense qu'il vaudrait mieux voir un spécialiste.
9. Est-ce que vous suivez actuellement un traitement particulier ?
10. Je suis allergique aux antibiotiques.
11. J'ai été vacciné contre la variole.
12. J'ai des vertiges.
13. Je suis sûr que j'ai trop de tension.
14. J'ai des insomnies.
15. Comment allez-vous ? Vous n'avez pas l'air très bien.
16. Je prendrais une aspirine et je me coucherais si j'étais vous.
17. Espérons que vous vous remettrez vite !
18. Il a fallu l'opérer la semaine dernière.
19. Elle se rétablit très lentement.

---

1. **I'd like to register with the doctor as a temporary patient.**
2. **I've got terrible heartburn.**
3. **I'm in a private insurance scheme.**
4. **Could you call a doctor — it's an emergency.**
5. **Is medical treatment free for foreigners ?**
6. **He has been admitted to hospital.**
7. **I'll send you for an X-ray.**
8. **I think you'd better see a specialist.**
9. **Are you being treated for anything in particular at present ?**
10. **I'm allergic to antibiotics.**
11. **I've been vaccinated against smallpox.**
12. **I have dizzy spells.**
13. **I'm sure I've got high blood pressure.**
14. **I'm having trouble sleeping.**
15. **How are you feeling ? You don't look very well.**
16. **I'd take an aspirin and lie down, if I were you.**
17. **Let's hope you soon get better.**
18. **He had to have an operation last week.**
19. **She is slowly getting better.**

■ Vous devez connaître

to feel run down, se sentir à plat
throat, gorge
stomach, estomac, ventre
sore *(adj.),* douloureux, qui fait mal
to breathe in, inspirer
to breathe out, expirer
to overexert oneself, s'éreinter, se surmener
to have a temperature, avoir de la température
toothache, mal de dents
tooth decay, carie
surgery, cabinet médical
a check-up, un examen complet
appointment, rendez-vous
thermometer, thermomètre
nasty, mauvais, méchant
flu, grippe
to linger on (sickness) traîner *(maladie)*
sick note, certificat de maladie
to be fit, être en bonne santé
filling, plombage
crown, couronne
dentures, dentier
injection, piqûre
emergency, urgence
blood pressure, tension
to recover, guérir, se remettre

Vocabulaire complémentaire

ailment, indisposition, maladie
boil, furoncle
bug, microbe
contagious disease, maladie contagieuse
to cough, tousser
food poisoning, empoisonnement alimentaire
to freeze the gum, insensibiliser la gencive
General Practitioner (G.P.), médecin généraliste
germ, microbe
gums, gencives
headache, mal de tête
indigestion, indigestion
lozenge, tablette
lump, grosseur
measles, rougeole
mumps oreillons
nervous breakdown, dépression nerveuse
physician, médecin
pill, pillule
rash, éruption cutanée
to sprain ou **to twist one's ankle,** se fouler la cheville
stomach ache, mal au ventre
surgeon, chirurgien
surgery, chirurgie
to swell, enfler
syrup, sirop
wrist sprain, foulure du poignet

ill et **sick** :
to be ill : *être malade ;* **to be/feel sick** : *se sentir mal ;*
to fall sick, to be taken ill : *tomber malade*
illness, sickness : *maladie*
Attention à la différence entre **sick,** qui peut n'indiquer qu'une maladie ou un malaise temporaire (**to be seasick,** *avoir le mal de mer*) et **ill,** plus chronique ou d'origine microbienne. Cependant pour *les malades* on dira : **the sick** ; *un malade :* **a sick person** (ou **a patient**). C'est **sick** qu'on emploie pour indiquer le dégoût : **I'm sick of it (him, her, you...).** **Ill** ne peut s'employer que comme attribut.

A ■ Complétez

1. I've got a ... arm. It hurts !
2. Oh dear ! You look a bit ... down. What's up with you ?
3. Can I make an ... to see the doctor, please ?
4. Are you ... to penicillin ? Because if you are, I'll give you something else.
5. The doctor gave her a ... for her employer.

B ■ Mettre les verbes au « present perfect » ou au « simple past »

1. I (go) to the doctor last week.
2. His ankle (swell) when he (fall).
3. Doctor, look at my ankle ! It (swell).
4. I (have) a continuous headache for the last three days.
5. He (suffer) from smallpox at the age of six.

C ■ Traduire en anglais

1. J'ai mal à la gorge.
2. Je me suis fait arracher deux dents hier.
3. Revenez me voir quand vous irez bien !
4. Il faut rester couché pendant une semaine si vous avez la grippe.
5. J'ai terriblement mal au dos depuis quelque temps.

D ■ Lecture

A medical student

In January, he was assigned to the surgical department. He had to attend lectures from nine to ten, then he went into the wards ; there wounds had to be dressed, stitches taken out, bandages renewed.

Corrigé

A ■ 1. sore. **2.** run. **3.** appointment. **4.** allergic. **5.** sick-note.

B ■ 1. went. **2.** swelled when he fell. **3.** has swollen. **4.** have had. **5.** suffered.

C ■ 1. I've got a sore throat.
2. I had two teeth pulled out yesterday.
3. Come back and see me when you are fit !
4. You have to stay in bed for a week if you have flu.
5. I've had terrible backache lately.

D ■ Un étudiant en médecine

En janvier, il fut affecté au service de chirurgie. Il devait assister à des cours (conférences) de 9 à 10, puis il se rendait dans les salles ; là il y avait des plaies à panser, des agrafes à retirer, des pansements à renouveler (changer).

■ At the chemist's

C : Chemist L : Lady

C— Yes, madam ?

L— Do you have anything for a sore throat and a runny nose[1] ?

C— Is it for you or for somebody else[2] ?

L— It's for me. I've got a bit of a[3] cold and I didn't think it was worth bothering the doctor. Could you mix me up a bottle or something ?

C— Are you taking any other medicine[4] at the moment ?

L— Well, I'm on two tablets[5] a day for my rheumatism, but I don't think they're very strong.

C— Oh no, that's only a minor[6] thing. What I really meant was are you under a doctor's supervision[7] for anything serious ?

L— No, not that I know of[8].

C— I'll give you some cough medicine then — one teaspoon[9] to be taken four times a day —, a packet of throat lozenges[10] to suck whenever you feel like and a nasal spray[11] to clear your nose. If the symptoms persist you really should go and see a doctor, you know. You can never be too sure in winter.

L— Are there any instructions for the nasal spray ?

C— No, it's up to you. Generally it's very effective. You only need to use it for a couple of days. I've never had anybody yet who has come back and complained. Is that all ?

L— Well, I was wondering if you, perhaps, had anything for my lips, they're a bit chapped[12]. It's through[13] blowing my nose a lot. In fact, all the skin around my mouth is pretty rough.

C— Will this ointment[14] do ? Rub it in, morning and evening[15].

L— Well, if you say so... That will be all.

C— Don't worry if you feel a bit sleepy for the next few days. It's only the cough medicine doing its job... That will be £ 2.17, please.

chemist	[**kè**mist]	**rheumatism**	[**rou:**metizem]
sore	[so:]	**cough**	[kof]
throat	[śrôout]	**effective**	[i**fèk**tiv]
medicine	[**mèd**sin]	**chapped**	[tchapt]
supervision	[siou:pe**vi**jen]	**nasal**	[**nèï**zel]
tablets	[**ta**blits]	**ointment**	[**oïnt**ment]

P : pharmacien D : dame

P— Oui, madame ?

D— Auriez-vous quelque chose pour un mal de gorge et un nez qui coule ?

P— Est-ce que c'est pour vous ?

D— Oui, c'est pour moi. J'ai un petit rhume et je ne pensais pas que ça valait la peine de déranger le médecin pour ça. Pourriez-vous me préparer ou me donner quelque chose ?

P— Vous prenez d'autres médicaments en ce moment ?

D— Eh bien, je prends deux cachets par jour pour mes rhumatismes, mais je ne pense pas qu'ils soient très forts.

P— Oh non, ce n'est pas grand-chose. Ce que je voulais dire en réalité, c'est : est-ce que vous suivez un traitement pour quelque chose de grave ?

D— Non, pas que je sache.

P— Alors, je vais vous donner du sirop — une cuillerée à café 4 fois par jour —, une boîte de pastilles pour la gorge, à sucer quand vous en avez envie, et un pulvérisateur nasal pour dégager le nez. Si les symptômes persistent, vous devriez voir le docteur. On ne sait jamais en hiver.

D— Comment faut-il utiliser le pulvérisateur ?

P— C'est comme vous voulez. C'est en général assez efficace. Vous n'avez besoin de l'utiliser que pour quelques jours. Je n'ai encore jamais eu personne qui revenait se plaindre. Est-ce que c'est tout ?

D— Eh bien, je me demandais si vous aviez quelque chose pour mes lèvres, elles sont légèrement gercées. C'est à force de me moucher, en fait, la peau autour des lèvres est irritée.

P— Est-ce que cette crème ira ? Mettez-en matin et soir.

D— Bien, je ferai comme ça... Ça sera tout.

P— Ne vous inquiétez pas si vous avez envie de dormir dans les prochains jours. C'est seulement le sirop qui agit... Ça fera 2,17 livres, s'il vous plaît.

■ Remarques

1. **a runny nose,** *le nez qui coule ;* cf. **my nose is running,** *mon nez coule ;* **runny** indique la tendance à couler. On pourra dire par exemple : **the cheese is all runny,** *le fromage est coulant.*
2. **for you or for somebody else,** lit. : *pour vous ou pour quelqu'un d'autre.* Par une précision qui paraît redondante en français, le pharmacien s'assure que le médicament n'est pas, par exemple, pour un enfant.
3. **a bit of a cold,** *un léger rhume.* On emploie **a bit of** devant un nom et **a bit** devant un adjectif. Tous deux peuvent être remplacés par **a little.** L'article **a** est indispensable pour indiquer qu'il s'agit du substantif et non de l'adjectif **cold.**
4. **medicine,** 1) *la médecine,* 2) *les médicaments* (coll.) ou *un médicament.* C'est ainsi que **cough medicine** désigne le *sirop* (médicament contre la toux) et que l'on réserve le mot **syrup** au *sirop utilisé en cuisine* ou en confiserie (cf. **maple syrup,** *sirop d'érable*).
5. **tablet,** *comprimé, cachet.*
6. **minor thing,** lit. *chose de peu d'importance.*
7. **to be under a doctor's supervision,** *être sous la surveillance d'un médecin.*
8. **not that I know of,** *pas que je sache.* Notez la construction signifiant **I am not, as far as I know,** *je ne le suis pas autant que je sache,* ou **If I am, I don't know of it,** *si je le suis, je ne le sais pas.*
9. **teaspoon,** cuiller à café dont la contenance est en principe de 5 ml, il en faut 3 pour remplir une cuiller à dessert *(dessertspoon)* et 6 pour une grande cuiller *(tablespoon).* La cuiller à soupe *(soupspoon)* ne sert pas de mesure. Notez *cuillerée* = **teaspoonful.**
10. **throat lozenges,** *pastilles pour la gorge* (n'ont pas forcément la forme que leur nom indique) = **pastilles.**
11. **nasal spray,** *pulvérisateur nasal* = **to spray,** *pulvériser, vaporiser.*
12. **chapped lips,** *lèvres gercées.*
13. **It's through blowing my nose,** *à force de me moucher,* **through** : par l'action de (qch, qn).
14. **ointment,** *pommade, crème* (pour la peau) ; cf. onguent.
15. **morning and evening,** *matin et soir.* Omission de l'article dans le style du mode d'emploi qu'on peut lire sur les boîtes de médicaments.

Are you hypochondriac ? (Yes/No)

1. Are you a fan of medical programmes on TV ?
2. At the slightest sign of illness, do you fear that you are going to be seriously ill ?
3. Do you seem to be off colour more often than most people you know ?
4. Do you usually talk about your own health problems with other people ?
5. Do you keep a regular check on your health ?
6. Is the medicine cabinet full of drugs in case you are ill ?
7. Do you consider yourself to be a healthy or an unhealthy person ?
8. Do you see the doctor when you feel unwell ?
9. Do you ever cancel engagements through illness ?
10. Do you ever refuse to take certain medicines ?

Êtes-vous un malade imaginaire ?

1. Vous passionnez-vous pour les émissions médicales à la télé ?
2. Au moindre signe de maladie, craignez-vous d'être gravement atteint ?
3. Avez-vous l'impression d'être moins souvent dans votre assiette que la plupart des gens que vous connaissez ?
4. Parlez-vous souvent de vos problèmes de santé avec les autres ?
5. Contrôlez-vous régulièrement votre état de santé ?
6. Votre armoire à pharmacie est-elle pleine de médicaments au cas où vous seriez malade ?
7. Vous considérez-vous comme une personne en bonne ou en mauvaise santé ?
8. Voyez-vous le médecin chaque fois que vous vous sentez mal ?
9. Vous arrive-t-il d'annuler un rendez-vous parce que vous êtes malade ?
10. Est-ce qu'il vous arrive de refuser de prendre certains médicaments ?

Stress

Considered by many to be the disease of modern times, stress affects almost everybody in different ways. People often become irritable for no reason, feel that they suddenly can't cope, take it out on other people and have the impression that they are on the verge of collapsing. Stress is due to overwork, financial problems, strained personal relations or the demands of everyday living.

In most cases « stress » is the combination of several factors. Nobody knows exactly how to beat anxiety and depression. Some doctors prescribe pick-me-ups or tranquillizers, others claim that we should learn to relax, show our feelings and let ourselves go once in a while.

Problems are part and parcel of everybody's lives ; the only obstacle is knowing how to solve them. Living within our capacities and not dwelling on our failures or deficiencies is perhaps a step in the right direction.

La tension nerveuse

Considérée par beaucoup comme la maladie des temps modernes, la tension nerveuse affecte presque tout le monde de différentes façons. Les gens deviennent souvent irritables sans raison, se sentent soudain incapables de faire face, en veulent aux autres et ont l'impression qu'ils sont au bord de l'effondrement. La tension nerveuse est due au surmenage, à des problèmes financiers, à des relations personnelles tendues ou aux exigences de la vie quotidienne.

Dans la plupart des cas, la tension nerveuse résulte de la combinaison de plusieurs facteurs. Personne ne sait exactement comment combattre l'angoisse et la dépression. Certains docteurs prescrivent des fortifiants ou des tranquillisants, d'autres déclarent que l'on devrait apprendre à se détendre, extérioriser ses sentiments et se défouler de temps en temps.

Les problèmes font partie de la vie de tout un chacun, le seul obstacle est de savoir comment les résoudre. Vivre selon ses capacités et ne pas s'attarder sur ses échecs ou ses faiblesses est, peut-être, un pas dans la bonne direction.

1. Tiens, prends un mouchoir en papier !
2. Un paquet de bâtonnets ouatés, s'il vous plaît.
3. J'ai dû faire une analyse d'urine.
4. J'ai besoin d'un fortifiant pour me remonter.
5. Pardon, pourriez-vous me dire s'il y a une pharmacie de garde ?
6. Désolé, mais ce médicament ne peut être délivré que sur ordonnance.
7. Pouvez-vous me donner ce qui est sur cette ordonnance ?
8. Les cachets et l'alcool sont, en général, incompatibles.
9. Ne pas dépasser la dose prescrite.
10. Si tu cherches de l'éther, regarde dans l'armoire à pharmacie.
11. Ne laissez pas les médicaments à la portée des enfants.
12. Elle doit être complètement droguée avec tous les médicaments qu'elle prend.
13. Je suis content de savoir que vous allez mieux.
14. Vite ! Allez me chercher des pansements !
15. J'ai une écharde dans le doigt.

---

1. **Here, take a paper hanky !**
2. **A packet of cotton tips, please.**
3. **I had to give a urine sample.**
4. **I need a tonic to boost me up.**
5. **Excuse me, do you know if there is a chemist that is open outside normal hours ?**
6. **Sorry, but this article can only be given with a doctor's prescription.**
7. **I'd like this prescription made up, please.**
8. **Tablets and alcohol generally don't go well together.**
9. **Don't exceed the prescribed dose.**
10. **If you're looking for some ether, it's in the medicine cabinet.**
11. **Medicine should be kept out of the reach of children.**
12. **She must be drugged up to the eyeballs with all the medicine she takes.**
13. **I'm glad you're feeling better now.**
14. **Quick ! Go and get me some bandages !**
15. **I've got a splinter in my finger.**

Vous devez connaître

chemist, pharmacien
chemist's, pharmacie
runny nose, nez qui coule
tablet, cachet
to mix up a bottle, faire une préparation *(flacon)*
cough medicine, sirop contre la toux
teaspoon, cuiller à café
throat lozenges, pastilles pour la gorge
nasal spray, pulvérisateur nasal
to clear the nose, dégager le nez
effective, efficace
chapped lips, lèvres gercées
to blow one's nose, se moucher
hyponchondriac, malade imaginaire
to be off-colour, être mal fichu
medicine cabinet, armoire à pharmacie
healthy, en bonne santé
unhealthy, en mauvaise santé
unwell, souffrant
to cancel, annuler
out and out, total, parfait
stress, tension nerveuse
to cope with, faire face à
to take it out on someone, en vouloir à quelqu'un
on the verge of, au bord de
to collapse, s'effondrer
prescription, ordonnance

Vocabulaire complémentaire

antibiotics, antibiotiques
antibody, anticorps
antidote, antidote
antiseptic, antiseptique
bandage, pansement
to be stressed, avoir les nerfs à fleur de peau, être tendu
cell, cellule
cotton wool, ouate
eye bath, bain d'œil
first aid, premier secours
to have a leg in plaster, avoir une jambe dans le plâtre
to have an arm in a sling, avoir le bras en écharpe
herbalist, herboriste
herbal tea, tisane
inhaler, inhalateur
injection, piqûre
mouthwash, bain de bouche
nappies, couches
penicillin, pénicilline
pep pills, euphorisants
plaster :
1. **sticking-plaster,** sparadrap
2. **plaster cast,** plâtre
sedative, calmant
sleeping pills, somnifères
to sniffle, renifler
suppository, suppositoire
talcum powder, talc
vaccination, vaccination

A ■ Complétez

1. Here is my ... . Can you give me the medicine now or do I have to wait ?
2. What do the ... say ? — One tablet to be taken three times a day.
3. I'll go to the chemist's and get you a bottle of ... ... for your cold.
4. I don't know if I've got any aspirins. I'll look in the medicine... .
5. I am ... two tablets a day.

B ■ Traduire

1. J'ai très mal à la gorge. Pouvez-vous me donner des pastilles ?
2. Vous avez les mains gercées, vous devriez mettre de la crème.
3. Prends ce mouchoir en papier et mouche-toi !
4. Quand on se coupe, il faut nettoyer la coupure avec un antiseptique et mettre un sparadrap.
5. J'ai les nerfs à fleur de peau. Je prends des tranquillisants mais je n'arrive pas à me détendre.

C ■ Parmi les mots suivants, quels sont ceux dans lesquels on trouve le son vocalique [oe] ?

1. runny **2.** throat **3.** through **4.** cough **5.** around **6.** mouth **7.** rough **8.** doctor **9.** rheumatism **10.** could **11.** couple **12.** serious **13.** should **14.** rub.

Corrigé

A ■ 1. prescription **2.** instructions
3. cough medicine **4.** cabinet **5.** on

B ■ 1. I've got a terrible sore throat. Could you give me some lozenges (pastilles) ?
2. You've got chapped hands, you should put ointment on them.
3. Here, take this paper hanky and blow your nose !
4. If you cut yourself, you should clean the cut with an antiseptic and put a plaster on it.
5. I am stressed. I'm taking tranquillisers but I can't relax.

C ■ [oe] dans **1.** [**roe**ni] **7.** [roef] **11.** [koepl] et **14.** [roeb]
N.B. : **2.** [srôout] **3.** [sru:] **4.** [kof] **5.** [e**raound**] **6.** [maous] **8.** [**dok**te] **9.** [**ru:**metizem]
10. [koud] **12.** [**sie**ries] **13.** [choud]

■ Party-going

B : Boy G : Girl

B— Do you know anyone here ?
G— Well, I know a few[1] people and I've seen the odd face[2] here and there but most of them[3] are complete strangers[4] to me. What about you ?
B— Oh, I'm a gatecrasher[5]. Somebody told me, in the pub, that there was a party on at number forty-six, so I stopped off[6] along the way and bought some cans[7] from the off-licence[8]... Aren't you drinking ?
G— No, you can't get near the kitchen, there's[9] too many people. Anyway there will only be cider left. It's always the same at students' parties !
B— Are you alone ?
G— Not really. I came with a friend but she's not feeling too well at the moment. She's not used to mixing[10] her drinks ; the last time I saw her she was sitting outside, taking a breath of fresh air.
B— Charming for some, isn't it ?... Do you want to dance ?
G— Oh no... Let's wait for some good music to come on[11]. I don't know who chose the records but they[12] haven't got much taste.
B— You're right. It's all a bit dated[13], isn't it ? God knows where they dug[14] them up from. Still, it's a good way[15] of getting rid of your guests, isn't it ?... Do you want me to go and see if there *is* anything left to drink ?
G— Well, if you want. Anything other than cider and beer.
B— I'll see if there are any paper cups hanging around as well.
G— Oh, it's all right. I've got a glass. Here, take it ! It needs washing.
B— OK, then. I'll be back in a minute.

party	[**pa:**til]	records	[**rè**ko:dz]
stranger	[**strèÎn**dje]	music	[**miou**zik]
gatecrasher	[**geÎt**krache]	dated	[**dèÎ**tid]
dance	[**da:ns**]	dug	[doeg]
feeling	[**fi:**liŋ]	cider	[**saÎ**de]
charming	[**tcha:**miŋ]	around	[**e**raound]

G : garçon F : fille

G— Tu connais des gens ici ?

F— Oh, j'en connais quelques-uns et il y a des têtes, par-ci par-là, qui ne me sont pas inconnues, mais la plupart d'entre eux, je ne les ai jamais vus. Et toi ?

G— Moi, je me suis invité moi-même. Quelqu'un m'a dit, au pub, qu'il y avait une « boum » au numéro 46, c'est pourquoi je me suis arrêté au passage chez un marchand de boissons et j'ai acheté quelques boîtes de bière... Tu ne bois pas ?

F— Non, on ne peut pas approcher la cuisine, il y a trop de monde. De toute façon, il ne doit rester que du cidre. C'est toujours pareil dans les « boums » d'étudiants.

G— Tu es seule ?

F— Pas vraiment. Je suis venue avec une copine mais, pour l'instant, elle ne se sent pas trop bien. Elle n'a pas l'habitude de faire des mélanges. La dernière fois que je l'ai vue, elle était assise dehors, en train de prendre l'air.

G— C'est fou comme certains s'amusent !... Tu veux danser ?

F— Oh non... Attendons qu'ils mettent de la bonne musique. Je ne sais pas qui a choisi les disques, mais il n'a pas beaucoup de goût.

G— T'as raison. Ce sont tous de vieux machins. Je ne sais vraiment pas où ils sont allés les pêcher. Enfin, c'est un bon moyen de se débarrasser de ses invités, hein ?... Tu veux que j'aille voir s'il reste quand même quelque chose à boire ?

F— Bon, si tu veux. Tout sauf du cidre et de la bière !

G— Je vais voir aussi s'il y a des gobelets en carton qui traînent quelque part.

F— Oh, ça va. J'ai un verre. Tiens ! Il faut le laver.

G— D'accord, je reviens tout de suite.

1. **a few,** *quelques, un peu.* Pour indiquer une petite quantité on utilise **a few** devant les noms pluriels et **a little** devant les noms singuliers (indénombrables). Attention : **few** = *peu de* (+ pluriel).
2. **odd face,** *une tête par-ci par-là,* **odd** c'est, au sens premier, ce qui reste quand on a divisé par deux. D'où 1) *impair* (chiffre) ; 2) *dépareillé, quelconque ;* 3) *non usuel ;* 4) *excentrique, bizarre.*
3. **most of them,** *la plupart d'entre eux.* On utilise **of** devant le pronom, mais on dirait **most people,** *la plupart des gens.*
4. **stranger,** *étranger, inconnu.* Différent de **foreigner,** *d'un pays étranger.*
5. **a gatecrasher,** *resquilleur.* C'est celui qui « passe au-dessus de la barrière » pour voir, sans avoir payé, et donc qui va à une réception sans y être invité. N.B. le verbe **to gatecrash.**
6. **I stopped off,** *je me suis arrêté.* **Off** indique l'interruption momentanée d'un trajet, d'où son sens de *faire escale.*
7. **can,** *boîte métallique,* hermétiquement close et contenant, en général, des boissons gazeuses ; ici probablement de la bière car c'est presque toujours des boissons alcoolisées que l'on apporte.
8. **off-licence,** magasin vendant des boissons alcoolisées à boire hors des locaux (**off the premises**) et avec les mêmes heures d'ouverture que les pubs.
9. **there's too many people :** on notera l'utilisation du singulier dans la langue parlée là où l'on attendrait **« there are ».**
10. **mixing her drinks,** *faire des mélanges* (d'alcool).
11. **for some good music to come on,** *que vienne de la bonne musique ;* sous-entendu **to come on the record-player** (comme on dit **come on the radio**).
12. **who chose but they haven't got.** Notez comment **who** peut être repris par le pronom pluriel **they.**
13. **dated,** *qui date*
14. **where they dug them up from,** *d'où ils ont été les extraire.* **To dig, dug, dug,** *creuser,* donne l'impression qu'il s'agit de fouilles archéologiques !
15. **a good way of getting rid** = **a good way to get rid,** *une bonne façon de se débarrasser.*

When you are introduced to somebody, that person will say « **How do you do** ? ». This is not meant as a real question concerning your health or the way you feel. You are simply supposed to answer in kind « **How do you do** » or « **Pleased to meet you** ».

When meeting somebody you already know, even though it is only the second time you meet, the normal phrase to be used is « **How are you** ? », the standard answer being « **(I'm) Fine, thank you** » , or « **Hello** » if you are on more familiar terms.

Mister and Mistress /misiz/ are **always** written in abbreviated form, and should not be used without a family name : **Mr Stevenson, Mrs Fairfax**. Never address anyone by his family name only, the way it is occasionally done in French. Being on a first name basis between acquaintances and colleagues is more natural in Britain than in France, although not so automatic as in the U.S., and is the nearest equivalent to French *tutoiement*.

Bonjour will be **Good morning, Good afternoon, Good evening,** depending on the time of day - teatime being the dividing line between afternoon and evening. *Ce soir* will in most cases be **tonight.**

Lorsque vous rencontrerez quelqu'un pour la première fois, votre interlocuteur vous dira : « (Je suis) Enchanté de faire votre connaissance ». Il ne s'agira donc pas de vous interroger sur votre santé ou vos sentiments. Vous êtes supposé répondre, en substance : « Moi de même » ou « Egalement ».

Lors d'une rencontre avec quelqu'un que vous connaissez déjà, même si c'est la deuxième fois que vous vous voyez, l'expression qu'on utilise d'ordinaire est « Comment allez-vous ? (la réponse-type étant : « Je vais bien, merci »), ou bien « Comment va ? », « Salut ! », si vous êtes familiers.

Mister et Mistress sont toujours abrégés, et sont toujours suivis du nom de famille : Mr Stevenson, Mrs Fairfax. N'appelez jamais quelqu'un par son seul nom de famille, comme cela se fait à l'occasion en français. Le fait d'appeler par leur prénom les relations et les collègues est plus naturel en Grande-Bretagne qu'en France, encore que moins systématique qu'aux Etats-Unis, et représente le plus proche équivalent du tutoiement.

Bonjour sera, selon le moment de la journée, **Good morning, Good afternoon, Good evening,** l'heure du thé séparant l'après-midi de la soirée. Dans la plupart des cas, ce *soir* sera **tonight.**

Party-going is a common occurrence in Britain. Everybody is expected to bring a bottle, very little food is provided (generally light snacks such as crisps, nuts and sandwiches) and parties have a tendency to be large, often exceedingly informal affairs.

You can have a party for a special event (e.g. : a birthday or a wedding anniversary), or just for the fun of it (e.g. : a fancy-dress party). Everybody, of course, has a party at new year, which begins at midnight with the ritual of kissing under the mistletoe and letting the new year in (a dark-haired stranger is required to open the door of every room and herald the year to come).

Older people prefer intimate get-togethers, younger ones meet in the pub beforehand and invite anyone they talk to. Students'parties in particular carry on until the early hours of the morning, beginning late and ending late ; gatecrashers are a regular problem.

Les sorties en « boum » sont une habitude en Grande-Bretagne. On s'attend que chacun amène une bouteille et il y a peu à manger (en général de simples en-cas tels que chips, cacahuètes et sandwiches) et les soirées ont tendance à être des réunions regroupant beaucoup de monde et souvent d'une très grande familiarité.

On peut organiser une soirée pour fêter un événement particulier (tel que anniversaire ou anniversaire de mariage), ou simplement pour le plaisir (comme une soirée costumée). Tout le monde, bien sûr, fait la fête à la nouvelle année, après minuit, avec le traditionnel baiser sous le gui et le rituel qui consiste à laisser entrer la nouvelle année (un inconnu à cheveux bruns doit ouvrir les portes de chaque pièce pour accueillir l'an nouveau).

Les gens d'un certain âge préfèrent les réunions intimes, les plus jeunes se donnent rendez-vous au « pub » et y invitent tous ceux à qui ils parlent. Les « boums » d'étudiants, en particulier, se continuent jusqu'aux premières heures de l'aube, commençant et finissant tard ; le problème des gens qui viennent sans être invités se pose régulièrement.

1. Je me suis vraiment bien amusé, c'était une fête très réussie !
2. As-tu pensé à acheter un cadeau à Louise ?
3. Je fête mon anniversaire vendredi soir, tu es cordialement invité !
4. Je vous prie de m'excuser, mais je ne pourrai pas venir.
5. Bonne année !
6. Pourriez-vous faire un peu moins de bruit ? Je n'arrive pas à dormir.
7. Je suis vraiment désolé mais je ne me rendais pas compte qu'on vous dérangeait.
8. Merci, mais ce n'était pas la peine d'acheter des fleurs !
9. Ne t'en fais pas ! Je te reconduirai.
10. Merci d'être venu !
11. Au plaisir !
12. Est-ce que je peux vous aider à nettoyer ?
13. Merci beaucoup de votre hospitalité !
14. Est-ce que tu peux changer de disque ?
15. La soirée est plutôt morne.
16. Une soirée entre amis peut vous coûter cher si vous et vos invités devenez trop bruyants.

---

1. **I really enjoyed myself. It was a smashing party !**
2. **Did you think of buying Louise a present ?**
3. **I'm having a birthday party on Friday night — you're welcome to come, if you want.**
4. **I'm awfully sorry but I won't be able to come.**
5. **Happy New Year !**
6. **Could you make a bit less noise, please ? I'm trying to sleep.**
7. **I'm really sorry, but I didn't realize we were disturbing you.**
8. **Oh thank you, but you shouldn't have bought flowers.**
9. **Don't worry ! I'll drive you home.**
10. **Thanks for coming !**
11. **See you around sometime !**
12. **Do you want any help cleaning up ?**
13. **Thanks a lot for your hospitality !**
14. **Can you put another record on ?**
15. **The party is rather dead.**
16. **A party for a few friends can cost you dear if you and your guests get too boisterous.**

party, 1) groupe ; réunion, soirée, « boum », réception, etc. ; 2) parti
stranger, inconnu
gatecrasher, resquilleur
can, boîte *(de boisson)*
to take a breath of fresh air, prendre l'air
record, disque, enregistrement
dated, qui date, démodé
to get rid (of), se débarrasser
guest, invité
paper cup, gobelet *(carton, etc.)*
to provide, fournir
exceedingly, extrêmement
informal, sans façon/manière ; détendu, familier ; intime
birthday, anniversaire *(du jour de la naissance)*
wedding, noces, mariage
anniversary, anniversaire *(autre que jour de naissance)*
fancy dress party, soirée costumée
mistletoe, gui
get-together, réunion
to introduce, présenter, faire les présentations
health, santé
formal, cérémonieux, officiel, « habillé » *(soirée, etc.)*
acquaintance, connaissance, relation
colleague, collègue
to enjoy oneself, s'amuser
to realize, se rendre compte
to disturb, déranger
to drive someone home, reconduire qn chez lui en voiture
to clean up, nettoyer *(à fond)*
neighbour, voisin
boisterous, bruyant, exubérant

Vocabulaire complémentaire

address, allocution, discours
ashtray, cendrier
boy-friend, *(petit)* ami
can opener, ouvre-boîte
caterer, traiteur
cellar, cave
cloakroom, vestiaire
cold buffet, buffet froid
corkscrew, tire-bouchon
dance, danse, bal, soirée dansante
disturbance, dérangement ; tapage
friendly, amical, bienveillant
friendship, amitié
function, 1) fonction, 2) réception, cérémonie officielle
garden party, réception en plein air
girl-friend, *(petite)* amie
host(ess), hôte(sse)
rowdy, bruyant, tapageur
to bang, taper, tambouriner
to behave, se tenir comme il faut
to be drunk, être ivre
to be social, être sociable
to be tipsy, être un peu ivre
to bop (fam), « guincher »
to chump up with, copiner avec
to do the washing up, faire la vaisselle
to drink to, boire à *(la santé de),* porter un toast à
to entertain, divertir ; traiter *(bien),* recevoir
to hire a room, louer un local
to hold a party, organiser une soirée
to indulge in, s'adonner, se permettre, s'offrir, se laisser aller à
to toast, porter un toast à, boire à la santé de

A ■ Complétez avec « a few » ou « a little »

1. I speak French and English and ..... German.
2. There is just ..... food left from the party.
3. ..... people have already arrived.
4. There are ..... bottles of wine in the cellar.
5. I drank ..... beer and I ate ..... sandwiches.

B ■ Traduire

If your guests get too boisterous, neighbours — at least those you didn't invite — can complain about the noise. If it is just the occasional rowdy party, there is not much they can do. They can telephone the police, if it is late enough. The police will then usually call and ask you to turn the music down.

C ■ Traduire

1. Je ne me sens pas très bien, je voudrais prendre l'air.
2. Je ne l'ai jamais vu. C'est un inconnu.
3. Il y a des boîtes de bière sur la table de la cuisine, si vous voulez.
4. Il n'y a plus de verres, il ne reste que des gobelets en carton.
5. Je suis désolé, j'ai endommagé un de vos disques.

Corrigé

A ■

1. a little **2.** a little **3.** a few
4. a few **5.** a little... a few

B ■ Si vos invités font trop de tapage, il se peut que les voisins — du moins ceux que vous n'avez pas invités — se plaignent du bruit. Si cette bruyante soirée est exceptionnelle, ils ne peuvent pas grand-chose contre vous. Ils peuvent téléphoner à la police, si c'est assez tard dans la nuit. Les policiers, alors, en général, viendront vous demander de baisser la musique.

C ■ 1. I'm not feeling very well, I'd like to take a breath of fresh air.
2. I've never seen him. He is a stranger.
3. There are cans of beer on the kitchen table, if you want.
4. There aren't any glasses lett, there are only paper cups.
5. I'm sorry, I have damaged one of your records.

A : Anita K : Karen

A— Have you just come back from the pictures ?[1]
K— Yes, we went to the three o'clock performance[2].
A— What film did you see ?
K— « Elephant Man »[3]. I missed it first time around[4].
A— Did you like it ?
K— Yes, I thought it was marvellous, really touching. Martin thought it was soppy[5], though.
A— Did he[6] ? I must admit, I saw it a couple of years ago but as far as I can remember I enjoyed it. Wasn't it about somebody who was deformed ?
K— Yes. That's why it's called « The Elephant Man ». It's the story of a freak[7] in the nineteenth century. It's based on real life.
A— Oh yes, I remember now. Doesn't a doctor or somebody find him in a circus and try to educate him ?
K— That's right. He ends up being really sensitive[8] and sophisticated.
A— Wasn't it shot[9] in black and white ?
K— Mm. I found that really effective. You got the distinct impression that life in Victorian England was gruesome[10]. All those dark streets and cobblestones and factories.
A— And everything was so violent, wasn't it ?
K— That was the big difference. He was the nicest person in the film, along with[11] the doctor and his wife.
A— I can't understand why Martin didn't like it. Didn't it win an Oscar[12] ?
K— I haven't got a clue[13]. All I know is that it really was a good film.
A— Were there lots of people there ? Did you have to queue up ?
K— We did, actually[14]. There were more people than I thought.
A— How much dit it cost ?
K— Two pounds eighty. It's always dear at the Odeon. Still, it was worth every penny[16].

Anita	[e**ni:**te]	circus	[**se:**kes]
Karen	[ke**rèn**]	Victorian	[vik**to:**rien]
pictures	[**pik**tchez]	gruesome	[**grou:**sem]
performance	[pe**fo:**mens]	cobblestones	[**kobl**stôounz]
Elephant	[**è**lifent]	oscar	[**os**ke]
freak	[fri:k]	Odeon	[**ôou**dien]

A : Anita   K : Karen

A— Tu reviens du cinéma ?
K— Oui, nous sommes allés à la séance de trois heures.
A— Quel film avez-vous vu ?
K— « Elephant Man ». Je l'avais raté la première fois qu'il était passé.
A— Ça t'a plu ?
K— Oui, j'ai trouvé que c'était merveilleux, vraiment émouvant. Martin, lui, a trouvé que c'était gnangnan.
A— Ah bon ? Je dois dire qu'il y a quelques années que je l'ai vu, mais autant que je puisse me souvenir, ça m'avait plu. C'est pas à propos de quelqu'un qui avait une malformation ?
K— Si, c'est pour ça que ça s'intitule « Elephant Man ». C'est l'histoire d'un monstre au dix-neuvième siècle. C'est basé sur des faits réels.
A— Ah oui, je m'en souviens maintenant. Est-ce qu'il n'y a pas un docteur ou quelqu'un qui le trouve dans un cirque et qui essaye de l'éduquer ?
K— Oui, c'est ça. Il finit par devenir vraiment sensible et sophistiqué.
A— C'était pas tourné en noir et blanc ?
K— Mm. J'ai trouvé que ça faisait vraiment de l'effet. Ça donnait véritablement l'impression que la vie dans l'Angleterre victorienne était épouvantable. Toutes ces rues sombres, et les pavés et les usines !
A— Et toute cette violence, hein ?
K— C'est ça qui contrastait. C'était lui le personnage le plus sympathique du film, avec le docteur et sa femme.
A— Je ne comprends pas pourquoi Martin n'a pas aimé. Il n'a pas gagné un Oscar ?
K— Je n'en ai pas la moindre idée ! Tout ce que je sais, c'est que c'était vraiment un bon film.
A— Il y avait beaucoup de monde ? Il fallait faire la queue ?
K— En fait, oui ! Il y avait plus de monde que je ne pensais
A— Combien c'était l'entrée ?
K— Deux livres quatre-vingts. C'est toujours cher à l'Odéon. Toutefois, ça les valait.

1. **the pictures : the cinema,** *le cinéma.* Le mot se réfère littéralement à la suite d'images qui constituent le film qu'on appelle aussi **a moving picture** ou tout simplement **a movie.**
2. **performance,** 1) *séance, représentation* (d'une pièce), *exécution* (d'un morceau de musique), *spectacle.* **Afternoon performance,** *matinée ;* **evening performance,** *soirée. Jeu, interprétation* (d'un acteur) ; 2) *accomplissement d'une tâche, exécution* (d'un contrat, etc.) ; 3) *façon de s'acquitter d'une tâche ; rendement, marche, fonctionnement.* **To perform,** 1) *jouer, représenter* (pièce, etc.) ; 2) *tenir un rôle, jouer ;* 3) *exécuter.*
3. **« Elephant Man » :** film britannique de David Lynch (1980), tourné dans l'East End de Londres. L'histoire de John Merrick, l'homme éléphant, avec John Hurt, Sir John Gielgud et Anne Bancroft.
4. **first time around,** *la première fois qu'il est passé :* **the first time that it came around.**
5. **soppy,** *larmoyant, gnangnan.*
6. **Did he ? Did he think it was soppy ?** Cette reprise emphatique par l'auxiliaire indique l'étonnement.
7. **freak,** *monstre.* Désigne d'abord une personne atteinte d'une grave malformation et qu'on montrait jadis dans les cirques (cf. le film de Tod Browning, **Freaks**, 1932), et dans les années 60 et 70, *les hippies.*
8. **sensitive,** *sensible.* Attention, le mot anglais **sensible** existe mais c'est un faux ami qui veut dire *sensé, raisonnable.*
9. **shot,** *filmé :* **to shoot (shot, shot) a film,** *tourner un film :* **the shooting,** *le tournage.*
10. **gruesome,** *épouvantable, horrible, qui suscite la peur ;* signifie aussi macabre.
11. **along with,** *avec.* **Along** renforce **with** et réunit des éléments en un même ensemble tout en les singularisant.
12. **an Oscar,** nom (tiré du prénom) donné aux récompenses attribuées chaque année par un jury d'Hollywood à des films, acteurs, metteurs en scène, etc.
13. **a clue,** *un indice, une indication.* **I haven't got a clue,** *je n'en ai pas la moindre idée ;* **to give s.o. a clue,** *mettre qn sur la bonne voie.*
14. **actually,** *en réalité, à vrai dire, effectivement.* C'est un faux ami. *Actuellement* se dirait **now** ou **nowadays** ou **at present.**
15. **dear,** *cher.* Peut s'utiliser aussi bien comme synonyme d'*expensive* qu'avec une connotation affective.
16. **it was worth every penny** m. à m. *ça valait chaque sou* (de la somme payée).

Although Britain was amongst the first countries to be interested in the development of the cinema, the British film-making industry has never managed to fulfil the promise of its early days and has had more than its fair share of ups and downs. From 1906 onwards British film production tended to lag behind that of America and other leading European countries. By 1926 the amount of screen time devoted to British films in Britain had dwindled to a mere 5 per cent. British films were unable to compete with films from the United States which were technically much better and had a far better distribution system.

For that reason the shared language with the USA only worked in favour of the American cinema. The war years (1939-45) saw the golden age of British cinema, which now took on a more national tone instead of trying to imitate Hollywood.

In the fifties, the number of filmgoers dropped dramatically, despite some first class social dramas towards the end of the decade. Nowadays, the British cinema is still alive even though its output is relatively small due to the lack of financial backing.

Bien que la Grande-Bretagne soit parmi les premiers pays à s'être intéressés au développement du cinéma, l'industrie cinématographique britannique n'a jamais réussi à concrétiser les espoirs qu'elle avait suscités à ses débuts et a eu plus que son lot de hauts et de bas. A partir de 1906 la production filmique britannique eut tendance à être à la traîne de celle de l'Amérique et des autres principaux pays européens. En 1926 les films britanniques ne représentaient plus que 5% de la totalité des films passant dans les cinémas du pays. Les films britanniques furent incapables de résister à la concurrence des films venant des États-Unis qui étaient bien meilleurs techniquement et avaient un système de distribution bien supérieur.

C'est pour cette raison que le fait que les deux pays partagent la même langue n'a joué qu'en faveur du cinéma américain. Les années de guerre (39-45) furent l'âge d'or du cinéma britannique qui prit alors une coloration plus nationale au lieu d'essayer d'imiter Hollywood.

Dans les années 50, le nombre de spectateurs est tombé de façon dramatique malgré d'excellents films de critique sociale vers la fin de la décennie. Aujourd'hui le cinéma britannique n'est pas mort bien que sa production soit relativement modeste à cause du manque de moyens financiers.

Although the film industry in Britain does not compare in size with the American, Italian or French ones, the British contribution to the world cinema is extremely impressive.

Charlie Chaplin and Alfred Hitchcock, who achieved fame in the U.S., were British citizens. This is also true of directors Carol Reed (« The Third Man ») and Ken Russell.

The names of Charles Laughton, Richard Burton, Peter O'Toole and of course Sir Laurence Olivier and Sir Alec Guinness — both made life peers in recognition of their services to the realm — are familiar to cine-goers all over the world.

Among the ladies, one could mention Claire Bloom, Vivian Leigh, the unforgettable Scarlet O'Hara in « Gone with the wind », Julie Christie, Vanessa Redgrave...

British literature including Shakespeare's plays has also provided numerous stories, plots and themes to the world cinema. Let us remember that James Bond, that box-office success of the 1960's and beyond, is a British character created by English novelist Ian Fleming, and Dracula and Frankenstein were the brainchildren of 19th century British writers.

Bien que l'industrie cinématographique britannique ne soit pas comparable par sa taille avec celles des États-Unis, de l'Italie ou de la France, la contribution britannique au cinéma mondial est impressionnante.

Charlie Chaplin et Alfred Hitchcock, qui devinrent célèbres aux États-Unis, étaient citoyens anglais. Il en va de même pour les metteurs en scène Carol Reed *(le Troisième Homme)* et Ken Russell.

Les noms de Charles Laughton, Richard Burton, Peter O'Toole et bien sûr Sir Laurence Olivier et Sir Alec Guinness — qui ont tous les deux été faits pairs à vie en reconnaissance des services rendus au royaume Britannique — sont connus des cinéphiles du monde entier.

Parmi les dames, citons Claire Bloom, Vivian Leigh, l'inoubliable Scarlet O'Hara d'*Autant en emporte le vent,* Julie Christie, Vanessa Redgrave...

La littérature britannique, y compris les pièces de Shakespeare, a également fourni un grand nombre d'histoires, d'intrigues et de sujets au cinéma mondial. Souvenons-nous que James Bond, ce succès commercial des années 1960 et au-delà, est un personnage britannique créé par l'écrivain anglais Ian Fleming, et que Dracula et Frankenstein sont le fruit de l'imagination d'écrivains britanniques du XIXe siècle.

1. Ce n'était pas mal, mais il y avait beaucoup de longueurs.
2. Je n'ai absolument rien compris.
3. Il y avait de belles images et le jeu des acteurs était excellent.
4. Je ne vais qu'extrêmement rarement au cinéma.
5. Les films étrangers sous-titrés en anglais n'ont pas la faveur du grand public.
6. Cela ne passe que dans quelques cinémas à Londres.
7. Je n'ai pas vu le film lui-même, seulement la bande-annonce.
8. J'ai raté le début, mais j'ai vite saisi l'histoire.
9. Pourquoi attendent-ils la fin du film pour donner le générique ?
10. Harold Pinter a écrit le scénario.
11. C'était une superproduction hollywoodienne.
12. En Grande-Bretagne on ne donne jamais de pourboire à l'ouvreuse.
13. Ce film n'est pas encore sorti en France.
14. Les prises de vue étaient extraordinaires.
15. Le doublage n'était pas très bon — on voyait les lèvres de l'acteur bouger avant d'entendre sa voix.
16. On était sur des charbons ardents jusqu'à la dernière image.

---

1. **It wasn't bad, but it was a bit long in places.**
2. **I didn't understand a thing.**
3. **The photography was nice and the acting was excellent.**
4. **I very rarely go to the cinema.**
5. **Foreign films with English subtitles are not well received by the general public.**
6. **It is only showing in a few London cinemas.**
7. **I haven't seen the film itself, only the trailer.**
8. **I missed the beginning but soon got into the story.**
9. **Why do they wait till the end of the film to give the credits ?**
10. **Harold Pinter wrote the screenplay.**
11. **It was a Hollywood super-production.**
12. **You never tip the usherettes in Britain.**
13. **This film has not been released yet in France.**
14. **The camera-work was amazing.**
15. **The dubbing wasn't very good — you could see the actor's lips move before you heard his voice.**
16. **We were on tenter-hooks right up to the very end.**

to go to the pictures, aller au cinéma
performance, séance
touching, émouvant, touchant
soppy, larmoyant, gnangnan
a freak, un monstre
circus, cirque
sensitive, sensible
to shoot (shot, shot) a film, tourner un film
gruesome, horrible, macabre
clue, indice
actually, en fait, réellement
dear, cher
the film-making industry, l'industrie cinématographique
to fulfil, accomplir, réaliser, satisfaire, remplir
to lag behind, être à la traîne, rester en arrière
to dwindle, diminuer
filmgoers, spectateurs *(cinéma)* ; cinéphiles
dramatically, de façon spectaculaire
financial backing, financement
director, metteur en scène
box-office, bureau de location
a box-office success, (*film,* etc.), qui fait recette
character, personnage
credits, générique
screenplay, scénario
to release a film, sortir un film
to dub, doubler

Vocabulaire complémentaire

acting, jeu, interprétation
camera crew, équipe de cameramen
cartoon, dessin animé
cast, distribution, liste des rôles, des acteurs
central figure, personnage principal
character actor, acteur spécialisé dans les rôles de composition
close up, gros plan
commercial, film publicitaire
decor, décor
disaster movies, films catastrophe
extras, figurants
featuring, avec la participation de
film-maker, cinéaste
full-length film, long métrage
leading-role, rôle principal, premier rôle
make-up, maquillage
a musical, une comédie musicale
musical score, partition musicale
playing, jeu, interprétation
producer, producteur
props, accessoires, décor(s)
short film, court métrage
silent film, film muet
slow-motion, ralenti
screenplay, scénario
sound track, bande son
story line, histoire, intrigue
stuntman, cascadeur
supporting actor, acteur secondaire, de composition
trick photography, trucages
to shoot on location, filmer en extérieur
to be currently on show, être à l'affiche actuellement
to be worth seeing, mériter d'être vu

A ■ Compléter

1. One of the actors died during the ... of the film.
2. Alfred Hitchcock was a famous British ...
3. The film was in Japanese, but there were English ...
4. The first movies that Charlie Chaplin made were... films
5. « Goldfinger » was a big ... success in Britain.

B ■ Traduire

1. Est-ce que c'est un film en couleurs ou en noir et blanc ?
2. J'ai trouvé *Love Story* larmoyant et ennuyeux.
3. Je n'ai pas compris où l'action se déroulait.
4. Le film m'a beaucoup plu, mais j'ai trouvé qu'il y avait quand même des longueurs.

C ■ Traduire

1. We queued up to see *Ghandi* but couldn't get in so we decided to see a horror film.
2. Science-fiction movies seem to have replaced disaster movies as far as the general public is concerned.
3. The film has not been released in France yet because of distribution problems.
4. I am a fan of musicals. In my opinion *My Fair Lady* cannot be beaten.

Corrigé

A ■ 1. shooting. **2.** film director. **3.** subtitles. **4.** silent. **5.** box-office.

B ■ 1. Is it a film in colour or in black and white ?
2. I found « Love Story » soppy and boring.
3. I didn't understand where the film was set.
4. I liked the film very much but still found it a bit long in places.

C ■ 1. Nous avons fait la queue pour voir *Ghandi* mais nous n'avons pas pu entrer, aussi avons-nous décidé de voir un film d'horreur.
2. Les films de science-fiction semblent avoir remplacé les films « catastrophes » pour ce qui est du grand public.
3. Le film n'est pas encore sorti en France à cause des problèmes de distribution.
4. Je suis un amateur de comédies musicales. A mon avis on ne peut pas faire mieux que *My Fair Lady*.

J : John   N : Neighbour from the flat next door

J— I hope I'm not interrupting[1] you, but have you got a minute ?
N— Sure, what's the problem ?
J— Well, the flat is in complete darkness and I can't get anything to work[2].
N— Oh, you've probably blown a fuse[3]. I've already told the landlord that the whole place needs rewiring[4]. Do you want me to take a look at the fuse-box ?
J— If you could. I'm not very practical[5], I'm afraid. It's not really my field[6].
N— Well, being an electrician myself[7], I suppose I am in a better position[8] to repair it than you are.
J— Have you got a torch[9] ? You see, all I've got are candles.
N— I hope you've got some matches ! Let's take a look ! I'll just go and get my tool-kit. There's no need to worry. I'm sure it will only be something minor.

. . . .

J— There's the fuse-box, above the door. Next to the mains[10]...
N— Did you hear a bang[11] or anything ?
J— No, why ?
N— Because the whole circuit has blown. You didn't try using five or six different things at the same time, did you ?
J— Well, all I was doing was watching TV. OK, so the washing-machine and the cooker were on[12] in the kitchen, but...
N— You've also got a fridge, haven't you ? And an immersion heater. That's enough. It all mounts up, you know !
J— I suppose it does. I hadn't realized. What should I do ?
N— Thank your lucky stars that I'm at home tonight !

interrupt	[intè**roept**]	torch	[to:tch]
complete	[kem**pli:t**]	tool-kit	[**tou:l**kit]
blown	[blôoun]	minor	[**maï**ne]
fuse	[fiou:z]	circuit	[**se:**kit]
rewiring	[ri**waïe**riŋ]	immersion-heater	[**ime:**chen**hi:**te]

J : John V : voisin de l'appartement d'à côté

J— J'espère que je ne vous dérange pas, mais vous avez un instant ?

V— Bien sûr, qu'est-ce qui ne va pas ?

J— Eh bien, l'appartement est dans l'obscurité totale et il n'y a plus rien qui marche.

V— Oh, vous avez probablement fait sauter les plombs. J'ai déjà dit au propriétaire que toute l'installation électrique de l'immeuble était à refaire. Voulez-vous que je jette un coup d'œil aux fusibles ?

J— Si c'est possible. Je ne suis pas très bricoleur, vous savez. Ce n'est pas vraiment ma spécialité.

V— Puisque l'électricité, moi, c'est mon métier, je suppose que je suis mieux placé que vous pour faire la réparation.

J— Vous avez une lampe de poche ? Parce que, moi, je n'ai que des bougies.

V— J'espère que vous avez des allumettes ! Allons voir ça ! Je vais juste chercher ma boîte à outils. Il n'y a pas à s'inquiéter. Je suis sûr que ce ne sera pas grave.

....

J— Voilà la boîte à fusibles, au-dessus de la porte. A côté du compteur...

V— Est-ce que vous avez entendu une explosion ou un bruit quelconque ?

J— Non, pourquoi ?

V— Parce que tout le circuit électrique a sauté. Vous n'avez pas essayé d'utiliser cinq ou six choses en même temps ?

J— Eh bien, je ne faisais rien d'autre que de regarder la télé. D'accord, il y avait aussi la machine à laver et la cuisinière qui marchaient dans la cuisine, mais...

V— Vous avez également un réfrigérateur ? Et un chauffe-eau électrique. Ça suffit. Ça fait beaucoup, vous savez.

J— Oui, sûrement. Je ne me suis pas rendu compte. Qu'est-ce que je dois faire ?

V— Remercier le ciel que je sois chez moi ce soir !

■ Remarques

1. **I'm not interrupting,** m. à m. *je ne vous interromps pas* (dans vos activités).
2. **I can't get anything to work,** m. à m. *je n'arrive pas à faire marcher quoi que ce soit* (sous-entendu **any of the electrical appliances,** *aucun des appareils électriques*).
3. **a fuse :** *fusible, plomb* → **to blow (blew, blown) a fuse,** *faire sauter les plombs.*
4. **it needs rewiring (the whole place** = *toute la maison*), *l'installation électrique a besoin d'être refaite* ; cf. **a wire,** *fil métallique.*
5. **practical (≠ impractical),** *avoir l'esprit pratique, être adroit, bricoleur.*
6. **it's not really my field,** *ce n'est pas vraiment mon domaine.*
7. **being an electrician myself,** *étant moi-même électricien.*
8. **in a better position,** *mieux placé* (que vous), cf. **in a high position,** *haut placé.*
9. **a torch** (= **an electric torch**), *une lampe électrique.*
10. **the mains** (= **the main supply**), *le compteur* (dans le sens d'arrivée d'électricité ou de gaz).
11 **bang,** *coup violent, détonation.* On notera l'extrême richesse de l'anglais dans le domaine des bruits, avec beaucoup de mots très expressifs et quasiment en forme d'onomatopée. Parmi les plus courants, on retiendra : **crash** (bruit de chute), **boom** (bruit de tonnerre), **clink** ou **clatter** (cliquetis), **clang** (bruit métallique, plus fort que les précédents), **plop** (bruit de chute dans un liquide), **thud** (bruit sourd en frappant ou tombant), **hum** (bourdonnement), **creak** (craquement, tel celui d'un plancher), **click** (déclic), **rattle** (objets qui s'entrechoquent, comme par exemple des clefs dans une poche).
12. **to be on,** être allumé ≠ **to be off,** *être éteint.* La particule adverbiale suffit ici seule à donner le sens.

Even if you are not an expert, there are a number of things that you should look for in your home, to avoid any unpleasant experiences when problems get out of hand. Check your sockets, lights and switches ; if in doubt, ask an electrician. Bare wires and rotting cables are particularly dangerous and can cause a fire.

If you are not too sure about your old gas cooker and the gas point next to it, it might be a good idea to ring your local gas board and get them to send somebody out.

If you don't watch out, damp could very quickly destroy your house. Deteriorating plaster, peeling wallpaper, mould and soggy floors are signs of house decay and must be got rid of immediately.

If you're in a rented property, you should inform your landlord. If the house is yours, try delving into the nearest do-it-yourself manual or contact a specialist company for a free survey. There is bound to be a certain amount of work to do in any house, the secret is never to leave it until the last minute.

Même si vous n'êtes pas expert, il y a un certain nombre de choses que vous devez surveiller dans votre maison, afin de ne pas faire d'expériences désagréables quand les problèmes deviendront insolubles.

Vérifiez vos prises de courant, vos lampes et vos interrupteurs, si vous avez des doutes, faites appel à un électricien. Les fils dénudés et les câbles en mauvais état sont particulièrement dangereux et peuvent occasionner un incendie.

Si vous n'êtes pas sûr de votre vieille cuisinière à gaz et de l'arrivée de gaz qui se trouve à côté, il serait peut-être bon de téléphoner au service du gaz dont vous dépendez et de leur demander d'envoyer quelqu'un.

Si vous ne prenez pas garde, l'humidité peut très rapidement détruire votre maison. Le plâtre qui s'effrite, le papier qui part en lambeaux, la moisissure et le sol détrempé sont des signes de délabrement et l'on doit y remédier immédiatement.

Si vous êtes locataire, vous devez en informer votre propriétaire, si la maison est à vous, tentez de vous plonger dans le premier manuel de bricolage venu ou demandez un devis gratuit à une société spécialisée. Quelle que soit la maison, il est inévitable qu'il y ait des travaux à effectuer, le secret est de ne jamais attendre la dernière minute pour les faire.

It is a sad fact of life that many of our grand old houses are too expensive for a single family to run.

So what is to be done with this wealth of great buildings that still grace our town and countryside ? Many have been converted into hotels, offices, embassies, schools and old people's homes, but though they may be saved from decay in this way, none is ever quite the same after institutional occupation.

Better by far to turn them into high class flats, and this of course is what many are now becoming.

Every year some 20,000 units are added to the nation's housing stock through conversions of this kind. Some people bemoan the way new life is being injected into the old mansions, but it should be remembered that the buildings were always intended for a multiple occupation. The lord and lady did not live by themselves — the houses were entire communities, with children, nannies, butlers, cooks, maids, coachmen and a host of other retainers.

C'est une triste réalité : nos anciens hôtels particuliers sont d'un entretien trop coûteux pour une seule famille.

Que faire alors de ces innombrables demeures qui font encore le charme de nos villes et de nos campagnes ? Beaucoup d'entre elles ont été transformées en hôtels, bureaux, ambassades, écoles ou autres maisons de retraite, mais bien que cela puisse les sauver de la décrépitude, aucune d'elles ne reste la même après avoir été affectée à un tel usage.

Il vaut bien mieux en faire des appartements de luxe, ce qui est le cas pour beaucoup d'entre elles.

Chaque année, environ 20 000 unités viennent grossir le parc immobilier national au terme de telles transformations. Certains déplorent cette façon de faire revivre ces vieilles demeures, mais il faut se souvenir que ces bâtiments étaient dès l'origine destinés à être occupés par une population nombreuse. Le maître et la maîtresse de maison ne vivaient pas seuls : ces maisons étaient de véritables communautés, avec des enfants et leurs bonnes, des majordomes, des cuisiniers, des servantes, des cochers, et toute une armée d'autres serviteurs.

1. Il a acheté une vieille maison et l'a retapée lui-même.
2. Il a fait tellement froid que les tuyaux ont explosé.
3. J'ai essayé d'allumer le radiateur à gaz, mais il n'a pas fonctionné.
4. Les enfants des voisins ont l'habitude de casser les vitres.
5. Elle a laissé couler les robinets et a inondé tout l'étage.
6. L'évier est bouché. Est-ce que vous avez une ventouse ?
7. Le motif du papier peint est affreux.
8. Pouvez-vous me prêter une perceuse ?
9. J'ai déjà installé quelques étagères.
10. Le double vitrage permet d'éviter les pertes de chaleur.
11. La chaudière du chauffage central est au sous-sol.
12. Quel luxe ! Une cuisine équipée !
13. La maison n'a pas de volets.
14. Il a mis une cloison dans la salle à manger.
15. On est en train d'aménager deux chambres dans le grenier.
16. Il y a une fuite dans la salle de bains.
17. Zut ! J'ai oublié l'adaptateur pour la prise de mon rasoir électrique.

---

1. **He bought an old house and did it up all by himself.**
2. **The weather was so bad that the pipes burst.**
3. **I tried lighting the gas fire but it wouldn't work.**
4. **The children next door have a habit of smashing windows.**
5. **She left the taps running and flooded all of upstairs.**
6. **The sink is blocked. Do you have a plunger ?**
7. **The wallpaper pattern is ghastly.**
8. **Could you lend me a drill ?**
9. **I've already put up a few shelves.**
10. **Double glazing prevents heat loss.**
11. **The boiler for the central heating is in the basement.**
12. **What a luxury ! A fitted kitchen !**
13. **The house doesn't have any shutters.**
14. **He put up a partition in the dining-room.**
15. **We're converting the loft into two bedrooms.**
16. **There's a leak in the bathroom.**
17. **Oh gosh ! I have forgotten the adapter for my electric shaver.**

to work, marcher, fonctionner
to blow a fuse, faire sauter les plombs
landlord, landlady, propriétaire
fuse-box, boîte à fusibles
to rewire, refaire l'installation électrique
torch, lampe-torche électrique
candle, bougie
toolkit, boîte à outils
mains, réseau, secteur
cooker, cuisinière
fridge, frigo
socket, prise de courant
switch, interrupteur
bare wire, fil(s) dénudé(s), à nu
damp(ness), humidité
to deteriorate, (s')abîmer
wallpaper, papier peint
do-it-yourself manual, manuel de bricolage
to convert, transformer, convertir
mansion, hôtel particulier
to do up, refaire, retaper, rénover
pipe, tuyau
tap, robinet
to flood, inonder
sink, évier
drill, perceuse
shelf (shelves), étagère(s)
double glazing, double vitrage
boiler, chaudière
central heating, chauffage central
basement, sous-sol
shutters, volets
partition, cloison
loft, grenier
leak, fuite
plug, fiche mâle *(prise)*
electric shaver, rasoir électrique

Vocabulaire complémentaire

balcony, balcon
banister, rampe d'escalier
bath, baignoire
bay/bow window, fenêtre à l'anglaise
brush, pinceau, brosse
bulb, ampoule *(électrique)*
ceiling, plafond
cellar, cave
floorboards, plancher, parquet
floor tiles : dalles, carrelage
French windows, portes-fenêtres
gutter, gouttière, caniveau
hammer, marteau
handyman, bricoleur
hinge, gond, charnière
(kitchen) range, cuisinière
loo *(familier),* W.C., cabinets
malfunction, mauvais fonctionnement
nails, clous, ongles
nuts and bolts, écrous et boulons
plumber, plombier
roof tiles, tuiles
sash window, fenêtre à guillotine
screwdriver, tournevis
shower bath, douche
sitting-room, salon
staircase, *(cage d')*escalier
threshold, seuil
(toilet) flush, chasse d'eau
to mend, réparer
to plug (in), brancher *(une prise)*
read the meter, relever le compteur
to sweep the floor, balayer
washbasin, lavabo

A ■ Traduisez

Renovating an old house

The front door opens into a spacious hall of elegant proportions with a floor of Victorian tiles. Immediately to the left is what will eventually become the dining-room but which is currently used as a workshop. At the rear of the hall is the staircase to the first floor with its original banisters. On the right-hand side of the hall is the doorway into the drawing-room. Like the dining-room to be, this is large — measuring roughly 15 ft by 15 ft — and high ceilinged. It is being used as a living-room, having been furnished and temporarily decorated, but, together with the bedroom above it, is scheduled for complete refurbishment, since the floor of that bedroom is known to be rotten.

B ■ Complétez avec : creak, thud, bang, plop et hum.

1. I blew a fuse and heard a . . . .
2. There was a heavy . . . as I knocked over a chair.
3. I keep hearing a constant . . . from the fridge.
4. She heard a . . . as she put her foot on the stairs.
5. When you drop the soap into the bath, you can hear a . . . .

Corrigé

A ■ Rénovation d'une maison ancienne

La porte d'entrée s'ouvre sur un vaste vestibule aux proportions élégantes, avec un carrelage d'époque victorienne. Tout de suite à gauche se trouve ce qui est destiné à devenir la salle à manger, et qui sert pour l'instant d'atelier. Au fond du vestibule, l'escalier qui monte au premier, avec ses rampes d'origine. A droite du vestibule, la porte qui mène au salon. Comme la future salle à manger, c'est une grande pièce, qui fait environ 4,60 m sur 4,60 m, haute de plafond. Elle est actuellement utilisée comme salle de séjour, après avoir été meublée et provisoirement décorée, mais, de même que la chambre à coucher située au-dessus, il est prévu de la rénover entièrement, car on s'est aperçu que le plancher de cette chambre est pourri.

B ■
1. **bang** *(détonation)*
2. **thud** *(bruit sourd)*
3. **hum** *(bourdonnement)*
4. **creak** *(craquement)*
5. **plop** *(floc, plouf)*

G : Gill M : Mary, sharing a flat[1].

G— Can you pass me the morning paper ?
M— Which one, *the Times*[2] or *the Telegraph*[3] ?
G— Haven't we got *the Guardian*[4] today ?
M— No, there's some sort of industrial dispute[5] going on between the printworkers' union and management. Something to do with redundancies, so it hasn't come out... They sent us *the Telegraph* instead.
G— I suppose we should count ourselves lucky — they could have delivered *the Sun*[6] !
M— (laughing) Oh I don't know about that — we could have had a good look at the pin-ups[7] on page 3 ! Who knows, they might have started introducing men for a change instead of just women !
G— That'll be the day ! Give me *the Times,* I'll see if I can do the crossword[8].
M— We've got yesterday's *Evening Post* if you want. It's lying around somewhere.
G— No, *the Times* will do. I'll have a look at the announcements[9] for a laugh.
M— There are some good ones today. Look on page 18 — the one about Lady Caroline Willsbury-Smith[10] marrying Colonel Beardsley-Fairweather[10]. It's absolutely hilarious.
G— Oh yes ! Still, what can you expect — *the Times* is *the Times* and I do like reading it. At least you feel as if you are reading something.
M— And the words do contain more than two syllables[11], which is more than what you can say for *the Star* or *the Mirror* !
G— Now then, don't be nasty. Everybody can read whatever they like. It's a free country !

Telegraph	[**tè**ligra:f]	**crossword**	[k**ros**we:d]
Guardian	[**ga**rdien]	**announcements**	[en**aous**ments]
dispute	[disp**iou:t**]	**absolutely**	[**ab**selou:tli]
management	[m**a**nidjment]	**hilarious**	[hil**a**rioues]
redundancies	[rid**œn**densiz]	**syllables**	[s**i**leblz]

G : Gill M : Mary qui partagent un appartement.

G— Est-ce que tu peux me passer le journal de ce matin ?
M— Lequel, *le Times* ou *le Telegraph* ?
G— On n'a pas eu *le Guardian* aujourd'hui ?
M— Non, il y a je ne sais quel conflit social entre le syndicat des ouvriers du livre et la direction. C'est à cause des licenciements économiques, il n'a donc pas paru... Ils nous ont envoyé *le Telegraph* à la place.
G— Je suppose qu'on doit s'estimer heureuses ; ils auraient pu nous donner *le Sun* !
M— (en riant) Oh, après tout ; on aurait pu se rincer l'œil avec les pin-up de la page 3 ! Qui sait, ils se sont peut-être mis à publier des photos d'hommes, pour changer, au lieu que ça soit toujours des femmes !
G— Ça sera un événement ! Donne- moi *le Times*, je vais voir si je sais faire les mots croisés.
M— On a *l'Evening Post* d'hier, si tu veux. Il doit traîner quelque part.
G— Non, *le Times* ça ira. Je vais regarder les faire-parts pour m'amuser.
M— Il y en a un de bien aujourd'hui. Regarde page 18 : celui de Lady Caroline Willsbury-Smith qui se marie avec le colonel Beardsley-Fairweather. C'est absolument hilarant.
G— Ah oui ! Pourtant, que peut-on attendre d'autre ? *Le Times* c'est *le Times,* et j'aime bien ça. On a au moins l'impression de lire quelque chose.
M— Et il y a des mots de plus de deux syllabes, ce qui n'est pas toujours le cas dans *le Sun* ou dans *le Mirror* !
G— Oh, ne sois pas méchante. Tout le monde a le droit de lire ce qu'il veut. On est en démocratie !

The English newspaper has existed since 1622 but it did not become a mass medium until a reduction in the tax on newsprint in 1836 lowered its cost within the reach of the average man.

Les journaux existent en Angleterre depuis 1622, mais ils ne sont devenus un moyen de communication de masse qu'en 1836 quand la diminution de la taxe sur la presse a fait baisser leur prix et les a rendus abordables à tout un chacun.

1 **sharing a flat,** *qui partagent un appartement.* Pratique courante chez les étudiants et dans des villes où les loyers sont très élevés.

2. **The Times :** le plus ancien et le plus connu des quotidiens britanniques. Fondé en 1785, c'est une véritable et vénérable institution. La grande majorité de ses lecteurs sont des hommes d'affaires, membres des professions libérales **(professional people)** ou appartenant en tout cas aux classes dirigeantes.

3. **The Telegraph :** *le* **Daily Telegraph** appartient, comme *le* **Times,** *le* **Financial Times** et *le* **Guardian** à ce que l'on appelle « la presse de qualité » qui se caractérise aussi par ses grands formats, par opposition à la « presse populaire » publiée en petit format (tabloïde). Fondé en 1855, *le* **Telegraph** est de tendance conservatrice.

4. **The Guardian :** créé en 1821 (à Manchester sous le nom de **Manchester Guardian**). Lu par beaucoup d'enseignants et de travailleurs sociaux, il est de tendance libérale de gauche. Attention à la prononciation : le [u] n'est pas prononcé après g :[**ga:**dien], comme pour **guest** [gest] ou **guarantee** [**ga:**renti:].

5. **dispute,** *discussion, débat, conflit* → **to dispute,** *contester, discuter, débattre.* Attention *« se disputer »* se dit **to argue, to quarrel.**

6. **The Sun :** tabloïde fondé en 1912 et journal le plus lu de G.B., il fait parfois preuve de chauvinisme et exprime des idées souvent très conservatrices dans un style délibérément familier et accrocheur. Ses principaux rivaux sont *le* **Star** (fondé en 1978) et *le* **Daily Mirror** (créé en 1903).

7. **pin-ups,** *Le* **Sun** présente chaque jour la photo d'une jeune femme très dévêtue. Le mot pin-up vient du verbe **to pin up (against the wall),** *épingler (au mur),* en référence à l'usage qui peut être fait de ces photos.

8. **crossword,** *mots croisés.* Ceux du **Times** sont particulièrement difficiles.

9. **announcement,** *faire-part (de naissance, décès, mariage,* etc.). Se distingue donc des **classified ads** *(petites annonces classées)* et des **advertisements** *(publicités).*

10. Ces noms composés que l'on appelle **double-barelled names** *(noms à rallonges)* ont souvent en anglais une résonance très bourgeoise et snob.

11. Allusion au niveau de langue de la presse populaire (mots simples, style parlé) qui va de pair avec une recherche systématique du sensationnel et une place très large laissée aux faits divers.

English people read lots of newspapers, much more than their counterparts from across the Channel. Some people are perfectly capable of buying two papers a day, one national and one local. Circulation figures are therefore very high ; the top selling daily papers *The Sun* and *The Daily Mirror* have a circulation of over three and a half million. These represent the popular press, together with *The Daily Express, The Daily Mail* and *The Daily Star* and, with the exception of *The Daily Mirror,* are relatively right-wing.

When one talks of the quality press in Great Britain, three daily papers come to mind : *The Daily Telegraph, The Times* (both conservative) and *The Guardian* (centre-left). In terms of sales, only *The Telegraph* goes over the million mark, the others do not even reach half a million. Sundays wouldn't be Sundays without the famous Sunday newspapers, which sell very well and are often read over breakfast. Papers are generally delivered to your home or bought on the way to work rather than bought with a subscription.

Les Anglais lisent énormément de journaux, beaucoup plus que leurs voisins d'outre-Manche. Certains sont parfaitement capables d'acheter deux journaux par jour, un national et un local. Les chiffres de ventes sont par conséquent très élevés ; les quotidiens qui se vendent le mieux sont *le Sun* et *le Daily Mirror* qui tirent à plus de trois millions et demi d'exemplaires. Ceux-ci représentent la presse populaire avec *le Daily Express, le Daily Mail* et *le Daily Star,* et, à l'exception du *Daily Mirror,* sont situés politiquement plutôt à droite.

Quand on parle de la presse de qualité en Grande-Bretagne, trois noms de quotidiens viennent à l'esprit : *le Daily Telegraph, le Times* (tous les deux conservateurs) et *le Guardian* (de centre-gauche). Au point de vue ventes, seul le *Telegraph* dépasse le million, les autres n'atteignent même pas les 500 000 exemplaires. Les dimanches ne seraient pas les mêmes sans les célèbres journaux du dimanche qui se vendent très bien et que l'on lit souvent au petit déjeuner. Les journaux sont en général distribués à domicile ou on les achète en se rendant à son travail plutôt que par abonnement.

Getting the news

For non-local affairs most daily newspapers rely on international news agencies, which have correspondents all over the world. Once news has been gathered it is sent to the agency's head office by telex, telegram, radio transmitter or telephone. This information is then distributed amongst clients (newspapers, TV and radio stations, public services, banks, industry) via teleprinters, computer terminals or mass produced bulletins. News agencies are also perfectly capable of making reports and carrying out inquiries.

Most dailies have one or two main editors or editors-in-chief and various specialized services such as home affairs, foreign news, general information, arts review section, special features, regional pages, sports department, and the photography service. Some journalists are recruited straight from school and trained on the spot, others have degrees and may even work as occasional collaborators.

All articles, adverts and announcements have to be typed up and carefully laid out. These are then sent to the printers before being despatched hot from the press to the various sales outlets (subscription department, newsagents).

La collecte des informations

Pour tout ce qui n'est pas affaire locale, la plupart des quotidiens ont recours aux agences de presse internationales qui ont des correspondants partout dans le monde. Dès que l'information a été recueillie, elle est transmise au siège de l'agence par télex, télégramme, message radio ou téléphone. Cette information est alors distribuée aux clients (journaux, stations de télé et de radio, les services publics, les banques, l'industrie) par l'intermédiaire de télescripteurs, de terminaux d'ordinateurs ou de bulletins à large diffusion. Les agences de presse sont aussi tout à fait capables de faire des reportages et de mener des enquêtes.

La plupart des quotidiens ont un ou deux rédacteurs en chef et divers services spécialisés tels que politique intérieure, étranger, informations générales, arts et spectacles, pages régionales, sports et service photo. Certains journalistes sont recrutés à leur sortie de l'école et formés sur le tas, d'autres sont diplômés de l'université et peuvent même n'offrir qu'une collaboration occasionnelle.

Tous les articles, publicités et faire-parts doivent être dactylographiés et soigneusement mis en page. Ils sont alors envoyés à l'impression et, dès leur sortie de presse, expédiés aux divers organes de vente (service des abonnements, marchands de journaux).

1. Je voudrais faire passer une annonce dans votre édition du 7 mai.
2. Je l'ai lu dans le journal en dernière minute.
3. Je n'ai même plus le temps de lire les journaux.
4. Les résultats sportifs sont en dernière page.
5. C'était dans le journal d'hier.
6. C'est à la une de tous les grands journaux.
7. Vous avez lu ce qui est écrit dans le journal ?
8. C'est dans notre prochain numéro.
9. Regarde dans les petites annonces s'il y a un vélo à vendre.
10. Elle n'a pas encore reçu le journal du syndicat.
11. Voilà la presse à sensation !
12. Puis-je vous emprunter le journal ?
13. C'est le journal le plus lu en Grande-Bretagne.
14. Quels sont les gros titres ?
15. Je ne sais pas si ça paraît toutes les semaines ou tous les mois.
16. Quelles sont les dernières nouvelles ?
17. Je ne crois pas que je vais me réabonner — je l'achèterai de temps en temps si je trouve quelque chose d'intéressant dedans.
18. La déclaration a été communiquée à la presse hier soir.
19. Je trouve ce journal très objectif.

---

1. **I'd like to place an ad in your newspaper for May 7th.**
2. **I read it in the stop-press.**
3. **I can't even find time to read the newspaper any more.**
4. **The sports results are on the back page.**
5. **It was in yesterday's paper.**
6. **It has made the headlines in all the big newspapers.**
7. **Have you seen what's in the paper ?**
8. **It's in our next issue.**
9. **See if there's a bike for sale in the classified ads.**
10. **She hasn't yet received the union paper.**
11. **That's the popular press for you !**
12. **May I borrow your newspaper ?**
13. **It's the most widely read newspaper in Britain.**
14. **What are the main headlines ?**
15. **I'm not sure if it comes out every week or once a month.**
16. **What's the latest news ?**
17. **I don't think I'll renew my subscription. I'll just buy it occasionally if I see anything interesting in it.**
18. **The statement was issued to the press last night.**
19. **I find this newspaper very objective.**

industrial dispute, conflit social
printworkers, ouvriers du livre
redundancies, licenciements économiques
to count oneself lucky, s'estimer heureux
crossword, mots croisés
to lie around (objects), traîner
announcements, avis, faire-part
syllable, syllabe
advertisement = advert = ad, **1)** petite annonce **2)** réclame
counterpart (person), homologue
nasty, méchant, désagréable
circulation, tirage
right-wing, de droite
to deliver, distribuer
subscription, abonnement
news, nouvelles, actualité (toujours singulier cf. : « **no news is good news** », pas de nouvelles, bonnes nouvelles)
news agency, agence de presse
teleprinter, télescripteur
computer terminal, terminal d'ordinateur
editor, rédacteur en chef
special features, grands reportages
to recruit, recruter
to lay (laid, laid), mettre en page
to despatch, envoyer, expédier
newsagent, marchand de journaux

Vocabulaire complémentaire

agony column, courrier du cœur
caption, légende (dessin)
cartoon, dessin humoristique
column, chronique, billet ; colonne
copy, **1)** copie **2)** numéro, exemplaire
coverage, couverture (événement, actualité)
Fleet Street, désigne la presse de Londres, du nom de la rue où sont installés de nombreux journaux
front page, « une », première page
headline, (gros) titre
high-brow, intellectuel
layout, mise en page
leader, article de fond
letter to the editors, courrier des lecteurs
low-brow, populaire, peu intellectuel
manager, directeur, responsable, gérant
misprint, coquille
news in brief, (nouvelles) en bref, brèves
news stand, kiosque (à journaux)
obituary, nécrologie
proof readers, correcteur
readership, lecteurs
Reuters, agence de presse britannique établie en Grande-Bretagne, Australie, Nouvelle-Zélande
scoop, reportage exclusif
special correspondant, envoyé spécial
stop press, dernière minute, dernières nouvelles
subscriber, abonné
weekly, hebdomadaire

A ■ Traduisez In your paper TODAY

Editorial	2	Women's page	13
Home news	2-4	Science and technology	14-15
Overseas information	4-6	Classified ads	16-18
Regional pages	7-8	Situations vacant	19
Letters to the Editor	8	Births, marriages, deaths	19
Arts review	9-10	Sports roundup	21
Features	11-12	Financial News	22
TV and radio	12	News in brief	23

B ■ Adaptez en français les titres suivants :

1. Death toll over 60 in take-off crash.
2. Incident prompts closer Royal Guard.
3. Chemical plant overtime ban.
4. Police crack smuggling ring.
5. Electrical engineers to step up payfight.

Corrigé

A ■ Dans votre journal aujourd'hui :

Editorial	**2**	**Madame**	**13**
Informations nationales	**2-4**	**Sciences et techniques**	**14-15**
Informations internationales	**4-6**	**Petites annonces**	**16-18**
Pages régionales	**7-8**	**Offres d'emploi**	**19**
Courrier des lecteurs	**8**	**Carnet du jour, nécrologie**	**20**
Arts et spectacles	**9-10**	**Sports**	**21**
Reportages	**11-12**	**Informations financières**	**22**
Télé-radio	**12**	**En bref**	**23**

B ■ 1. Catastrophe au décollage : plus de 60 morts.
2. Mesures de sécurité resserrées autour de la famille royale à la suite d'un incident.
3. Refus d'heures supplémentaires à l'usine chimique.
4. La police démantèle un réseau de trafiquants.
5. Les ingénieurs électriciens vont durcir leurs revendications salariales.

Did you know that the famous London press agency Reuters was in fact founded by Julius Reuter, a German protégé of French news pioneer Charles Havas ?

Saviez-vous que la célèbre agence de presse londonienne Reuter avait été en fait fondée par l'Allemand Julius Reuter, un protégé du pionnier de la presse française Charles Havas ?

News[1] bulletin

It's 7 o'clock on Monday 3rd December

The headlines[2] this morning

- Scotland Yard[3] believe they've at last solved the mystery of the Stockton house fire in which seventeen teenagers[4] died.
- The Confederation of British Industries[5] are urging[6] the government to launch a new drive[7] to help the unemployed[8].
- The Labour Party delegation is back from Washington. A press statement will be released[9] later today.
- Cricket. England are on the point of being beaten in the first test[10] in Bombay.
- And parts of southern and eastern England have had another night of heavy snow.

Today's news reader is Jim Brewster

- Scotland Yard detectives believe they've uncovered a crucial clue[11] to the cause of the fire in which seventeen teenagers died at Stockton 2 years ago.
  It's the result of information[12] they received from the friends and relatives[13] of the victims. The findings[14] will be included in a report being prepared for the Director of Public Prosecutions[15].

Jane Simpson reports :

The 2 years following the Stockton fire have been marked by mystery and suspicion, and detectives[16] have investigated nearly fifty lines of inquiry, even travelling to the United States in a search for witnesses. At one stage it was suggested the blaze[17] could have been the result of a racial attack. But that was discounted by police and by the parents of the dead youngsters[18].

bulletin	[b**òu**litin]	**relatives**	[**rè**elitvz]
teenagers	[t**i:**néïdje]	**prosecution**	[pr**o**sikiou:chen]
urging	[**e:**djiŋ]	**suspicion**	[sesp**i**chen]
unemployed	[oenimpl**oï**d]	**investigated**	[inv**e**stigéïtid]
delegation	[dèlig**éï**chen]	**inquiry**	[inkw**aï**eri]
released	[ril**i:**st]	**search**	[se:tch]
detective	[dit**è**ktiv]	**witness**	[w**i**tnis]
uncovered	[oenk**oe**ved]	**racial**	[r**éï**chel]
crucial	[kr**ou:**chel]	**attack**	[et**a**k]
clue	[klou:]	**discounted**	[disk**ao**untid]

Bulletin d'information

Il est 7 heures du matin ce lundi 3 décembre
Les principaux titres de la matinée

Scotland Yard croit enfin avoir résolu le mystère de l'incendie de Stockton au cours duquel dix-sept jeunes gens ont péri.

La Confédération des industries britanniques presse le gouvernement de lancer une nouvelle campagne pour aider les chômeurs.

La délégation du parti travailliste est de retour de Washington. Une déclaration à la presse sera faite plus tard dans la journée.

Cricket. L'Angleterre est sur le point d'être battue dans le premier « test-match » à Bombay.

Et certaines parties du sud et de l'est de l'Angleterre ont subi à nouveau cette nuit de lourdes chutes de neige.

Les nouvelles d'aujourd'hui sont lues
par Jim Brewster

Les policiers de Scotland Yard pensent avoir découvert un indice décisif sur la cause de l'incendie au cours duquel dix-sept adolescents ont trouvé la mort à Stockton il y a deux ans.

C'est le résultat de renseignements qu'ils ont reçus d'amis et de parents des victimes. Leurs conclusions seront incluses dans un rapport qui est en train d'être préparé pour le Ministère Public.

De notre envoyée Jane Simpson :

Les deux années qui ont suivi l'incendie de Stockton ont été empreintes de mystère et de soupçons et les policiers ont enquêté dans près de cinquante directions, allant jusqu'à voyager aux États-Unis à la recherche de témoins. Il a été suggéré, à un certain stade, que l'incendie aurait été le résultat d'une attaque raciale. Mais cela est jugé pe probable selon la police et les parents des victimes.

1. **News,** nom collectif singulier : *nouvelle(s), information(s)* ; **newspaper,** *journal* ; **newsreels,** *actualités (ciné)* ; **news agency,** *agence de presse* ; **news agent,** *marchand de journaux.*
2. **headlines,** *titre, gros titres* ; **to hit the headlines,** *faire les gros titres, défrayer la chronique.*
3. **Scotland Yard,** *quartier général de la police de Londres* situé près de la gare de Victoria (**The Met** compte 25 000 policiers, soit près du quart de l'ensemble des forces de police britanniques).
4. **teenagers,** *adolescents* (de 13 à 19 ans) ; mot construit avec le suffixe **-teen,** que l'on retrouve dans les nombres de 13 à 19 (**thirteen to nineteen**). **To be in one's teens,** *avoir entre treize et vingt ans, être adolescent* ; **to be out of one's teens,** *avoir plus de vingt ans.*
5. **Confederation of British Industries (C.B.I.),** homologue britannique du C.N.P.F. (Conseil National du Patronat Français).
6. **to urge,** *encourager, inciter, pousser, insister* ; *être urgent, urger,* **to be urgent.**
7. **drive,** 1) *campagne* ; 2) *énergie, mouvement, entraînement.* **He has plenty of drive,** *il est plein d'énergie.*
8. **unemployed,** m. à m. *non employé,* d'où *chômeur.*
9. **release,** *émettre* ; et aussi : *libérer, déclencher.*
10. **test(match),** *épreuve, rencontre internationale.*
11. **clue,** *indice, indication* ; **the policemen have got a clue,** *les policiers sont sur une piste.*
12. **information,** collectif pluriel, *renseignements, informations* ; *un renseignement,* **a piece of information.**
13. **relative : relation,** *parents,* **he has no relation,** *il n'a pas de parents* ; mais *des relations (d'affaires),* **(business) connections.**
14. **findings,** ici *découvertes* ; également *conclusions d'un tribunal, résultats d'un sondage, d'une enquête.*
15. **Director of Public Prosecutions : Public Prosecutor,** *le Ministère Public* (en France, le Procureur de la République), **prosecution,** *poursuite judiciaire* ; **witness for the prosecution,** *témoin à charge.*
16. **detective,** *policier* ; *détective (privé),* **private investigator, sleuth.**
17. **blaze,** *incendie* de grande envergure, *embrasement.*
18. **youngsters,** m. à m. *jeunes gens.*

The early days of British radio

Daily broadcasting in Britain began on 14th November 1922 when the newly-formed British Broadcasting Company relayed the first programme, the News, from the London station 2LO in the Strand. The following day, the Birmingham and Manchester stations went on the air and throughout the early 1920's a network of local stations was opened up. In 1925 the BBC opened up the world's most powerful long wave transmitter at Daventry.

In the beginning, British radio ran into considerable opposition. Theatre managers often refused to allow artists to broadcast. This led to radio creating many of its own stars. News bulletins were put back to 7 pm so as not to affect the sales of newspapers. In 1927 the British Broadcasting Company became the British Corporation.

BBC radio played a very important role during the war. People all over the world, not just in Britain, listened eagerly to the BBC news broadcast which were sent out in a variety of languages. They became a source of hope for millions.

Les débuts de la radio en Grande-Bretagne

La radiodiffusion quotidienne commença en Grande-Bretagne le 14 novembre 1922 quand la Compagnie de Radiodiffusion britannique retransmit la première émission, des informations, de la station londonienne 2LO de l'avenue du Strand. Le lendemain les stations de Birmingham et de Manchester émirent à leur tour et au début des années 20 se constitua tout un réseau de stations de radio locales. En 1925 la B.B.C. mit en service à Daventry l'émetteur des grandes ondes le plus puissant du monde.

A ses débuts la radio britannique rencontra une opposition considérable. Les directeurs de théâtre refusaient souvent aux artistes le droit de passer à l'antenne. Cela amena la radio à lancer ses propres vedettes. Les bulletins d'information furent repoussés à 19 heures afin de ne pas affecter les ventes des journaux. En 1927 la Compagnie de Radiodiffusion britannique devint Société Britannique de Radiodiffusion.

La radio de la B.B.C. joua un rôle très important pendant la guerre. Les gens du monde entier, et pas seulement ceux de Grande-Bretagne, écoutaient avidement les informations données en différentes langues. Celles-ci devinrent une source d'espoir pour des millions d'individus.

There are several national radio stations. Each station caters for different musical or cultural tastes. Radio 1 plays pop music, Radio 2 is known for light music, while Radio 3 devotes itself to classical music. Radio 4 specializes in current affairs broadcasts and the arts. Radio 5 devotes considerable space to sport and more general subjects.

In addition to the national radio stations, each area has its own BBC local radio station, which concentrates on local news or matters of local interest. Some of these even broadcast in Welsh and Gaelic. Independent commercial radio stations are a source of fierce competition. They are local, not national, and get their revenue from advertising, unlike the BBC.

The BBC also broadcasts overseas and has more than 100 million regular listeners. Broadcasts go out from London's Bush House in 37 different languages and include the English language BBC World Service, which is on the air 24 hours a day.

Il y a plusieurs stations de radio nationales. Chaque station pourvoit à des goûts musicaux ou culturels différents. Radio 1 passe de la musique pop, Radio 2 est connue pour la musique légère, tandis que Radio 3 se consacre à la musique classique. Radio 4 se spécialise dans les émissions d'actualités et artistiques. Radio 5 consacre beaucoup de temps au sport et aux sujets d'ordre général.

En plus des stations de radio nationales, chaque région a sa propre station qui se spécialise dans les informations régionales ou les affaires d'intérêt local. Certaines d'entre elles ont même des programmes en gallois et en gaélique. Les stations de radio privées les concurrencent sévèrement. Elles sont locales et non pas nationales et, contrairement à la B.B.C., tirent leurs revenus de la publicité.

La B.B.C. émet aussi outre-mer et a plus de 100 millions d'auditeurs fidèles. Les programmes sont émis de Bush House à Londres, dans 37 langues différentes, et comprennent le Service mondial de la B.B.C. en anglais qui diffuse ses programmes 24 heures sur 24.

1. Est-ce que tu as une antenne spéciale pour capter la modulation de fréquence ?
2. C'est diffusé en stéréo.
3. La réception est puissante et nette.
4. Ce transistor fonctionne sur piles et secteur.
5. Le son est bon parce que c'est en modulation de fréquence.
6. Ma radio ne peut capter les ondes courtes.
7. J'écoute toujours la radio à l'heure du petit déjeuner.
8. Cet animateur est très populaire.
9. Il vaut mieux ne pas mettre les haut-parleurs à même le sol ou trop en hauteur.
10. Si tu veux écouter cette musique sans déranger personne, mets un casque.
11. Il y a une très bonne émission de rock le samedi soir.
12. Est-ce que je la rembobine ou voulez-vous que je la fasse avancer ?
13. Il y a de la poussière sur le saphir.
14. Ce disque est gondolé et rayé.
15. Sur quelle longueur d'ondes est-ce qu'on a la B.B.C. ?
16. J'ai enregistré une partie de l'émission sur cassette.
17. Mets la radio, ça va être l'heure des informations.

---

1. **Have you got a special aerial to pick up VHF broadcasts ?**
2. **It's a stereo broadcast.**
3. **The reception is loud and clear.**
4. **This transistor radio works on batteries and mains.**
5. **The sound is good because it is on VHF (Very High Frequency).**
6. **My radio doesn't have a short waveband.**
7. **I always listen to the radio at breakfast time.**
8. **This disc-jockey (D.J.) is very popular.**
9. **It is better not to put the speakers on the floor or too high up.**
10. **If you want to listen to this music without annoying anybody, put headphones on.**
11. **There is a very good rock programme on Saturday evenings.**
12. **Should I rewind it or do you want me to forward it ?**
13. **There is some dust on the needle.**
14. **This record is warped and scratched.**
15. **On which wavelength can I get the B.B.C. ?**
16. **I recorded a part of the programme on my cassette recorder.**
17. **Turn the radio on, it will soon be news time.**

news, nouvelle(s)
headlines, gros titres
teenager, adolescent
to launch, lancer
drive, campagne ; élan
reader, lecteur
crucial, décisif
clue, indice
witness, témoin
network, réseau
long waves, grandes ondes
transmitter, émetteur
to broadcast, radiodiffuser, émettre
to cater, pourvoir
taste, goût
current affairs, actualités
talks, entretiens.
fierce, féroce
competition, concurrence
revenue, revenu
advertising, publicité
on the air, à l'antenne
24 hours a day, 24 h. sur 24
aerial, antenne
to pick up, capter
battery(ies), pile(s)
speaker, haut-parleur
headphones, écouteurs
to rewind, rembobiner
to forward, faire avancer
needle, aiguille, saphir

Vocabulaire complémentaire

announcer, présentateur
background noise, bruit de fond
balance, équilibre
bass, basse
breast microphone, micro-cravate
car-radio, auto-radio
cassette-recorder, magnétophone à cassette
to connect, relier
disc-jokey, **D.J.**, **dee-jay**, animateur
earphone, casque d'écoute
erasing head, tête d'effacement
frequency band, bande de fréquence
ham radio, radio amateur
input, entrée
intercom, interphone
interference, parasite
knob, bouton *(à tourner)*
listener, auditeur
listening time, heure d'écoute
local radio station, station de radio locale
microphone, **mike**, micro(phone)
mood music, musique d'ambiance
newscaster, journaliste *(radio)*
news editor, rédacteur en chef
playback head, tête de lecture
press review, revue de presse
producer, metteur en onde
record, disque
recording level, niveau d'enregistrement
recording head, tête d'enregistrement
reel, bobine
to rub off (cassette), effacer
single, 45 tours
sound effect, bruitage
sound engineer, ingénieur du son
switch, bouton
talk-show, débat
tape, bande magnétique
to tape, enregistrer *(magnéto)*
treble, aigu
turntable, platine
to tune into, prendre *(radio)*
the top forty, hit-parade des 45 tours ayant le plus de succès

A ■ Traduire en français

1. VHF transmissions provide a much better sound and much greater freedom than long wave broadcasts.

2. For good VHF reception on fixed equipment the use of an outdoor aerial mounted on a high position is preferable.

3. VHF portable radios should have their aerials adjusted to give the best reception.

4. For medium wave and long wave transmission, portable radios with built-in aerials may also need rotating.

B ■ Traduire en anglais

1. Est-ce que tu peux m'enregistrer cette émission de rock ?

2. Radio Capitale est une station de radio commerciale qui émet à Londres.

3. Est-ce qu'on peut capter la radio française d'ici ?

4. La B.B.C. a l'obligation de radiodiffuser un compte rendu impartial quotidien des débats des deux Chambres du Parlement.

Corrigé

A ■ 1. Les émissions en modulation de fréquence donnent un son bien meilleur et une liberté beaucoup plus grande que les émissions en grandes ondes ou en petites ondes.

2. Pour bien recevoir la modulation de fréquence sur des appareils fixes, l'usage d'une antenne extérieure, placée en hauteur est préférable.

3. Il faut régler l'antenne des postes de radio portatifs en modulation de fréquence pour obtenir la meilleure réception.

4. Pour les émissions en grandes ondes, on peut avoir besoin de déplacer le poste de radio portatif avec antenne incorporée.

B ■ 1. Can you record this rock programme for me ?

2. « Capital Radio » is a commercial radio station which broadcasts in London.

3. Can you pick up French radio from here ?

4. The B.B.C. is required to broadcast an impartial account day by day of the proceedings of both Houses in Parliament.

■ Fixing up a date [1]

J : Julie M : Mike

M— Hi Julie. Have you got a minute ?
J— Yes, what's up ? [2]
M— There's nothing the matter [3]. I was just wondering [4] if you fancied going to the pictures.
J— Well, yes. When ?
M— How about tonight ? They're showing an old Humphrey Bogart movie [5] — « Casablanca »...
J— Oh not that ! I've already seen it three times. And anyway, I've got something on [6].
M— Well, are you doing anything tomorrow night ?
J— Not that I can think of [7].
M— Why don't we go out for a meal, then ?
J— If you want. Have you got a particular place in mind ?
M— There's a Greek restaurant in Oak Street that has just opened. I don't know, perhaps we could give it a try ?
J— Oh, I'm off Greek food [8] at present. I feel like something completely different.
M— Well, there's an Indonesian restaurant off [9] Baker Street. It was very good the last time I went. It depends on [10] you. I'm easy ! [11]
J— Yes, that sounds all right. Why not ?
M— Where do you want to meet ? I can pick you up [12] in the car, if you want.
J— It's a bit stupid you trapsing [13] across the city. Let's meet somewhere in the centre.
M— Turner's wine-bar is very nice. How about that ?
J— Yes, fine !
M— Does seven o'clock suit you ? We can have a couple of drinks beforehand [14].
J— I'd prefer half-seven. It takes me ages to get ready.
M— OK, half-seven, then.
J— Oh, wait a minute. I've just realized. I promised my sister I'd baby-sit tomorrow.
M— Well, Saturday evening, then.
J— Mm. I'll let you know [15] tomorrow. That's the best thing.

date	[dèït]	Julie	[**djou:**li]
matter	[**ma**te]	movie	[**mou:**vi]
Casablanca	[kase**bla**nke]	Greek	[gri:k]
Indonesian	[inde**ni:**jen]	trapsing	[**trèï**psiŋ]
beforehand	[bi**fo:**hand]	promised	[**pro**mist]
Humphrey Bogart	[**hoem**fri **bo:**get]		

J : Julie M : Mike

M— Salut Julie, tu as une seconde ?
J— Oui, qu'est-ce qu'il y a ?
M— Oh rien de spécial. Je me demandais si ça te dirait d'aller au cinéma ?
J— Eh bien, oui. Quand ?
M— Ce soir ? On passe un vieux film avec Humphrey Bogart, *Casablanca*...
J— Oh, pas ça ! Je l'ai déjà vu trois fois. Et de toute manière je suis prise.
M— Bon, et demain tu as quelque chose de prévu ?
J— Je ne crois pas.
M— On n'irait pas manger quelque part ?
J— Si tu veux. Tu as un restaurant en tête ?
M— Il y a un restaurant grec qui vient d'ouvrir dans Oak Street. On pourrait peut-être l'essayer ?
J— Oh, la cuisine grecque ne me dit plus rien en ce moment. J'ai envie de quelque chose de complètement différent.
M— Eh bien, il y a un restaurant indonésien près de Baker Street. C'était très bon la dernière fois que j'y suis allé. C'est comme tu veux. Moi, ça m'est égal !
J— Oui, ça paraît pas mal. Pourquoi pas ?
M— Où veux-tu qu'on se donne rendez-vous ? Je peux venir te chercher en voiture, si tu veux.
J— C'est un peu idiot que tu te tapes toute la traversée de la ville. Donnons-nous rendez-vous dans le centre.
M— Chez Turner, la cave à vins, c'est très bien. On fait comme ça ?
J— Oui, parfait !
M— A sept heures, ça te va ? On peut prendre un pot avant d'y aller.
J— Je préférerais sept heures et demie. Il me faut un temps fou pour me préparer.
M— Bon, d'accord, sept heures et demie.
J— Oh, attends une seconde. Je viens de me rendre compte. J'ai promis à ma sœur de garder ses enfants demain.
M— Bien, samedi soir alors ?
J— Je te dirai ce qu'il en est demain. C'est ce qu'il y a de mieux à faire.

1. **date,** *rendez-vous* (galant). Ne pas confondre avec **appointment,** rendez-vous officiel (chez le médecin, etc.).
2. **what's up** = **What's the matter,** *que se passe-t-il ? Qu'y a-t-il ?*
3. **There is nothing the matter,** *il n'y a rien.* On répondrait positivement par **there is something the matter.**
4. **I was just wondering if you fancied,** *je me demandais si ça vous dirait (plairait).* Remarquez la valeur hypothétique du passé dans **if you fancied.**
5. **movie** = **film,** *film.* Mot d'origine américaine (= **a moving picture)** maintenant utilisé également en anglais britannique.
6. **something on** = **something planned,** *quelque chose de prévu.*
7. **Not that I can think of,** *pas que je sache, je ne crois pas.*
8. **I'm off Greek food,** *la cuisine grecque ne me fait plus envie, je suis dégoûté de la cuisine grecque ;* « **off** » indique l'éloignement, la distance prise.
9. **off Baker Street**, à proximité de Baker Street (dans une rue qui donne sur Baker Street). C'est la rue où était censé habiter Sherlock Holmes, le détective inventé par l'écrivain Conan Doyle (1859—1893). On y trouve aujourd'hui un musée Sherlock Holmes.
10. **It depends on you,** *ça dépend de vous,* **depend** est toujours suivi de la préposition **on.**
11. **I'm easy,** *ça m'est égal, je ne suis pas difficile.* On dirait à l'opposé **I'm very particular.**
12. **to pick s.o. up,** 1) (ici) *prendre qqn en voiture,* 2) (familier) *faire la conquête de qqn, draguer.*
13. **to trapse** = **to traipse,** *traîner, marcher avec effort* (= **to trudge).**
14. **beforehand** = **the moment before,** (adverbe) *par avance, d'avance, au préalable.* A ne pas confondre avec **before** (préposition) qui introduit toujours un mot ou une proposition. **Beforehand** est presque toujours placé en début ou en fin de phrase. On a la même différence entre la préposition **after** et l'adverbe **afterwards** *(après).* Ex. : **We had a drink beforehand. We had a drink before going to the restaurant.**
15. **I'll let you know,** lit. *je te laisserai savoir = je t'informerai.*

Personal column

• *Attractive bachelor girl,* 29, seeks unattached man, early forties, for fun-loving relationship. Into yoga, travel and the arts. Photo preferred. Box No. 368 PN.

• *Professional man,* 36, divorced, tall, slim, wide interests including sport, music and reading, invites sensitive, feminine lady, late twenties, to join him in a mutually rewarding life, possibly marriage. Box No. 369 PO.

• *Tired of being alone ?* Why not write for friendship and sympathy, even more if desired. I am a company director, 49, desperately looking for the woman of my dreams. Box No. 370 PP.

• *Cultured 35-year-old woman,* quite attractive, seeks warm-hearted, thoughtful man for meaningful relationship. Children accepted. Box No. 371 PQ.

• *Male, 33,* graduate, shy, reasonable looks, wants to meet sincere girl for genuine long-term relationship. Box No. 372 PR.

Annonces pour rencontres personnelles

Jolie jeune fille célibataire, 29 ans, cherche homme libre, petite quarantaine pour liaison agréable. Passionnée de yoga, de voyages et d'arts. Photo souhaitée. Boîte 368 PN.

Monsieur, 36 ans, profession libérale, divorcé, grand, mince, s'intéresse à beaucoup de choses, en particulier le sport, la musique et la lecture, invite dame féminine, sensible, 25-30 ans, pour partager avec lui une vie les comblant tous deux. Possibilité de mariage. Boîte 369 PO.

Lassée par la solitude ? Pourquoi ne pas répondre si vous cherchez de l'amitié, de la compréhension, et même plus si vous le désirez. Je suis directeur de société, 49 ans, à la recherche désespérée de la femme de mes rêves. Boîte 370 PP.

Femme cultivée, 35 ans, assez séduisante, cherche ami attentionné et chaleureux pour liaison sincère. Enfants acceptés. Boîte 371 PQ.

Monsieur, 33 ans, études supérieures, timide, physique acceptable, souhaite rencontrer une jeune femme pour liaison authentique et durable. Boîte 372 PR.

Love and marriage !

— « It is a woman's business to get married as soon as possible and a man's to keep unmarried as long as he can. » (G.B. Shaw)
— « A woman without a man is like a fish without a bicycle. » (Florence Kennedy)
— « Love is like the measles. We all have to go through it. » (Jerome K. Jerome)
— « Marry in haste and repent at leisure. » (Proverb)
— « Love is like linen ; often changed the sweeter. » (Phinias Fletcher)
— « All women become like their mothers. That is their tragedy. No man does. That's his. » (Oscar Wilde)
— « If you were my husband, I'd poison your coffee. » (Lady Astor to Winston Churchill)
— « If you were my wife, I'd drink it. » (Winston Churchill to Lady Astor)
— « If music be the food of love, play on. » (Shakespeare)
— « It is a truth universally acknowledged that a single man in possession of a good fortune must be in want of a wife » (Jane Austen)

Amour et mariage !

— « Il est du devoir de la femme de se marier dès qu'elle en a la possibilité et du devoir de l'homme de rester célibataire aussi longtemps qu'il le peut. » (G.B. Shaw)
— « Une femme sans homme, c'est comme un poisson sans bicyclette. » (Florence Kennedy)
— « L'amour, c'est comme la rougeole. Tout le monde est obligé de passer par là. » (Jerome K. Jerome)
— « Qui se marie trop vite s'en repent toute la vie. » (Proverbe)
— « L'amour, c'est comme le linge ; plus on en change, plus il est doux. » (Phinias Fletcher)
— « Toutes les femmes deviennent comme leur mère. C'est là leur drame. Aucun homme ne le devient. C'est là le sien. » (Oscar Wilde)
— « Si vous étiez mon mari, je mettrais du poison dans votre café. » (Lady Astor à Winston Churchill)
— « Si vous étiez ma femme, je le boirais. » (Winston Churchill à Lady Astor.)
— « Si la musique alimente l'amour, continuez à en jouer. » (Shakespeare)
— « C'est une vérité universellement reconnue qu'un célibataire jouissant d'une belle fortune a très évidemment besoin d'une épouse. » (Jane Austen)

1. Est-ce que je ne vous ai pas déjà rencontré quelque part ?
2. Cela ne vous dérange pas que je m'asseye à côté de vous ?
3. Je peux vous offrir un verre ?
4. Vous venez souvent ici ?
5. Ça ne m'intéresse pas.
6. Est-ce que je peux te raccompagner à pied jusque chez toi ?
7. Je veux rompre avec toi.
8. Ça fait un moment qu'ils sortent ensemble.
9. Il lui a demandé de l'épouser, mais elle a refusé.
10. Ça a été le coup de foudre !
11. Tu me manques !
12. Nous sommes faits l'un pour l'autre.
13. Elle m'a posé un lapin.
14. Les hommes préfèrent les blondes.
15. Elle est tombée amoureuse d'un inconnu, grand et brun.
16. Quand auront lieu leurs fiançailles ?
17. Ils ont divorcé et c'est elle qui a la garde des enfants.
18. Sa femme demande le divorce.

---

1. **Haven't I seen you somewhere before ?**
2. **You don't mind me sitting next to you, do you ?**
3. **Can I buy you a drink ?**
4. **Do you come here often ?**
5. **I'm not interested.**
6. **Can I walk you home ?**
7. **I want to finish with you.**
8. **They have been going out with one another for quite a while.**
9. **He asked her to marry him, but she refused.**
10. **It was love at first sight.**
11. **I miss you.**
12. **We're made for one another.**
13. **She stood me up.**
14. **Gentlemen prefer blondes.**
15. **She fell in love with a tall, dark stranger.**
16. **When are they getting engaged ?**
17. **They got divorced and she has custody of the children.**
18. **His wife is divorcing him.**

■ Vous devez connaître

date, rendez-vous
to fix a date, fixer un rendez-vous
to wonder, se demander
to fancy, avoir envie de, aimer
movie, film
to feel like something, avoir envie de quelque chose
to depend on, dépendre de
to pick someone up, prendre quelqu'un en voiture
to trapse, se traîner, se fatiguer à marcher
to baby-sit, garder un enfant, faire du baby-sitting
personal column, annonces pour rencontres personnelles
attractive, séduisant(e)
a bachelor, un célibataire
to seek, sought, sought, chercher, rechercher
professional man, membre des professions libérales
cultured, cultivé(e)
a graduate, un diplômé, une diplômée *(d'université)*
unmarried, célibataire
single, *(adj.)* célibataire
to walk somebody home, raccompagner quelqu'un à pied
to get engaged, se fiancer
wife, épouse
to divorce somebody, divorcer d'avec qqn

Vocabulaire complémentaire

to ask someone out, demander à quelqu'un de sortir avec toi
to be in love with s.o., être amoureux de quelqu'un
best man, témoin à un mariage
to blush, rougir
boy-friend, *(petit)* ami
the bride, la mariée
the bridegroom, le marié
to chat s.o. up, baratiner, draguer quelqu'un
a divorcee, un(e) divorcé(e)
faithful, fidèle
to fancy somebody, avoir le béguin pour quelqu'un
fiancé(e), fiancé(e)
to get married, se marier
girl-friend, *(petite)* amie
good-looking, beau, belle
to go steady with s.o., avoir une liaison durable avec quelqu'un
honeymoon, lune de miel
husband, mari
marriage, mariage *(fait d'être marié)*
to marry s.o., épouser quelqu'un
nice-looking, mignon(ne)
to pick s.o. up, draguer quelqu'un
to seek a divorce, demander le divorce
separated, séparé(e)
unfaithful, infidèle
to be unfaithful, être infidèle, tromper
wedding, mariage *(cérémonie)* ~ ring, alliance
a widow, une veuve
a widower, un veuf

Attention : la belle-famille, les beaux-parents qui agrandiront votre famille à la suite de votre propre mariage seront **your « in-laws » : father-in-law :** beau-père ; **mother-in-law :** belle-mère ; **brother-in-law :** beau-frère ; **sister-in-law :** belle-sœur. Par remariage de votre père ou de votre mère : **step-father, step-mother, step-brother, step-sister.**

A ■ Traduire

Conversation did not go very easily, for she did not seem to have much to say ; and Philip was nervously conscious that he was not amusing her. She listened carelessly to his remarks, with her eyes on other diners, and made no pretence that she was interested in him. He made one or two little jokes, but she took them quite seriously. The only sign of vivacity he got was when he spoke of the other girls in the shop ; she could not bear the manageress and told him all her misdeeds at length.

Somerset Maugham
Of human bondage

B ■ Choisir le bon mot

1. I hesitated (before/beforehand) asking her out.
2. I told her (before/beforehand) that I was divorced.
3. (After/Afterwards) she saw him, she fell in love with him.
4. (After/Afterwards), he explained that he was Canadian.
5. (Before/Beforehand) getting married he lived alone.

C ■ Classer les mots selon la syllabe sur laquelle ils sont accentués

1. minute. **2.** wondering. **3.** already. **4.** tomorrow. **5.** particular. **6.** Indonesian. **7.** beforehand. **8.** realize. **9.** baby-sit. **10.** Saturday.

Corrigés

A ■ La conversation n'était pas facile, car elle ne semblait pas avoir grand-chose à dire, et Philip se rendait compte avec gêne qu'il ne l'amusait pas. Elle écoutait distraitement ses remarques, les yeux fixés sur d'autres dîneurs, et ne cherchait pas à faire semblant de s'intéresser à lui. Il fit une ou deux petites plaisanteries, mais elle les prit très au sérieux. Le seul signe d'animation qu'elle manifesta fut quand il parla des autres filles du magasin. Elle ne supportait pas la patronne (directrice) et lui énuméra longuement ses méfaits (dont elle lui énuméra longuement les méfaits).

B ■ **1.** before **2.** beforehand **3.** After **4.** Afterwards **5.** Before

C ■ *1re syllabe :* **1.** (*mi*nit). **2.** (*woen*dering). **8.** (*ri*elaïz). **9.** (*bèi*bisit). **10.** (*sa*tedi).
2e syllabe : **3.** (o:*l*redi). **4.** (te*mo*rôu). **5.** (pe*ti*kioule). **7.** (bi*fo*:hand).
3e syllabe : **6.** (indôou*ni*:jen).

« Now[1] is the winter of our discontent
Made glorious summer by this sun of York[2]
And all the clouds that lour'd[3] upon our house
In the deep bosom of the ocean buried
Now are our brows bound[4] with victorious wreaths[5] ;
Our bruised[6] arms hung up for monuments ;
Our stern alarums[7] changed to merry meetings ;
Our dreadful marches to delightful measures[8]
Grim-visaged war has smoothed his[9] wrinkled[10] front... »

Sally and Alain during the interval[11]

S— Shall we go and have a drink[12] at the bar while we've still got time ?

A— Yes, I could do with it[13]. I'm afraid Shakespeare really isn't my cup of tea... I'm finding it a bit hard to concentrate and keep switching off.

S— Don't you like the play then ?

A— It's not that I don't like it, I just find the language a bit difficult. It sounds nice. But I don't understand everything.

S— You know Alain, Shakespeare's language[14] is difficult for everybody — even for British people. Your average man in the street can't make head nor tail of it.

A— I suppose that's some consolation. Anyway, I think I've grasped[15] most of the plot. Richard III seems to me to be a typical villain[16]. All he can do is plot and scheme and kill people. And all because he's a hunchback and nobody loves him.

S— I don't know if I'd put it quite like that[17] but I wouldn't say you're entirely wrong. The acting and the costumes are marvellous, aren't they ?

A— Yes, they are... There goes the bell. Too bad about going for a drink. They'll be starting again in a minute.

discontent	[disken**tènt**]	interval	[**in**tevel]
bosom	[**bouz**em]	to concentrate	[**kon**sèntrèit]
ocean	[**ôou**chen]	Shakespeare	[**chè**ikspie]
buried	[**bè**rid]	typical	[**ti**pikel]
wreath	[ṙi:z]	scheme	[ski:m]
dreadful	[**drèd**foul]	entirely	[in'**tai**eli]
measures	[**mè**jez]		

« Voici que l'hiver de notre déplaisir s'est mué
en été radieux par ce soleil d'York, et
que tous les nuages qui menaçaient notre maison
sont enfouis au tréfonds des mers.
Nos fronts sont ceints des guirlandes de la victoire
Nos armes entaillées accrochées comme trophées,
Nos rudes alertes changées en joyeuses réunions,
Nos marches terribles en aimables cadences.
La guerre au sinistre visage a déridé son front plissé... »

Sally et Alain pendant l'entracte au théâtre.

S— On va boire un verre au bar pendant qu'on a encore le temps ?

A— Oui, ce n'est pas de refus. Je crois que Shakespeare, c'est vraiment pas mon genre... J'ai du mal à me concentrer et je n'arrête pas de décrocher.

S— Tu n'aimes donc pas la pièce ?

A— Ce n'est pas que je n'aime pas, je trouve simplement la langue un peu difficile. Ça sonne bien, mais je ne comprends pas tout.

S— Tu sais, Alain, la langue de Shakespeare est difficile pour tout le monde — même pour les Anglais. L'homme de la rue n'y comprend rien.

A— Je suppose que ça devrait me consoler. De toute façon, je crois que j'ai compris la plus grande partie de l'intrigue. Richard III me paraît être le type même du méchant. Tout ce qu'il sait faire c'est comploter et intriguer et assassiner les gens. Et tout ça parce qu'il est bossu et que personne ne l'aime.

S— Je ne sais pas si je présenterais les choses exactement comme ça, mais je ne dirais pas que tu as tout à fait tort. Le jeu des acteurs et les costumes sont merveilleux, tu ne trouves pas ?

A— Oui... Voilà la sonnerie. Tant pis pour le verre. Ils vont reprendre dans une seconde.

1. **Now...,** acte I scène I du *Richard III* de Shakespeare (1597), qui commence par ce monologue du Duc de Gloucester (prononcer [Gl**o**ste], le futur Richard III.
2. **York,** allusion à une victoire de la maison d'York dans la guerre des Deux-Roses, une série de guerres civiles (1455-1487) opposant la maison d'York, dont l'emblème était une rose blanche, à celle de Lancaster dont l'emblème était une rose rouge, pour la succession au trône d'Angleterre.
3. **lour'd, to lour,** (ciel) *s'obscurcir,* (orage) *menacer.*
4. **bound, to bind, bound, bound,** *attacher, lier, ceindre.*
5. **wreath,** sens moderne, *couronne mortuaire.*
6. **bruised, to bruise,** *contusionner, meurtrir, bosseler.*
7. **alarums, alarms** ; *stern, sévère, austère.*
8. **measures,** il s'agit des mesures de la musique, des pas de la danse.
9. **his,** la guerre considérée comme un masculin par personnification poétique. Normalement neutre : **its.**
10. **wrinkled, a wrinkle,** *une ride.* Attention : en anglais moderne, front : **forehead** [f**o**rid].
11. **the interval,** *l'entracte* (au théâtre comme au concert). Au cinéma on utilise le mot **intermission.**
12. **Shall we go and have a drink ?** *on va boire un verre ?* On n'utilise plus **shall** à la 1re personne (du singulier ou du pluriel) comme auxiliaire du futur que dans les phrases interrogatives quand on suggère ou que l'on propose quelque chose et dans les phrases affirmatives pour marquer solennellement l'idée de « devoir ». Sinon on utilise **will** à toutes les personnes.
13. **I could do with it,** *c'est pas de refus.* Euphémisme familier pour exprimer le désir.
14. **the language,** *la langue.* Bien que la langue extrêmement riche de Shakespeare soit considérée comme de l'anglais moderne (**Modern English**) elle présente pas mal de difficultés de compréhension pour beaucoup d'Anglais aujourd'hui.
15. **grasped, to grasp,** *saisir* (manuellement ou intellectuellement).
16. **villain,** *traître.* Dans beaucoup de romans, pièces ou films (en particulier les westerns) on trouve cette division manichéenne entre **goodies** *(bons)* et **baddies** *(méchants).*
17. **I don't know if I'd put it quite like that,** *je ne sais pas si je m'exprimerais/si je dirais ça comme ça.* **Put** a ici le sens de **say.** Ex. : **How shall I put it ?** *comment dirais-je ?*

The golden age of English theatre

It is impossible to talk about English theatre without referring to the Elizabethan and Jacobean periods (1558-

Shakespeare was not alone ; other highly reputed dramatists were Christopher Marlowe (*Doctor Faustus, The Jew of Malta*), Ben Jonson (*The Alchemist, Volpone*), Thomas Dekker (*The Shoemaker's Holiday*), Thomas Kyd (*The Spanish Tragedy*), John Ford (*Tis Pity she's a Whore*) and John Webster (*The Duchess of Malfi*). What was so amazing about this period was the fact that the theatre represented a popular form of entertainment ; there was no division between poetry and life, as the English language obtained a new vitality.
between poetry and life, as the English language obtained a new vitality.

Plays were performed indoors and outdoors in specially built theatres like The Globe, in royal houses or quite simply in the yards of inns. All the above-mentioned works can be found on the British stage today.

L'âge d'or du théâtre anglais

Il est impossible de parler du théâtre anglais sans se référer aux époques élisabéthaine et jacobéenne (1558-1662). Le plus grand dramaturge qui apparut fut, sans l'ombre d'un doute, William Shakespeare (1564-1616).

Shakespeare ne fut pas seul , d'autres dramaturges très réputés furent Christopher Marlowe (*Docteur Faust*, *le Juif de Malte*), Ben Jonson (*l'Alchimiste*, *Volpone*), Thomas Dekker (*la Fête du cordonnier*), Thomas Kyd (*la Tragédie espagnole*), John Ford (*Dommage que ce soit une putain*), et John Webster (*la Duchesse d'Amalfi*). Ce que cette période avait de si étonnant c'est que le théâtre représentait un mode de divertissement populaire : il n'y avait pas de division entre la poésie et la vie alors que la langue anglaise connaissait une nouvelle vitalité.

Les pièces étaient jouées à l'intérieur et à l'extérieur dans des théâtres construits à cet effet comme le *Globe,* dans des demeures royales ou tout simplement dans des cours d'auberges. Aujourd'hui encore on peut voir les œuvres mentionnées ci-dessus sur les scènes britanniques.

William Shakespeare was born in 1564 and died in 1616 ; among his most famous plays are :
The Merchant of Venice (1596) ; *Romeo and Juliet* (1595) ; *Hamlet* (1602) ; *Othello* (1604) ; *Lear* (1605.6) ; *Macbeth* (1606).

The West End can be said to be the heart of British theatre due to the extraordinarily high number of theatres which are situated in this area. West End theatre has earned itself a particular reputation for musicals and comedies. Plays often run for a very long time, the most famous example being Agatha Christie's « The Mousetrap ». Since the demand for seats is high, it is preferable to book in advance. Because of the high cost involved, the more experimental fringe theatre productions seldom tend to reach the West End.

In the provinces, most large towns have a Playhouse. Stratford-upon-Avon (Shakespeare's birthplace) is the home of Britain's most prestigious theatre company « The Royal Shakespeare Company » (RSC). Culturally speaking, the Edinburgh festival (each year in August) is one of the most exciting theatrical and musical events in Great Britain. An interesting theatrical tradition all over the country is the Christmas pantomime, a dramatization of a well-known fairy tale performed specially for children.

On peut dire que le « West End » de Londres est le cœur du théâtre à cause du nombre extraordinairement élevé de théâtres qui sont situés dans ce quartier. Le théâtre du « West End » s'est bâti une réputation pour les comédies et les comédies musicales. Les pièces restent souvent très longtemps à l'affiche et *Souricière* d'Agatha Christie en est l'exemple le plus célèbre. Comme les places sont très demandées, il est préférable de réserver à l'avance. A cause du coût très élevé des productions, il est rare que les pièces de théâtre expérimentales un peu marginales parviennent jusqu'au « West End ».

En province, la plupart des grandes villes ont un centre dramatique. Stratford-upon-Avon (lieu de naissance de Shakespeare) est le point d'attache de la troupe de théâtre la plus prestigieuse de Grande-Bretagne la « Royal Shakespeare Company » (RSC). Du point de vue culturel, le festival d'Edimbourg (en août de chaque année) est un des événements théâtraux et musicaux les plus passionnants de Grande-Bretagne. Il existe partout dans le pays une tradition théâtrale intéressante qui est celle de la pantomime de Noël, l'adaptation pour la scène d'un conte de fées, spécialement pour les enfants.

1. Il n'y a plus que dans les théâtres traditionnels que l'on peut encore voir le rideau se lever quand la représentation va commencer.
2. Ça n'a tenu l'affiche que pendant deux semaines, puis ça a été retiré car c'était un bide monumental.
3. Tout le monde s'extasie devant la dernière pièce de Tom Stoppard.
4. Voulez-vous choisir une place ? Voilà un plan du théâtre.
5. *Macbeth* a eu des critiques très favorables.
6. L'un des acteurs avait le trac et avait oublié son texte.
7. J'étais au premier rang en plein milieu.
8. Est-ce qu'il reste des places pour la représentation de *l'Anniversaire* samedi soir ?
9. Il est trop tard pour réserver mais on peut peut-être y aller à tout hasard.
10. Il est dommage pour les acteurs que le théâtre ait été à moitié vide.
11. Le public s'est levé et a applaudi vigoureusement pendant un quart d'heure.
12. Le théâtre est toujours beaucoup plus vivant que le cinéma bien qu'on ne puisse vraiment pas comparer les deux.

---

1. **It is only in traditional theatres that you can see the curtain rise at the beginning of the play.**
2. **It only ran for two weeks and then it was withdrawn because it was a tremendous flop.**
3. **Everybody is raving about Tom Stoppard's latest play.**
4. **Would you like to choose your seat ? Here is a plan of the theatre.**
5. **« Macbeth » got very good critical reviews.**
6. **One of the actors had stagefright and forgot his lines.**
7. **I was in the first row, right in the middle.**
8. **Do you have any seats left for Saturday night's performance of « The Birthday Party » ?**
9. **It's too late to book but perhaps we could go along on spec.**
10. **It was a shame for the actors that the theatre was half empty.**
11. **The audience stood up and applauded solidly for a quarter of an hour.**
12. **The theatre is always much more alive than the cinema, although you can't really compare the two.**

bosom, sein, giron
to bury, enterrer
interval, entracte
acting, jeu des acteurs
play, pièce
to make head nor tail of sthg, ne rien comprendre à qqchose
plot, intrigue
villain, traître, méchant
hunchback, bossu
to plot, comploter
to scheme, conspirer, intriguer
dramatist, dramaturge
to perform a play, représenter une pièce
stage, scène
musical, comédie musicale
theatrical, théâtral
fairy tale, conte de fées
curtain, rideau
flop, bide
critical reviews, critiques (*articles,* etc.)
stagefright, trac
audience, public

Vocabulaire complémentaire

the cast, les acteurs *(d'une pièce)*
the casting, la distribution
cue, réplique
dressing-rooms, loges
dress-rehearsal, générale
last night, dernière
limelight, feux de la rampe
part, rôle
performance, représentation, spectacle
playwright, auteur dramatique
premiere, première
prompter, souffleur
props, accessoires
to rehearse, répéter
scenery/decor, décor
understudy, doublure
wings, coulisse

To be or not to be : that is the question.
Whether' tis nobler in the mind to suffer
The slings and arrows of outrageous fortune,
Or to take arms gainst a sea of troubles,
And by opposing end them ? To die, to sleep,
No more...

Hamlet, Act III, Scene I
William Shakespeare (1602)

Être ou ne pas être, telle est la question.
Est-il plus noble pour l'esprit de souffrir
Les traits et les flèches d'une fortune hostile
Ou de prendre les armes contre un océan de maux
Et, en s'y opposant, d'y mettre fin ? Mourir, dormir,
Plus rien...

A ■ Compléter

1. The Royal Shakespeare Company will ..... *King Lear* this winter in London.

2. The clothes the actors wore were all medieval ..... .

3. Perhaps we should ..... our seats in advance.

4. The ..... applauded to show their appreciation of the play.

B ■ Traduire

1. Shakespeare n'était pas seulement un dramaturge, c'était aussi un grand poète, un acteur, un metteur en scène et un directeur de théâtre.

2. Le théâtre élisabéthain est considéré par beaucoup comme l'âge d'or du théâtre anglais.

3. En Angleterre, c'est une vieille tradition que d'emmener les enfants voir une pantomime à l'époque de Noël.

4. Les comédies, ce n'est pas mon genre !

5. C'était une pièce moderne ; il n'y avait pas beaucoup d'accessoires et la scène était quasiment vide.

C ■ Traduire

1. They spent a lot of money on the play but it was still a flop. Nobody went to see it.

2. We will have to have a good night out in the West End and see a show.

3. The cast was full of big names, but I didn't like the acting.

Corrigé

A ■ 1. perform. **2.** costumes. **3.** book. **4.** audience.

B ■ 1. Shakespeare was not only a dramatist ; he was also a great poet, an actor, a producer and a theatre manager.

2. The Elizabethan theatre is considered by many as the Golden age of English theatre.

3. It is an old tradition in England to take the children to see a pantomime at Christmas time.

4. Comedies aren't my cup of tea.

5. It was a modern play : there weren't many props and the stage was nearly empty.

C ■ 1. Ils ont dépensé beaucoup d'argent pour la pièce, mais cela a quand même été un bide. Personne n'est allé la voir.

2. Il faudra que nous passions une bonne soirée dans le West End pour aller voir un spectacle.

3. La distribution était riche en grands noms mais je n'ai pas aimé le jeu des acteurs.

S : Sue R : Rod, a friend of hers.

R— Hello Sue ! As I was in the area I thought I'd call round[1]...

S— Fine ! Come in ! Sit down and take your coat off... Do you want a cup of coffee ?[2]

R— Oh, I wouldn't mind...

S— In actual fact you've timed it just right. I've just this very minute[3] put the kettle on. So what's new ? We haven't seen each other for ages !

R— I suppose the last time must have been at Steve's party.

S— Yes, that's right. So what have you been doing with yourself since then ?

R— Not much. I changed jobs a while[4] back. I'm working in computing[5] now.

S— And how is it ?

R— As boring as hell[6] ! The pay is good and I work flexi-time... I'm thinking of looking around for something else, though.

S— I thought computing was one of the « in »[7] things at the moment. Everybody is talking about it.

R— Perhaps it's because they don't have anything to do with it !

S— Some people[8] don't change, do they ?

R— No... Anyway, let's change the subject. How are you getting on ?[9]

S— Oh, I can't complain... The job's OK. As you can see, I'm in the middle of getting the house into shape[10]. Life hasn't been treating me too badly. Look, are you free this evening ?

R— Yes, why ?

R— Well, I've invited some friends around for a meal. If you give me a hand getting it ready, there might even be a few crumbs left over for you ![11]

R— Great idea.

area	[**èe**rie]	subject	[**soeb**djikt]
actual	[**ak**tchouel]	complain	[kem**plèïn**]
suppose	[se**pôouz**]	shape	[chèïp]
computing	[kem**piou:**tiŋ]	invited	[in**vaï**tid]
boring	[**bo:**riŋ]	crumbs	[kroemz]

S : Sue R : Rod, un de ses amis.

R— Bonjour, Sue ! J'étais dans le coin et j'ai eu l'idée de passer voir ce que tu devenais !
S— Bien ! Rentre ! Assieds-toi et enlève ton manteau... Tu veux une tasse de café ?
R— Je veux bien.
S— En vérité tu tombes vraiment bien. Je viens à l'instant de mettre chauffer la bouilloire. Alors quoi de neuf ? Ça fait un bail que l'on s'est pas vus !
R— Je crois que la dernière fois ça devait être à la soirée de Steve.
S— Oui, c'est ça. Alors qu'est-ce que tu as fait de beau, depuis ?
R— Pas grand-chose. J'ai changé de boulot il y a quelque temps. Je travaille actuellement dans l'informatique.
S— Et c'est comment ?
R— A mourir d'ennui ! C'est pas mal au point de vue salaire et je fais l'horaire flexible. Mais enfin, j'ai envie de chercher autre chose.
S— Je pensais que l'informatique c'était ce qu'il y avait de mieux en ce moment. Tout le monde en parle.
R— Peut-être parce qu'ils ne savent pas ce que c'est !
S— Il y en a qui ne changent pas, hein ?
R— Non... Enfin, changeons de sujet. Et toi, comment ça va ?
S— Oh, faut pas se plaindre. Le boulot, ça va. Comme tu vois, je suis juste en train d'aménager la maison. La vie n'a pas été trop horrible pour moi. Écoute, tu es libre ce soir ?
R— Oui, pourquoi ?
S— Eh bien, j'ai invité des amis à manger. Si tu m'aides à préparer le repas, il y aura peut-être même quelques restes pour toi.
R— Géniale, ton idée !

1. **I'd call round,** *je passerais te voir* → **to call round (on s.o.)** : *rendre visite à quelqu'un ;* **round** porte l'idée de mouvement.
2. **a cup of coffee,** le café est à la mode en Angleterre et concurrence (surtout chez les jeunes) le thé traditionnel. Il faut noter toutefois qu'il ne s'agit pas, en général, de café en grains ni même moulu, mais de café instantané **(instant coffee).**
3. **this very minute,** *à l'instant même* → **very** (adjectif), *vrai, véritable,* (emphatique) *même, extrême ;* cf. **from this very day onwards,** *dès aujourd'hui ;* **at the very beginning,** *tout au début.*
4. **a while,** *un espace de temps,* cf. **after a while,** *quelque temps après ;* **for a while,** *pendant quelque temps.*
5. **computing,** *l'informatique* → **a computer,** *un ordinateur.*
6. **As boring as hell,** (expression familière) *à mourir d'ennui.* Littéralement, *aussi ennuyeux que l'enfer.*
7. **the « in » things,** *les choses à la mode, dans le vent.* Sous-entendu **to be in fashion,** *être à la mode.* ≠ **out of date/out of fashion.** Remarquez comme la préposition est ici utilisée comme un adjectif épithète.
8. **Some people,** *certaines personnes.* Façon humoristique de désigner ainsi de manière détournée la personne à qui on s'adresse (sous-entendu **You don't change**).
9. **How are you getting on ?** *comment ça va ?* **to get on, 1)** *avancer, progresser ;* **2)** *arriver, faire son chemin ;* **3)** *s'entendre, s'accorder ;* **4)** *monter (dans un train, bus) ;* **5)** *continuer, poursuivre.* Dans le sens de **How are you ?** on peut aussi utiliser dans une langue familière **How's life ?, How are things going ?, How is it going ?** ou encore **How goes it ?**
10. **getting the house into shape,** *aménager la maison.* Littéralement : *lui donner forme.* C'est-à-dire : faire les travaux pour qu'elle soit selon son goût.
11. **a few crumbs left over for you,** littéralement *quelques miettes qui restent pour toi.* Façon plaisante et familière de l'inviter à manger ; cf. **the left-overs,** *les restes.*

English proverbs :

Politeness costs nothing but it goes a long way, la politesse ne coûte rien mais facilite bien les choses.
A friend in need is a friend indeed, c'est dans le besoin que l'on reconnaît ses amis.

Eating at a British person's home is no more a formal affair than anywhere else. We would however like to offer advice on certain points in order to avoid a feeling of awkwardness due to differences in table manners.

Bread is served on a bread plate, always with butter. Dipping your bread in gravy or dunking your biscuit in your morning coffee is badly looked upon, even if your host would probably never dare to say anything. Soup is eaten away from oneself, slurping should of course be avoided at all times ! Plates and cutlery are changed after each course. Wine glasses are generally filled to the brim.

When not eating, your hands should be kept off the table. When you have finished eating, your knife and fork should be placed on your plate, side by side and straight in front of you. On a final note, don't be surprised if cheese is served after the dessert, followed by coffee and biscuits.

Un repas chez les Anglais n'est pas plus une « cérémonie » que partout ailleurs. Nous voudrions, toutefois, vous donner des conseils sur certaines choses afin de vous éviter de vous sentir mal à l'aise à cause des différences dans la manière de se tenir à table.

On sert le pain, toujours accompagné de beurre, sur une assiette réservée à cet usage . Il est très mal vu de tremper son pain dans la sauce ou de plonger son petit gâteau dans le café du matin, même si votre hôte n'oserait probablement jamais vous en faire la remarque. On mange sa soupe en sortant la cuillère de l'assiette à l'opposé de soi ; il faut bien sûr dans tous les cas éviter de faire du bruit en mangeant ! Les assiettes et les couverts sont changés après chaque plat. Les verres à vin sont en général remplis jusqu'au bord.

Quand on ne mange pas, on ne doit pas avoir les mains sur la table. Quand on a fini de manger, on doit placer son couteau et sa fourchette sur l'assiette, côte à côte, manches vers soi. Et enfin, ne soyez pas surpris si le fromage est servi après le dessert, suivi de café et de petits gâteaux.

Withdraw thy[1] foot from thy neighbour's house ; lest he be weary of thee and so hate thee[1].

Bible. Proverbs 25-17.

Retire-toi de la maison de ton voisin, de crainte qu'il ne se fatigue de ta présence et ne se mette à te détester.

(1) Tutoiement biblique et langue archaïque.

Politeness is a way of life in Great Britain. It is not just a question of words but of attitudes. People are generally polite without even realizing it. They take politeness for granted and feel very relaxed about it — it's merely a question of considering one's fellow citizens. Although certain habits may seem out of date to the younger generation, you will still see plenty of people giving up their seat to a lady in a bus or on a train. Similarly, many a man will help a woman into her coat, open a door for her and even walk on the outside.

That doesn't mean that everyone is calm and collected, but rudeness and selfishness are considered to be antisocial. Don't hesitate to ask for information, you will find that people will help you whenever they can. People do queue up everywhere ; pushing in is frowned upon from bus stops to bars. Once you respect this golden rule you are sure to have a pleasant stay in Britain.

En Grande-Bretagne, la politesse est une façon de vivre. Ce n'est pas simplement une question de mots mais d'attitudes. Les gens sont, en général, polis, sans même s'en rendre compte. Pour eux la politesse va de soi et ne leur pose pas de problèmes — c'est une simple question de respect de ses concitoyens. Bien que certaines habitudes puissent paraître démodées aux jeunes, vous verrez beaucoup de gens qui cèdent leur place à une dame dans l'autobus ou le train. De même, il est courant qu'un homme aide une femme à enfiler son manteau, lui ouvre la porte et même l'accompagne en marchant du côté de la route.

Cela ne signifie pas que tout le monde soit calme et réservé, mais la grossièreté et l'égoïsme sont considérés comme des comportements asociaux. N'hésitez pas à demander des renseignements, vous vous apercevrez que les gens vous aident chaque fois qu'il le peuvent. En effet, on fait la queue partout ; les resquilleurs sont très mal vus, des arrêts d'autobus aux comptoirs des bars. Une fois que vous respectez cette règle d'or, vous êtes sûr d'avoir un séjour agréable en Grande-Bretagne.

To be an ideal guest, stay at home.
Edgar Wallace Howe
Soyez l'invité idéal : restez chez vous.

1. Qu'est-ce que je peux vous offrir ?
2. Servez-vous !
3. Passez quand vous voulez, ça me fera plaisir.
4. Il nous a fermé la porte au nez.
5. Mon épouse et moi-même serions très heureux d'accepter votre invitation.
6. Ça vous dirait de prendre un verre à la maison avant de sortir en ville ?
7. Pourquoi tu n'arrêtes pas tout, et on ira plutôt manger au restaurant ?
8. Je ne pensais pas que vous seriez chez vous.
9. On a frappé ?
10. Bon, je m'en vais.
11. Est-ce que Lucy est là ? Non, elle est sortie.
12. Savez-vous quand elle rentrera ?
13. Est-ce que vous avez récemment eu des nouvelles de John ?
14. Je crains que tu n'arrives au mauvais moment. J'allais sortir.
15. Il n'y a personne à la maison.
16. Je ne veux pas vous retenir plus longtemps.
17. Elle va vous faire visiter la maison.
18. Asseyez-vous donc !

---

1. **What would you like to drink ?**
2. **Help yourself !**
3. **Feel free to drop in whenever you like.**
4. **He slammed the door in our face.**
5. **My wife and I would be very pleased to accept your invitation.**
6. **How about calling round at my place for drinks before going out on the town ?**
7. **Why don't you drop everything and we'll go out for a meal instead ?**
8. **I didn't think I'd catch you in.**
9. **Did somebody knock ?**
10. **Right then, I'll be off.**
11. **Is Lucy in ? No, she's out at present.**
12. **Do you know when she'll be back ?**
13. **Have you heard from John recently ?**
14. **I'm afraid you've come at a bad time. I'm going out.**
15. **Nobody is at home.**
16. **I won't keep you any longer.**
17. **She'll show you round the house.**
18. **Do take a seat !**

to call round, rendre visite à qqn
to time sth, programmer qch, choisir un moment pour qch
kettle, bouilloire
a while back, il y a quelque temps
computing, l'informatique
pay, salaire
flexi-time, l'horaire flexible
to look around for a job, chercher du travail
crumb [krœm], miette
to dip, tremper
to dunk, faire la trempette
to slurp, faire du bruit en mangeant
cutlery, les couverts
plate, assiette
awkwardness, maladresse
politeness, politesse
to take sth for granted, considérer qch comme allant de soi
fellow citizen, concitoyen
habit, habitude
to give up one's seat, céder sa place
rudeness, grossièreté
selfishness, égoïsme
a golden rule, une règle d'or
to drop in, rendre visite en passant
to knock, frapper
to detain someone, retenir, retarder qqn
to show s.o. round the house, faire visiter la maison à qqn

Vocabulaire complémentaire

bowl, récipient creux
butter dish, beurrier
cake-slice, pelle à tarte
corkscrew, tire-bouchon
crockery, vaisselle *(de faïence)*
cruet-stand, huilier-vinaigrier
to do the washing up, faire la vaisselle
to dry, essuyer
fish knife, couteau à poisson
fork, fourchette
fruit-dish, coupe à fruits
frying-pan, poêle à frire
knife, couteau
ladle, louche
to lay the table, mettre la table
lid, couvercle
napkin, serviette
pepper pot, poivrier
salad bowl, saladier
salt cellar, salière
saucepan, casserole
saucer, soucoupe, sous-tasse, serviette *(en papier)*
sieve, passoire
soup bowl, soupière
spoon, cuiller
sugar basin, sucrier
tea-pot, théière
tea-strainer, passoire à thé
to tidy up, remettre les choses en place, ranger
water jug, carafe à eau
to call on someone, rendre visite à qqn
to drop by, rendre visite en passant
to drop someone off, déposer qqn *(en voiture)*
to give someone a lift, emmener qqn en voiture
to meet someone at the station, aller chercher qqn à la gare
to pick someone up, passer prendre qqn
to put someone up for the night, loger qqn pour la nuit
to take pot luck with someone, dîner chez qqn à la fortune du pot, à la bonne franquette

A ■ Complétez avec des particules adverbiales

1. Call ... after six. I'm generally home from work by then.
2. Sit ... and feel at home !
3. Perhaps you could help me to tidy... the flat before the others arrive.
4. I'm looking ... for a bigger house.
5. I'll clean the table ... You've done enough work cooking the meal !

B ■ Traduisez

Dear Sue,

Just a few lines to say thank-you for the wonderful evening last night. We really must get together more often. I'm thinking of cooking a meal for friends sometime next week. You're welcome to come over. I'll give you a ring when everything has been sorted out.

Cheers, and thanks a lot, once again !

Rod

PS. - My phone number at work is 635 7721.

C ■ Traduire

Je suis désolé de n'avoir pu répondre à votre invitation pour la soirée de dimanche. Nous étions partis pour le week-end et n'avons eu votre mot que lundi.
Je vous téléphonerai cette semaine. Nicole et moi-même serions ravis de vous inviter à dîner au restaurant à une date qui vous conviendrait.

Corrigé

A ■ 1. round. **2.** down. **3.** up. **4.** around. **5.** off.

B ■ Chère Sue,

Juste un petit mot pour te remercier de la merveilleuse soirée d'hier. Nous devrions nous réunir plus souvent. Je pense faire un repas pour des amis un jour de la semaine prochaine. Tu seras la bienvenue. Je te passerai un coup de fil quand tout sera fixé.

Salut et encore une fois merci !

Rod

PS. - Le numéro de téléphone de l'endroit où je travaille est 635 7721.

C ■ I am very sorry I could not answer your kind invitation for Sunday evening. We were away for the week-end and only received your letter on Monday.
I will phone you later on this week. Nicole and myself would be delighted to take you out to dinner. Could you suggest a convenient date ?

■ Hobbies[1]

P : Peter C : Carol

C— I like your ship.
P— Do you ?
C— Yes, I do. Where did you buy it ?
P— I didn't. I made it myself[2].
C— Really ? I didn't know you were so creative.
P— Oh, it's just a hobby of mine[3].
C— Did you make it all up yourself[4] ? Or did you buy a kit[5] ?
P— A bit of both[6] really, I generally buy the basic kit and then I add things.
C— Just off the top of your head[7], like that ?
P— Oh no ! I don't just add any old thing. I've got a collection of books on sailing ships. Once I find something that strikes my eye I try to imitate it as closely as possible.
C— It sounds awfully technical[8] ! Do you mean to say that that ship actually existed ?
P— Yes, of course. It's a galleon from Christopher Columbus's time.
C— It's ever so detailed ! Did it take you a long time to do it ?
P— About six months, working on and off[9].
C— Was it difficult ?
P— You've just got to have patience !
C— Oh, that's out for me, then. I tried knitting but got bored after two rows ! I'm hopeless.
P— Well, you've probably got other interests. You're a much better cook than I am.
C— Yes, but cooking isn't a hobby, is it ?
P— It can be.
C— No, I definitely think I'm made to be waited upon. Do you ever make models for anyone else ?
P— I haven't done in the past.
C— You see, the reason why I'm asking[10] is that I've always been fascinated by ships in bottles...
P— You provide the bottle first, and I'll think about it !

hobbies	[**ho**biz]	Columbus	[kel**oem**bes]
creative	[kri**èï**tiv]	detailed	[**di**:tèïld]
basic	[**bèï**sik]	patience	[p**èï**chens]
collection	[kel**èk**chen]	knitting	[**ni**tiŋ]
imitate	[**i**mitèït]	fascinated	[**fa**sinèïtid]
galleon	[g**a**lien]	models	[**mo**dlz]

P : Peter C : Carol

C— J'aime bien ton bateau.
P— Ah bon ?
C— Oui. Où l'as-tu acheté ?
P— Je ne l'ai pas acheté. Je l'ai fait moi-même.
C— C'est vrai ? Je ne savais pas que tu étais si créatif !
P— Oh, c'est simplement un de mes passe-temps.
C— Tu as tout fait toi-même ou tu as acheté une maquette à monter ?
P— Un peu des deux, en fait. J'achète en général la maquette de base puis j'ajoute des choses.
C— Ce qui te passe par la tête, comme ça ?
P— Oh, non ! Je n'ajoute pas simplement n'importe quoi. J'ai toute une collection de livres sur les voiliers. Dès que je trouve quelque chose qui accroche mon regard, j'essaye de l'imiter aussi exactement que possible.
C— Ça paraît terriblement technique ! Est-ce que tu veux dire que ce bateau-là a vraiment existé ?
P— Oui, bien sûr ! C'est un galion de l'époque de Christophe Colomb.
C— Et il y a tous les détails ! Il t'a fallu longtemps pour le faire ?
P— A peu près six mois, en y travaillant de temps en temps.
C— C'était difficile ?
P— Il faut avoir de la patience !
C— Oh, ce n'est pas pour moi, alors ! Je m'étais mise au tricot mais j'en ai eu marre après deux rangs. Je suis désespérante.
P— Eh bien, tu as probablement d'autres intérêts. Tu cuisines bien mieux que moi.
C— Oui, mais la cuisine n'est pas un violon d'Ingres.
P— Ça peut l'être.
C— Non, je pense sincèrement que je suis faite pour me faire servir. As-tu déjà fait des maquettes pour d'autres ?
P— Ça ne m'est jamais arrivé.
C— Tu vois, je te demande ça parce que j'ai toujours été fascinée par les bateaux dans des bouteilles...
P— Donne d'abord la bouteille et j'y réfléchirai !

1. **Hobby** (plur. **hobbies**), *passe-temps, violon d'Ingres.* Désigne toute activité que l'on fait uniquement pour son plaisir. Le mot vient de **hobby horse,** littéralement *dada, cheval-bascule.*
2. **I made it myself,** *je l'ai fait moi-même.* **Myself** pronom réfléchi de la 1re personne du singulier. Ceux des autres personnes sont : **yourself, himself, herself, itself, ourselves, yourselves, themselves.**
3. **a hobby of mine** = **one of my hobbies,** *un de mes passe-temps.* Remarquez la construction avec le pronom possessif ; cf. **a friend of yours,** *un de vos amis.*
4. **Did you make it all up yourself ?** *est-ce que tu as tout fait toi-même ?* **To make sth up,** *inventer, fabriquer qch ;* cf. **to make up a story,** *inventer une histoire de toutes pièces.*
5. **a kit,** *petit équipement, trousse, nécessaire, panoplie.* C'est un ensemble de choses (pièces et/ou outils) destinées à un usage ou à un assemblage particuliers.
6. **A bit of both,** *un peu des deux.* **Both** s'applique aux deux propositions précédemment énoncées **make it up yourself** et **buy a kit.**
7. **off the top of your head,** *ce qui te passe par la tête.* Expression imagée et un peu familière qui exprime à la fois la soudaineté de l'idée et son caractère totalement inattendu.
8. **It sounds awfully technical,** *ça paraît terriblement technique* (sous-entendu *ce que tu viens de me dire*). On remarquera la précision de l'anglais qui utilisera de préférence un verbe spécifique désignant l'un des cinq sens auquel il est fait appel, là où le français se contente souvent des seuls verbes *paraître* ou *ressembler* ; ex. : **you look tired,** *tu parais fatigué* ; **it tastes like chicken,** *ça ressemble à du poulet.* Autres verbes qui désignent l'un des cinq sens : **to feel** ; ex. : **my hands feel like ice** et **to smell** ; ex. : **it smells good.**
9. **On and off,** *de temps en temps, par intervalles, par instants.* **On** désigne le moment où l'on fait la chose et **off** celui où l'on ne la fait pas.
10. **the reason why I'm asking,** lit. *la raison pour laquelle je demande.* La forme anglaise (plus simple) est d'un niveau de langue moins élevé que sa traduction directe en français.

Hobbies can take in any activity which you like to indulge in during your leisure time. Collecting things is one of the commonest hobbies and the number of things that can be collected is infinite. Some people collect stamps, butterflies, antiques, coins, others choose unusual items like beer-mats, licence plates and medicine bottles.

Nature is in fact man's oldest hobby. Gardening is a popular British pastime : people mow their lawns whenever they can and many gardeners are extremely proud of their roses.

Another way to broaden your interests is to enroll at night-school classes. If you want, purely academic subjects are offered, but a great number of people prefer to take classes in handicrafts such as needlework, embroidery, pottery, painting, dressmaking, basket weaving, etc. Some schools even offer dancing and photography lessons.

Going to the pub is still considered by many as one of the most usual ways of spending one's time, along with watching television and washing the car on a Sunday morning !

Les passe-temps peuvent inclure toute activité à laquelle on aime se livrer pendant son temps de loisir. Les collections sont un des passe-temps les plus répandus et le nombre de choses que l'on peut collectionner est infini. Certains collectionnent les timbres, les papillons, les antiquités, les pièces de monnaie ; d'autres choisissent des objets insolites comme les dessous de verre, les plaques minéralogiques et les flacons pharmaceutiques.

La nature est en fait le passe-temps le plus ancien de l'homme. Le jardinage est une activité de loisir populaire en Grande-Bretagne : les gens tondent leur pelouse chaque fois qu'ils le peuvent et de nombreux jardiniers sont extrêmement fiers de leurs roses.

Une autre manière d'élargir son champ d'intérêts est de s'inscrire aux cours du soir. Si vous désirez, vous pouvez étudier des sujets purement académiques ; toutefois, un grand nombre de gens préfèrent prendre des leçons d'artisanat tels que la couture, la broderie, la poterie, la peinture, la confection, la vannerie, etc. Il y a même parfois des cours de danse et de photo.

Beaucoup de gens considèrent encore qu'une des façons les plus naturelles de passer son temps est d'aller au pub, de regarder la télé ou de laver sa voiture le dimanche matin !

Some people are under the impression that all that is required to make a good fisherman is the ability to tell lies easily and without blushing ; but this is a mistake. It is in the circumstantial detail, the embellishing touches of probability, the general air of scrupulous — almost of pedantic — veracity, that the experienced angler is seen.

Anybody can come in and say, « Oh, I caught fifteen dozen perch yesterday evening ».

There is no art, no skill, required for that sort of thing. It shows pluck, but that is all.

No ; your accomplished angler would scorn to tell a lie, that way. His method is a study in itself.

He comes in quietly with his hat on, appropriates the most comfortable chair, lights his pipe, and commences to puff in silence. He lets the youngsters brag away for a while, and then, during a momentary lull, he removes the pipe from his mouth, and remarks, as he knocks the ashes out against the bars :

« Well, I had a haul on Tuesday evening that it's not much good my telling anybody about. »

J.K. Jerome (*Three Men in a Boat*)

Certaines personnes ont l'impression que tout ce qui est nécessaire pour faire un bon pêcheur, c'est l'aptitude à raconter des mensonges avec facilité, sans rougir ; mais c'est une erreur. C'est dans le détail circonstancié, dans la vraisemblance embellie à petites touches, à l'air général de scrupuleuse — et presque pédante — véracité, que l'on reconnaît le pêcheur à la ligne expérimenté.

N'importe qui peut venir vous dire : « Eh, j'ai pris quinze douzaines de perches hier après-midi. »

Cette façon de dire les choses n'exige ni art ni talent ; elle témoigne d'un certain cran, mais c'est tout.

Non ; le pêcheur à la ligne accompli n'aurait que du dédain pour cette façon de raconter un mensonge. Sa méthode est, en soi, à étudier.

Il entre tranquillement, un chapeau sur la tête, et s'approprie le fauteuil le plus confortable, allume sa pipe, et commence à tirer des bouffées en silence. Il laisse les jeunes fanfaronner un moment, puis, pendant une accalmie passagère, il ôte la pipe de sa bouche, et déclare, tout en secouant les cendres contre les grilles :

« Eh bien, j'ai fait une prise, mardi soir, qui ne vaut pas vraiment la peine d'en parler à personne. »

1. J'aime m'évader en allant me promener dans la nature.
2. Je suis un vrai citadin. J'aime fréquenter les boîtes de nuit et les bars.
3. C'est un sportif endurci.
4. Il est très bon manuellement.
5. La chasse est un de mes passe-temps favoris.
6. Il est tellement agréable de faire du vélo quand il fait beau.
7. Il faut être en bonne condition physique pour faire de la course à pied.
8. J'aime le sport, mais seulement comme spectateur.
9. Il n'est bon à rien.
10. Je ne peux me consacrer à mes passe-temps qu'au week-end.
11. Voilà un violon d'Ingres original !
12. Je ne savais pas que vous étiez un passionné de photo.
13. Tu pourrais vendre tes peintures assez facilement.
14. A voir tes plantes, tu as sûrement la main verte.
15. Je ne suis pas un spécialiste, je fais ça en amateur.
16. Mon mari est un vrai rat de bibliothèque ; il n'arrête pas de lire.
17. Je ne joue jamais aux cartes. Ça ne m'intéresse pas.
18. J'appartiens à un club.

---

1. I like to escape from it all and go for a walk in the country.
2. I'm a real city-person. I love hanging around in night-clubs and bars.
3. He is a fitness fanatic.
4. He's very good with his hands.
5. Hunting is one of my favourite pastimes.
6. It is such a pleasure to go cycling when the weather is nice.
7. You've got to be in good physical condition to go jogging.
8. I like sport, but only as a spectator.
9. He's no good at anything.
10. I've only got time for my hobbies at the weekend.
11. That's an unusual hobby !
12. I didn't know that you were such a keen photographer.
13. You could sell your paintings quite easily
14. Judging by your plants, you certainly do have green fingers.
15. I'm not a professional, I'm just an amateur.
16. My husband is a real bookworm ; he never stops reading.
17. I never play cards. It's not my thing.
18. I belong to a club.

■ Vous devez connaître

creative, créatif(ve)
hobby, passe-temps, violon d'Ingres
kit, maquette à monter,
sailing ship, voilier
to strike, frapper
to imitate, imiter
awfully, terriblement
actually, véritablement
galleon, galion
knitting, tricot
to be bored, s'ennuyer
row, rangée
cook, cuisinier
model, modèle réduit
to provide, fournir
to indulge, se livrer à
leisure, loisir
to collect, collectionner
stamp, timbre
butterfly(ies), papillon(s)
antiques, antiquités
coins, pièces de monnaie
unusual, insolite
items, objets, éléments
beer-mat, dessous de verre
licence-plate, plaque minéralogique
gardening, jardinage
proud, fier
to broaden, élargir
to enroll, s'inscrire
night-school class, cours du soir
handicraft(s), artisanat(s)
needlework, couture
embroidery, broderie
pottery, poterie
painting, peinture
dressmaking, confection
basket-waving, vannerie
dancing, dance
photography, photographie
fisherman, pêcheur
ability, capacité
to tell lies, dire des mensonges
to blush, rougir
angler, pêcheur à la ligne
perch, perche
tip, bout
tail, queue
skill, talent
pluck, cran
to scorn, mépriser, dédaigner
to puff, tirer des bouffées
to brag, fanfaronner, se vanter
lull, accalmie
ash(es), cendre(s)
haul, prise
to escape, s'évader
fitness, forme
hunting, chasse
to go cycling, faire de la bicyclette
to be keen on, aimer, être amateur de
to have green fingers, avoir la main verte (litt. : les doigts verts)
bookworm, rat de bibliothèque

Vocabulaire complémentaire

archeology, archéologie
bird watching, ornithologie
canoeing, pratique du canoë
cross-country skiing, ski de fond
do-it-yourself, bricolage
domino(es), domino(s)
draughts [dra:fts], dames *(jeu de)*
gymnastics, gymnastique
indoor activities, activités d'intérieur
outdoor activities, activités de plein air
pattern, patron *(couture)*
roller-skating, patinage
skating, patinage
stamp collecting, philatélie
swimming, nage
weaving, tissage
wind-surfing, planche à voile
wool, laine

A ■ Traduire en anglais

1. Quel est ton passe-temps favori ?

2. Il consacre tous ses dimanches à la philatélie.

3. Il faut beaucoup de patience pour réaliser un modèle réduit.

4. J'ai essayé la pêche à la ligne mais ça m'a ennuyé.

5. Son violon d'Ingres est de collectionner les livres anciens.

B ■ Traduire en français

Hobby : a specialized pursuit (such as stamp collecting, painting, growing roses...) outside one's regular occupation and that one indulges in as a source of leisure-time relaxation.

C ■ Compléter

1. In my spare time I build... airplanes.

2. I bought a... to make a dress, but I haven't had time to read the instructions yet.

3. You know, you can make your own beer. You just have to buy a...

4. I enjoy... activities such as sailing, canoeing and windsurfing.

5. My interests are cultural. I like visiting art exhibitions and...

D ■ Complétez avec les verbes to « look », « sound », « feel », « taste » et « smell »

1. This wool . . . very soft.

2. Your perfume . . . very nice.

3. His latest book . . . awfully boring.

4. Your cakes always . . . delicious.

5. What you said . . . really interesting.

Corrigé

A ■ 1. What's your favourite hobby ?

2. He devotes all of his Sundays to stamp collecting.

3. You need a lot of patience to make a model.

4. I tried angling but got bored.

5. His hobby is collecting old books.

B ■ Hobby : activité spécifique (telle que collection de timbres, peinture, culture de rosiers...) distincte de son métier et à laquelle on s'adonne pour se détendre pendant ses heures de loisir.

C ■ 1. model. **2.** pattern. **3.** kit. **4.** outdoor. **5.** museums.

D ■ 1. feels. **2.** smells. **3.** looks. **4.** taste. **5.** sounds.

H : Husband W : Wife

W— Is there anything good on TV [1] tonight ?
H— Hold on a minute, I'll have a look in the newspaper [2]... At eight o'clock there's a film on BBC 1 [3] : « One of our aircraft is missing. » It's a war film.
W— Isn't there anything else on ?
H— There's a music programme on BBC 2.
W— What kind of music ?
H— Classical. Well, it's a chat show [4] with guest musicians. If not there's a serial [5] on ITV [6] : « Two's company » [7].
W— That doesn't help much, we haven't seen the first two episodes. What's on Channel 4 [8] ?
H— A documentary about volcanoes. Does that grab you [9] ?
W— No, not really. What I would like is a comedy like the one they gave last week on BBC 1.
H— There's nothing of that sort tonight. Do you want me to put a video [10] on ?
W— If you've got something new.
H— Well I haven't been to the video club this week, but I recorded « Kramer versus Kramer » while we were watching the European Cup Final. I don't know, it's supposed to be good, isn't it ?
W— Is it ?
H— Well, a lot of people went to see it when it first came out. It's about a divorce [11] case.
W— No, I'm not in the mood [12] for anything depressing. I want to have a good laugh tonight.
H— Do you want me to go next door [13] and see if Joyce and Richard have got anything ?
W— Why not ? But remember — no horror movies, stupid variety shows or boring documentaries. Otherwise, I think I'll end up having an early night !

television	[**tè**livijen]	documentary	[dokiou**mèn**tari]
BBC 1	[**bi**:**bi**:**si**: woen]	volcanoes	[vol**kèï**nôouz]
TV	[**ti**:**vi**]	video	[**vi:**diôou]
private	[**praï**vit]	Kramer	[**kreï**me]
serial	[**si**eriel]	versus	[**ve**:ses]
ITV	[**aï**ti:**vi**]	divorce	[di**vo:s**]
episodes	[**è**pisôoudz]	variety	[ve**raï**eti]

M : mari F : femme

F— Y a-t-il quelque chose de bien à la télé ce soir ?
M— Attends une seconde, je vais regarder dans le journal... A huit heures, il y a un film sur B.B.C. 1 : *Un de nos avions n'est pas rentré*. C'est un film de guerre.
F— Il n'y a rien d'autre ?
M— Il y a une émission musicale sur B.B.C. 2.
F— Quel genre de musique ?
M— Classique. C'est une causerie avec des musiciens invités... Sinon, il y a un feuilleton sur I.T.V. : *On est mieux à deux*.
F— Ça ne sert à rien, on n'a pas vu les deux premiers épisodes. Qu'est-ce qu'il y a sur la quatrième chaîne ?
M— Un documentaire sur les volcans. Ça te tente ?
F— Non, pas vraiment. Ce que je voudrais c'est une comédie comme celle qu'ils ont donné la semaine dernière sur B.B.C. 1.
M— Oui, il n'y a rien de tel ce soir. Tu veux que je mette une cassette vidéo ?
F— Si tu en as une nouvelle.
M— Eh bien je ne suis pas passé au club vidéo cette semaine, mais j'ai enregistré *Kramer contre Kramer* pendant qu'on regardait la finale de la coupe d'Europe. Je ne sais pas, il paraît que c'est pas mal ?
F— Ah bon ?
M— Bah, beaucoup de gens sont allés le voir quand c'est sorti. C'est une histoire de divorce.
F— Non, je ne suis pas d'humeur à regarder quelque chose de déprimant. Je voudrais bien rire ce soir.
M— Tu veux que j'aille à côté, voir si Joyce et Richard ont quelque chose ?
F— Pourquoi pas ? Mais rappelle-toi — pas de films d'horreur, d'émissions de variétés stupides ou de documentaires ennuyeux. Sinon je crois que je vais finir par me coucher de bonne heure.

■ Remarques

1. **TV** (familier) = **television,** *télé.* Le mot **telly** existe, mais il est d'un niveau de langue beaucoup plus bas.
2. **in the newspaper,** *dans le journal.* Bien qu'il existe des magazines de télé **(TV guides)**, en particulier le **Radio Times** pour la B.B.C. et le **TV Times** pour I.T.V. et la Chaîne 4, l'habitude est de consulter le journal du jour.
3. **BBC** = **British Broadcasting Corporation.** Service d'État de radiodiffusion. **B.B.C. 1** est une chaîne d'intérêt général, **B.B.C. 2** une chaîne plus culturelle.
4. **a chat show,** causerie radiodiffusée ou télévisée, cf. **to chat,** *causer, bavarder.*
5. **a serial,** *un feuilleton,* cf. **a TV series,** *une série télévisée.*
6. **ITV** = **Independent Television.** Ensemble de sociétés privées vivant essentiellement de leurs recettes publicitaires et qui diffusent des émissions assez populaires.
7. **Two's company,** *On est mieux à deux.* Extrait de l'expression idiomatique **two is company, three is a crowd,** *on est mieux à deux, à trois on est trop.*
8. **Channel 4,** *la 4ᵉ chaîne, Chaîne 4.* Chaîne privée créée récemment et qui est elle aussi à dominante culturelle.
9. **Does that grab you** (familier), *ça te dit, ça te tente ?* Cf. **to grab,** *accrocher, saisir vivement, empoigner.*
10. **a video** = **a video-cassette,** *une cassette vidéo.* On utilise le terme **video** pour désigner également *un magnétoscope* **(a video recorder).**
11. **a divorce case,** *un divorce.* Notez l'expression **to seek a divorce,** *demander le divorce.*
12. **mood,** *l'humeur, la disposition* ; cf. **to be in a good/bad mood,** *être de bonne/mauvaise humeur.*
13. **to go next door,** *aller chez les voisins.* La sociabilité de beaucoup de Britanniques fait que les relations de « bon voisinage » se transforment souvent en relations amicales.

Britain has four TV channels : BBC 1, BBC 2, ITV and Channel 4. The two national networks (BBC 1, BBC 2) broadcast about 200 hours of programmes each week, with regional variations. Nearly a third of the programmes are broadcast live. BBC 1 has the biggest audience, BBC 2 tends to broadcast more experimental programmes but the essence of the system is to offer complementary services.

In January 1983 BBC Television started Britain's first regular Breakfast Time service. The BBC is mainly financed by the sale of television licences. Other sources of income come from the sale of BBC programmes overseas, along with other items such as records, books derived from its broadcast output and video-cassettes.

The aim of the BBC is to remain objective at all times. It should not express its own editorial opinion nor take sides on matters of public policy. Although the twelve Governors are appointed by the Queen on the recommendation of the Prime Minister, they normally serve for five years and continue in office when there is a change of government.

La Grande-Bretagne a quatre chaînes de télévision : B.B.C. 1, B.B.C. 2, I.T.V. et la Chaîne 4. Les deux chaînes nationales de télévision (B.B.C. 1 et B.B.C. 2) diffusent à peu près 200 heures de programmes par semaine avec des variations selon les régions. Près d'un tiers des programmes sont diffusés en direct. B.B.C. 1 a la plus grande audience, B.B.C. 2 tend à diffuser des programmes plus expérimentaux, mais l'essence du système consiste à offrir des services complémentaires.

En janvier 1983, la télévision de la B.B.C. a lancé pour la première fois en Grande-Bretagne un programme régulier à l'heure du petit déjeuner. La B.B.C. est financée principalement par la redevance. Elle tire d'autres revenus de la vente à l'étranger d'émissions qu'elle a produites, ainsi que de la commercialisation d'autres produits comme les disques, les livres dérivés de sa production télévisée et les vidéocassettes.

Le but de la B.B.C. est de rester toujours objective. Elle ne doit pas exprimer l'opinion de sa rédaction sur les affaires courantes ou prendre parti sur des questions d'intérêt public. Bien que les douze membres de son conseil d'administration soient désignés par la reine sur recommandation du Premier ministre, ils sont nommés en général pour cinq ans et restent en fonction même quand il y a un changement de gouvernement.

The BBC's rivals are the commercial stations ITV and Channel 4. ITV is divided into a number of independent regional networks which work together and get their revenue from advertising. Commercial breaks do not just come before or after programmes, but actually interrupt them.

TV sets can also be used for other things : the BBC runs a special service for viewers, called Ceefax. Ceefax, a name manufactured from "seeing facts", is a "teletext" system, which enables viewers to get, at the touch of a button, hundreds of pages of written information on their television screen. Ceefax can provide the latest news headlines, sports results, weather forecasts, traffic information, recipes, etc.

But really, all that is just the beginning. Chess, bridge, cross-word puzzles and many other games appear to lend themselves to the format of the television screen, and there is the really exciting possibility of using a domestic television receiver as a home computer terminal. In fact, one day, using yet another piece of home equipment, the telephone, it's quite likely that we shall be able to dial our bank and ask for a private, televised view of our financial position.

Les rivaux de la B.B.C. sont les stations commerciales I.T.V. et la Chaîne 4. I.T.V. est divisée en un certain nombre de stations régionales et indépendantes qui travaillent ensemble. Les deux chaînes tirent leurs revenus de la publicité. Les séquences publicitaires ne sont pas uniquement placées avant et après les émissions mais les interrompent effectivement.

Les téléviseurs peuvent également être utilisés à d'autres fins : la B.B.C. assure un service spécial pour les téléspectateurs, appelé Ceefax. Ceefax, un nom fabriqué avec les mots « voir » « des faits », est un système de télétexte, qui permet aux spectateurs d'obtenir, en appuyant sur un bouton, des centaines de pages d'informations écrites sur leur écran de télévision. Ceefax peut apporter les derniers grands titres, les résultats sportifs, les prévisions météo, des renseignements sur la circulation, des recettes, etc.

Mais en réalité tout cela n'est qu'un début. Les échecs, le bridge, les mots croisés, et de nombreux autres jeux semblent se prêter au format du petit écran, et on a donc cette possibilité passionnante d'utiliser un récepteur domestique comme terminal d'ordinateur familial. En fait, un jour, en utilisant encore un autre élément de l'équipement de la maison, le téléphone, il est tout à fait probable que nous serons en mesure de composer le numéro de téléphone de notre banque et de lui demander une image télévisée, privée, de notre situation financière.

1. Est-ce que je peux changer de chaîne ?
2. C'est mon émission de télé préférée.
3. Tais-toi pendant les informations !
4. Les enfants adorent les publicités.
5. Un magnétoscope permet d'enregistrer ce qu'il y a de mieux à la télé.
6. Il serait perdu sans la télé.
7. On peut capter la télévision galloise.
8. La plupart des nouveaux postes de télévision sont équipés de télécommande.
9. Les téléspectateurs britanniques ont le choix entre quatre chaînes.
10. C'est en tête à l'indice d'audience.
11. C'est passé à une heure de grande écoute.
12. L'image n'est pas très nette, il y a des parasites.
13. Ils passent les meilleurs moments de la finale de la Coupe, ce soir à la télé.
14. C'est un peu trop fort, pouvez-vous baisser le son, s'il vous plaît ?
15. Le système Ceefax a un concurrent britannique appelé Oracle (ITV) et est l'équivalent du système français Antiope.
16. Ce système fonctionne sept jours sur sept depuis 1974.
17. Grâce à un clavier de commande, on peut choisir les pages du magazine que l'on désire consulter.

---

1. **Can I turn over ?**
2. **It's my favourite TV programme.**
3. **Be quiet while the news is on !**
4. **Children love watching adverts.**
5. **A video recorder enables you to record the best things on TV.**
6. **He'd be lost without the TV.**
7. **We can pick up Welsh TV.**
8. **Most new television sets have remote control.**
9. **British TV viewers have a choice of four stations.**
10. **It is top of the TV ratings.**
11. **It came on at peak viewing time.**
12. **The picture isn't clear. There's interference.**
13. **They're showing the highlights of the Cup Final on TV tonight.**
14. **It's a bit too loud. Can you turn it down, please ?**
15. **The Ceefax system has a British competitor named Oracle (ITV) and is the equivalent of the French system Antiope.**
16. **This system has been in operation seven days a week since 1974.**
17. **Thanks to a remote control keyboard, you can choose the pages of the magazines that you want to consult.**

TV, television, telly, télévision
newspaper, journal
show, programme, spectacle
guest, invité
serial, feuilleton
documentary, documentaire
comedy, comédie
to record, enregistrer
to laugh, rire
horror movie, film d'horreur
variety show, spectacle de variétés
channel, chaîne, canal
network, réseau
output, production ; sortie
live, (en) direct
income, revenu
item, article
record, disque
to appoint, nommer
in office, en poste
advertising, publicité
actually, en réalité
screen, écran
headlines, gros titres
weather forecasts, prévisions météo
adverts, publicités
video recorder, magnétoscope
to pick up, capter
remote control, commande à distance
ratings, indices d'écoute
peak viewing time, heure de grande écoute
interference, parasite
highlight, les meilleurs moments
to turn down, baisser
news agency, agence de presse
to operate, faire marcher
keyboard, clavier, boîtier de commande
commercials, séquences publicitaires
home computer, ordinateur domestique

Vocabulaire complémentaire

aerial, antenne
announcer, présentateur
B & W (black and white), noir et blanc *(TV)*
cable TV, télé par câble
caption-stand, banc-titre
censorship, censure
commentator, commentateur
compere, moderator, animateur
colour TV, télévision couleur
control desk, pupitre de contrôle
credit title, générique
current events, actualités
drama, dramatique
editing, montage
to entertain, distraire
entertainment, spectacle, divertissement
to go on the air, passer à l'antenne
licence fee, redevance
low brow programme, programme de bas niveau
moderator, animateur
monitor, moniteur
news reader, présentateur
performance, représentation
play, pièce de théâtre
quizz, jeu télévisé *(énigme)*
recorded, différé
running commentary, commentaire sur image
satellite dish, antenne parabolique
scrambled, brouillé
series, série
telefilm, téléfilm
thriller, film à suspense
to turn on, allumer
to turn off, éteindre
viewer, spectateur

A ■ Traduire en français :

At any time between four in the afternoon and midnight, at least ten million viewers are sure to be watching television ; this figure can even rise to thirty-five million at peak viewing hours. Some people say that television is an excellent way of educating or entertaining people, others maintain that it is in danger of becoming a national disease. What is certain is that TV is one of the most important inventions of the twentieth century. It exerts a major influence on the life of modern man and cannot be ignored.

B ■ Traduire en anglais :

1. Est-ce que tu peux mettre une cassette vidéo ? Cette émission est horriblement ennuyeuse.

2. La redevance télé est plus chère pour un téléviseur couleur que pour un noir et blanc.

3. L'animateur de cette émission de variétés est vraiment stupide.

C ■ Complétez :

1. ITV and Channel 4 are both commercial ...

2. Did you see the last episode of that American ... ?

3. I can't hear a thing. Can you turn the sound ... ?

Corrigé

A ■ A n'importe quel moment, entre quatre heures de l'après-midi et minuit, on est sûr qu'au moins dix millions de téléspectateurs sont devant leur télé ; ce chiffre peut même monter jusqu'à trente-cinq millions aux heures de grande écoute. Certains disent que la télévision est un excellent moyen d'éduquer et de distraire les gens, d'autres maintiennent que la télévision risque de devenir un fléau national. Ce qui est certain, c'est que la télé est une des inventions les plus importantes du vingtième siècle. Elle exerce une influence majeure sur la vie de l'homme moderne et ne peut être ignorée.

B ■ 1. Can you put a video cassette on ; this programme is awfully boring. **2.** The TV licence for a colour set is more expensive than for a black and white. **3.** The compere of this variety show is really stupid.

C ■ 1. stations/channels. **2.** serial. **3.** up.

A : Ann B : Bill, two neighbours.

A— Hello Bill !

B— Hi, Ann ! Sorry to bother you but our hose has just broken. You couldn't lend me yours by any chance, could you ?

A— Sure, come through[1]. It's somewhere in the shed[2].

B— (seeing the dog) Hello Rex ! What have you been up to, today ? (Dog growls.)[3]

A— I don't know what has been up with him. He's been in a sulky[4] mood for quite some time now[5].

B— It's alright. We're pals[6], aren't we, Rex ? I often find him in our garden.

A— Yes, he likes roaming[7] all over the place. We've had complaints from the woman across the road. She claims that he dug[8] her roses up the other day.

B— Oh, take no notice ! She has got no heart ! She doesn't like animals.

A— They can sense[9] it, you know.

B— That's true. Dogs are clever animals. Almost like human beings. Have you had him since he was a pup[10] ?

A— Yes. We got him from the R.S.P.C.A.[11] kennels. He was ever so small !

B— Well, he has grown a bit since, hasn't he ? Come on, boy, give me a lick ! (Dog growls again.)

A— None of that, Rex ! Be nice, give Bill a lick[12] !

B— Ow ! I don't know about a lick ! He has taken the skin off my hand. Look !

A— Naughty dog ! How dare you[13]... ! Oh, Bill, I'm awfully sorry. Let me get some TCP[14] to bathe it. I feel so ashamed ! It's the first time he has ever bitten anybody !

B— For a first time he hasn't done too badly at all ! My hand is killing me !

A— Perhaps we should go to the hospital so that they can give you an anti-tetanus jab[15]. You can never be too sure with dog bites.

neighbours	[**nèï**bez]	roaming	[**rôou**miŋ]
hose	[hôouz]	RSPCA	[**ɑ: es pi: si: èï**]
broken	[**brôou**ken]	kennels	[**kèn**lz]
growls	[graoulz]	naughty	[**no:**ti]
sulky	[**soel**ki]	TCP	[**ti: si: pi:**]
pals	[palz]		

A : Ann B : Bill, deux voisins.

A— Bonjour, Bill !

B— Salut, Ann ! Excuse-moi de te déranger, mais notre tuyau d'arrosage vient de se casser. Tu n'en aurais pas un à me prêter, par hasard ?

A— Si, passe ! C'est quelque part dans la remise.

B— (en voyant le chien) Bonjour, Rex ! Qu'est-ce que tu as fait de beau aujourd'hui ? (Le chien grogne.)

A— Je ne sais pas ce qu'il a. Ça fait un petit moment qu'il est de méchante humeur.

B— Ça ne fait rien. On est bons copains, hein, Rex ? Je le trouve souvent dans notre jardin.

A— Oui, il aime bien rôder partout. La dame d'en face s'est plainte. Elle prétend qu'il a retourné ses rosiers l'autre jour.

B— Oh, ne fais pas attention. Elle n'a pas de cœur. Elle n'aime pas les animaux.

A— Ils le sentent, tu sais.

B— Oui, c'est vrai. C'est intelligent, un chien. Presque comme un être humain. Vous l'avez eu tout petit ?

A— Oui, on l'a eu au chenil de la S.P.A. Il était si petit !

B— Eh bien, il a grandi depuis, hein ? Allez mon vieux, viens me lécher la main. (Le chien se remet à grogner.)

A— Ah, pas de ça, Rex ! Sois gentil, va lécher la main de Bill.

B— Aïe ! Je ne sais pas si c'est ça lécher ! Il m'a arraché la peau de la main, regarde !

A— Vilain chien ! Comment as-tu osé faire ça ?... Oh Bill, je suis terriblement désolée. Je vais chercher du T.C.P. pour nettoyer la plaie. J'ai vraiment honte... C'est la première fois qu'il mord quelqu'un.

B— Pour la première fois, il ne s'est pas mal débrouillé du tout ! J'ai affreusement mal à la main !

A— Peut-être qu'on devrait aller à l'hôpital pour qu'ils te fassent une piqûre antitétanique. On ne sait jamais avec une morsure de chien.

1. **come through**, *passe* (lit.) *à travers.* Il faut traverser la maison pour se rendre dans le jardin.
2. **shed**, *remise, resserre.* Il n'y a en général pas de cave (**cellar**) dans les maisons anglaises de construction récente.
3. **to growl**, *grogner.* Parmi les différents bruits que peut faire le chien, on retiendra **to bark**, *aboyer*, **to howl**, *hurler, faire le loup* et **to snarl**, *gronder férocement.*
4. **sulky**, lit. *boudeur, maussade* → **to sulk**, *bouder.*
5. **for quite some time now**, *depuis maintenant un certain temps.* On utilise toujours le « present perfect » avec **for** et **since** dans le sens de *depuis* ; cf. **have you had him since he was a pup ? For** s'emploie pour une durée (précise ou non), **since** pour un point de départ dans le temps, une date qui peut être sous-entendue, comme dans la phrase **he has grown a bit since** i.e. **since you got him.**
6. **pals** (fam.), *copains.*
7. **roaming**, *rôde ;* **to roam**, *errer, rôder, vadrouiller.*
8. **he dug her roses up**, *il a retourné ses rosiers ;* **to dig (dug, dug) up**, *déraciner, déterrer, retourner* (la terre) ici en grattant avec ses pattes (**paws**). Notez qu'un animal familier sera **he** ou **she** selon son sexe.
9. **They can sense it**, *ils le sentent ;* **to sense** (intuitivement) *pressentir.* Il ne s'agit pas ici de l'odorat mais du fameux sixième sens (**sixth sense**).
10. **a pup** (fam.) = **a puppy**, *un chiot.*
11. **R.S.P.C.A. = Royal Society for the Prevention of Cruelty to Animals**, *Société royale pour empêcher la cruauté contre les animaux.* C'est la *Société Protectrice des Animaux* britannique.
12. **a lick**, lit. *un coup de langue ;* **to give s.b. a lick**, *lécher qn ;* **to lick**, *lécher.*
13. **How dare you... !** lit. *comment oses-tu ?* **Dare**, *oser*, peut se comporter à la forme interrogative et négative comme un auxiliaire (i.e. sans **do** ni **does** et suivi d'un infinitif sans **to**).
14. **TCP**, un antiseptique très connu en Grande-Bretagne.
15. **jab** (fam.) = **injection**, *piqûre.*

The British and their dogs

200,000 pure-bred dogs are registered in Britain each year and 178 breeds are officially recognized by the « Kennel Club ». The proportion of pure-bred dogs to mongrels has increased considerably over the last four decades.

Out of an estimated dog population of 6 million, at least half are of known breeds. The most popular breed at present is the Alsatian, followed by another large dog, the Labrador, with the Yorkshire Terrier in third place. There is no easy explanation as to why some breeds appeal to people and others don't. The Royal Corgis did a great deal to popularize the breed in the 1950's and the 1960's. TV adverts also play a major role, and films like "Lassie" and "Rin Tin Tin" are certainly very influential. Dogs are well-loved, but people still abandon them — the RSPCA puts 500 dogs to sleep every day.

Les Britanniques et leurs chiens

200 000 chiens de race sont déclarés chaque année en Grande-Bretagne et il y a 178 races reconnues par la « Société Canine ». La proportion de chiens de race par rapport aux bâtards s'est accrue considérablement au cours des quarante dernières années.

Au moins la moitié d'une population canine estimée à 6 millions est de race connue. La race actuellement la plus populaire est le berger allemand, suivi par un autre gros chien, le labrador, et le yorkshire qui arrive en troisième position. Il n'y pas d'explication simple au fait que certaines races plaisent aux gens et d'autres pas. Les « corgis » de la famille royale ont fait beaucoup pour rendre la race populaire dans les années cinquante et soixante. Les publicités télévisées jouent également un rôle majeur et des films comme *Lassie* et *Rintintin* ont certainement une très grande influence. Les chiens sont bien aimés mais il y a des gens qui les abandonnent quand même. La S.P.A. supprime 500 chiens par jour.

Animals are such agreeable friends — they ask no questions, they pass no criticism.

George Eliot (1857)

Les animaux sont des amis si accommodants : ils ne posent pas de questions, ne font aucune critique.

The British do seem to have the reputation of being a nation of animal-lovers. It probably comes from the fact that they are shocked by the French habit of eating horses and rabbits. Horses are considered as being very noble animals and rabbits are nowadays kept as pets. They should under no circumstances find their way onto the dinner table.

People can, of course, have all kinds of pets — from boa constrictors to crocodiles, not to mention tropical fish, cats and canaries. Pigeon racing is particularly popular in the industrial regions of the North.

Blood sports (e.g. foxhunting) arouse a great deal of controversy, but still find favour among the upper classes.

If you are interested in exotic animals, there are numerous zoos and safari parks that are worth a visit (London, Whipsnade, Chester, Windsor). Those who enjoy birdwatching might care to take a trip out to the Scottish islands.

Les Britanniques semblent bien avoir la réputation d'être un peuple d'amis des animaux. Cela vient probablement du fait qu'ils sont choqués par l'habitude qu'ont les Français de manger des chevaux et des lapins. On considère les chevaux comme des animaux très nobles et de nos jours les lapins sont pris comme des animaux domestiques. Ils ne doivent sous aucun prétexte se retrouver sur la table du dîner !

Les gens peuvent avoir, bien sûr, toutes sortes d'animaux domestiques, du boa constrictor au crocodile, sans parler des poissons exotiques, des chats et des canaris. La colombophilie jouit d'une popularité particulière dans les régions industrielles du Nord.

Les sports sanguinaires, comme la chasse au renard, soulèvent de vives controverses mais trouvent toujours grâce auprès de la haute société.

Si vous vous intéressez aux animaux exotiques, il y a de nombreux zoos et réserves zoologiques qui valent le déplacement (Londres, Whipsnade, Chester, Windsor). Les amateurs d'ornithologie pourraient être attirés par un voyage dans les îles écossaises.

1. Quand je vais en vacances, je laisse mon chien en pension dans un chenil.
2. Attention, chien méchant !
3. Elle est folle d'animaux !
4. Je pense qu'il est cruel de garder un oiseau enfermé dans une cage.
5. Quand on a des animaux, il faut s'en occuper.
6. Les chiens doivent obligatoirement être tenus en laisse.
7 L'entrée du magasin est interdite aux animaux.
8. Les chiens et les chats ne s'entendent en général pas très bien.
9. Il n'obéit qu'à son maître !
10. Vous êtes priés de ne pas donner à manger aux animaux.
11. J'ai participé à une manifestation contre la vivisection et les expériences sur les animaux.
12. Pour que les poissons rouges se portent bien, il faut souvent changer l'eau de l'aquarium.
13. Il faudrait peut-être téléphoner au vétérinaire.
14. C'est une vraie vie de chien !
15. En Angleterre, si vous avez un chien, vous êtes obligé de payer une taxe.

---

1. Whenever I go on holiday, I put my dog in kennels.
2. Beware of the dog !
3. She is mad on animals.
4. I think it is cruel to keep a bird locked up in a cage.
5. When you have a pet, you have to look after it.
6. Dogs should be kept on a leash.
7. No animals are allowed in the store.
8. Dogs and cats generally don't get on very well with one another.
9. He will only obey his master.
10. Please do not feed the animals.
11. I took part in a demonstration against vivisection and experiments on live animals.
12. If you want your goldfish to stay healthy you have to change the water in the fish tank frequently.
13. Perhaps we should ring the vet.
14. It's a real dog's life !
15. If you have a dog in England, you have to have a licence.

■ Vous devez connaître

a pet, un animal domestique
to bother sb, ennuyer qn
hose (pipe), tuyau d'arrosage
shed, remise, resserre
sulky, boudeur, maussade
pal *(fam.),* copain
to roam, rôder
to take notice of sth, faire attention à qch
to sense sth, sentir *(intuitivement)* qch
a puppy, un chiot
kennel, chenil
to lick, lécher
skin, peau
to bite, bit, bitten, mordre
a bite, une morsure
a jab (fam.), une piqûre
rabies, la rage
a breed, une race
to breed an animal, élever un animal
pure-bred *(adj.),* de race
a mongrel, un bâtard
an Alsatian, un berger allemand
a corgi, chien de petite taille d'origine galloise
an animal lover, qn qui aime les animaux
to put an animal to sleep, piquer un animal
pigeon racing, colombophilie
hunting, la chasse *(à courre, au renard)*
safari park, réserve zoologique
birdwatching, ornithologie
leash, laisse
goldfish, poisson rouge

Vocabulaire complémentaire

badger, blaireau
bear, ours
boar, sanglier
butterfly, papillon
deer, cerf, biche
to die out, être en voie de disparition
eagle, aigle
goat, chèvre
goose, pl. *geese,* oie
hedgehog, hérisson
mouse, pl. **mice,** souris
owl, hibou
parakeet, perruche
parrot, perroquet
partridge, perdrix
peacock, paon
poodle, caniche
rook, corneille
shooting, chasse *(au fusil)*
snake, serpent
species, espèce
squirrel, écureuil
swallow, hirondelle
swan, cygne
thoroughbred, animal de race, pur sang
wild, sauvage
woodpecker, pic-vert

The Cat

When you let him in, then he wants to be out ;
He's always on the wrong side of every door,
And as soon as he's at home, then he'd like to get about.

T.S. Eliot
Old Possum's Book of Practical Cats

Le chat

Quand vous le laissez rentrer, alors il veut sortir ;
Il est toujours du mauvais côté des portes,
Et dès qu'il est à la maison il voudrait se promener.

■ **Lecture**

He formed the Egg Production Committee for the hens, the Clean Tails League for the cows, the Wild Comrade's Re-education Committee (the object of this was to tame the rats and rabbits), the Whiter Wool Movement for the Sheep, and various others, besides instituting classes in reading and writing. On the whole, these projects were a failure. The attempts to tame the wild creatures, for instance, broke down immediately. They continued to behave very much as before, and when treated with generosity, simply took advantage of it. The cat rejoined the Re-education Committee and was very active in it for some days. She was seen one day sitting on a roof and talking to some sparrows who were just out of her reach. She was telling them that all animals were now comrades and that any sparrow who chose could come and perch on her paw ; but the sparrows kept their distance.

George Orwell - *Animal Farm*

Corrigé

■ Il fonda la Commission de Production des Œufs pour les poules, la Ligue des Queues Propres pour les vaches, la Commission pour la Rééducation des Camarades Sauvages (dont l'objet était de domestiquer les rats et les lapins), le Mouvement pour la Laine Plus Blanche pour les moutons, et divers autres, et créa en outre des cours de lecture et d'écriture. Dans l'ensemble, ces projets furent un échec. Les tentatives pour domestiquer les créatures sauvages, par exemple, s'effondrèrent immédiatement. Celles-ci continuèrent à se comporter tout à fait comme avant, et quand on les traitait avec générosité, elles cherchaient seulement à en profiter. Le chat entra à la Commission de Rééducation et y déploya une grande activité pendant quelques jours. On le vit un jour assis sur un toit et s'adressant à quelques moineaux qui se trouvaient juste hors de sa portée. Il leur disait que tous les animaux étaient maintenant des camarades et que tout moineau qui le désirait pouvait venir se percher sur sa patte ; mais les moineaux gardèrent leurs distances.

■ The Common Market [1]

A— Did you manage to get rid of him ?
B— Who do you mean [2] ? The guy just now ?
A— Yes, he came round my place the other night, canvassing for the European elections. Are you going to vote ?
B— Of course. It's like any other election [3].
A— Do you think so ? I don't think I'll bother [4]. Nobody wants us in Europe anyway.
B— That's a very defeatist attitude ! Let's be honest, we're no longer in a position to be able to go it alone [5]... We need Europe and Europe needs us !
A— Even if we pay in more than what we get out of it [6] ?
B— It's the European idea that counts !
A— The European idea ? Everybody is as bad as each other [7] ! They're [8] all fighting for their own interests, whatever they say [9].
B— And the only way to change things is by voting for Europe and putting the right [10] people in Parliament. It's about time [11] people from different countries actually worked together, instead of fighting against each other !
A— You don't believe in all that, do you ? The European Parliament hasn't got any power at all. People only elect MP's from their own party. There's no European programme, everything is always on a national level.
B— So you think we would be better off [12] out of Europe, then ?
A— From the moment we went in, it has been a shambles ! [13]
B— Well, all we have done is moan. Two wrongs don't make a right[14] !
A— I can't see how Europe can work. I'm not against the Common Market. I think the idea is marvellous. The problem is that economic realities are always more important than ideas. It's a question of money...
B— Even if it is, that kind of attitude leads nowhere. You have got to hope, you know !

Common	[**ko**men]	**European**	[juerepi:**en**]
canvassing	[**kan**vesiŋ]	**Parliament**	[**pa:**liment]
elections	[i**lek**chenz]	**MP's**	[**em pi:z**]
defeatist	[di**fi:**tist]	**moan**	[môoun]
position	[pe**zi**chen]	**economic**	[i:ke**no**mik]
counts	[**kaoun**ts]	**attitude**	[ati**tjou:d**]

A— Tu as réussi à te débarrasser de lui ?
B— De qui tu parles ? Du gars qui vient de sortir ?
A— Oui, il est passé chez moi, l'autre soir, dans sa campagne pour les élections européennes. Tu vas voter ?
B— Bien sûr. C'est comme n'importe quelle autre élection.
A— Tu crois ? Moi, je ne pense pas que j'irai. Personne ne veut que nous fassions partie de l'Europe de toute façon.
B— C'est une attitude très défaitiste. Soyons honnêtes, nous ne sommes plus en position de faire cavalier seul. Nous avons besoin de l'Europe et l'Europe a besoin de nous !
A— Même si on paye plus que l'on en bénéficie ?
B— C'est l'idée européenne qui compte !
A— L'idée européenne ? Ils ne valent pas mieux les uns que les autres ! Ils se battent tous pour leurs intérêts particuliers, quoi qu'ils disent.
B— Et la seule façon de changer les choses est de voter pour l'Europe et d'envoyer les personnes qu'il faut au Parlement. Il est grand temps que les gens de pays différents travaillent véritablement ensemble au lieu de s'affronter !
A— Tu ne crois quand même pas à tout ça ? Le Parlement européen n'a aucun pouvoir. Les gens n'élisent que des députés de leur bord. Il n'y a pas de programme européen, tout est toujours au niveau national.
B— Donc tu penses que la situation serait meilleure si nous étions hors de l'Europe, alors ?
A— Depuis que nous y sommes, c'est la pagaille.
B— Et tout ce qu'on a fait, c'est de se lamenter ! Un second tort ne compense pas le premier !
A— Je ne vois pas comment l'Europe peut fonctionner. Je ne suis pas contre le Marché commun. Je pense que l'idée est merveilleuse. Le problème est que les réalités économiques sont toujours plus importantes que les idéaux. C'est une question d'argent...
B— Même si c'est vrai, ce genre d'attitude ne mène à rien. Il faut garder l'espoir, tu sais.

Attention à la différence entre **politics**, la vie politique, et **policy** ; la politique agricole, **the agricultural policy** ; entre **economics**, la science de l'économie et **the economy**, l'économie d'un pays donné ; entre les adjectifs **economic**, qui a trait à l'économie, et **economical**, qui fait faire des économies, rentable.

1. **The Common Market,** *le Marché commun.* Officiellement appelé **the EEC (European Economic Community),** *la C.E.E.*
2. **Who do you mean,** *de qui tu parles ;* **to mean, meant, meant,** *vouloir dire, signifier.*
3. **It's like any other election,** *c'est comme n'importe quelle autre élection.* L'adjectif **any** a ici le sens de *n'importe (le)quel.*
4. **I don't think I'll bother,** lit. *je ne pense pas que je m'embêterai* (sous-entendu *à aller voter*) → **to bother,** *tracasser, ennuyer, gêner ;* cf. **I can't be bothered to...,** *ça m'embête de...*
5 **in a position to be able to go it alone,** *en position de faire cavalier seul* → **to go it alone** (fam.), *ne pas s'occuper des autres, n'en faire qu'à sa tête.*
6 **we pay more in than what we get out of it,** lit. *la somme que nous payons est plus importante que celle dont nous bénéficions.* **It = the Common Market.**
7. **Everybody is as bad as each other,** *ils ne valent pas mieux les uns que les autres.* Remarquez le comparatif d'égalité qui met en relation **everybody** *(tout le monde)* à **each other** *(l'un l'autre).*
8. **they,** reprend **everybody** (ici tous les membres de la C.E.E.).
9. **whatever they say,** *quoiqu'ils disent.* L'adverbe **ever** s'associe à un certain nombre de pronoms ou d'adverbes pour leur conférer un caractère systématique *(quel... que ce soit)* ; ex. : **whatever,** *quoi que ce soit,* **whichever,** *n'importe lequel,* **wherever,** *n'importe où/ où que ce soit,* **whenever,** *chaque fois que, à n'importe quel moment,* **whoever,** *quiconque, qui que ce soit.*
10. **the right people,** *les gens qu'il faut.* **Right** n'a pas le sens de *droite* mais celui de *juste, correct, convenable.*
11. **It's about time people worked together,** *il est bien temps que les gens travaillent ensemble.* L'expression **it's (high) time...** est toujours suivie d'une proposition au passé (qui a ici sa valeur hypothétique) ; ex. : **it's time they left,** *il est temps qu'il partent.*
12. **we would be better off,** *la situation serait meilleure, nous serions mieux.* Il s'agit ici du comparatif de **well off,** *à l'aise, prospère, bien.*
13. **a shambles,** *une pagaille.*
14. **Two wrongs don't make a right,** lit. *deux maux ne font pas un bien.*

The Commonwealth*

Britain is not only a member of the European Economic Community, but also one of the nations of the Commonwealth. The Commonwealth came officially into being in 1931 and is a loose association of former British colonies and dependencies. There is no central government or directing authority, although the U.K. remains very much the central link between each member country.

The Crown of England is still regarded as the official symbol of the Commonwealth and it is true to say that without the British Empire, such an association would never have been created. The Commonwealth continues to exist because of strong cultural ties, similar institutions and a common trade background. There is no longer a military alliance between each member state ; each country is in fact free to do whatever it wants.

Le Commonwealth

La Grande-Bretagne est non seulement membre de la Communauté Économique Européenne mais elle est également l'un des pays du Commonwealth. Le Commonwealth est apparu officiellement en 1931 et est une association peu contraignante d'anciennes colonies et dépendances britanniques. Il n'y a pas de gouvernement central ni d'autorité de direction, bien que le Royaume-Uni reste toujours le centre de liaison entre les pays membres.

La couronne d'Angleterre est encore considérée comme le symbole officiel du Commonwealth et il est exact de dire que, sans l'empire britannique, une telle association n'aurait jamais été créée. Le Commonwealth se maintient grâce à la puissance des liens culturels, l'identité des institutions et la tradition des relations commerciales. Il n'y a plus d'alliance militaire entre les États membres ; tous les pays sont, en fait, libres de faire ce qu'ils veulent.

* Cf. Annexe 4 p. 350.

Just as the French have their own impression of exactly what an English person should look like and how he should behave, similar preconceived notions exist in England with regard to the French. It's commonplace to talk about traditional Anglo-French rivalry, but, as far as the man in the street is concerned, each person is judged on his merits ; nationality plays but a very small role, if any at all.

The typical image of a Frenchman is somebody with a moustache and smelling of garlic, wearing a beret and a striped T-shirt, riding a bicycle and carrying a stick of French bread. French women are supposed to be glamorous, sophisticated and, of course, good cooks. The French as a whole are seen to be noisy and undisciplined, but are recognized as the undisputed leaders in the worlds of fashion and style.

The rather unfriendly nickname which the British give to their neighbours from across the Channel (« The Frogs ») comes from the fact that English people imagine that the French diet consists solely of frogs' legs and snails, accompanied by large quantities of wine !

Tout comme les Français ont une idée bien à eux de ce à quoi précisément un Anglais doit ressembler et de la façon dont il doit se comporter, il existe en Angleterre des idées reçues semblables en ce qui concerne les Français. C'est un lieu commun que de parler de la traditionnelle rivalité franco-anglaise ; mais l'homme de la rue, pour sa part, juge chacun selon ses qualités et s'il accorde de l'importance à la nationalité, ce ne sera que dans une très faible mesure.

L'image du Français typique est celle d'un moustachu qui sent l'ail, porte un béret et un maillot rayé, fait de la bicyclette et se promène avec une baguette de pain. On imagine que les Françaises sont ravissantes, distinguées et bien sûr bonnes cuisinières. Les Français en général sont vus comme des braillards indisciplinés mais on les reconnaît comme des maîtres dans les domaines de la mode et du style.

Le surnom plutôt désobligeant que les Britanniques donnent à leurs voisins d'outre-Manche (« les grenouilles ») vient du fait que beaucoup d'Anglais s'imaginent que le régime alimentaire des Français ne se compose que de cuisses de grenouilles et d'escargots, accompagnés de vin à profusion !

1. Les agriculteurs ont manifesté contre les quotas laitiers qui leur sont imposés.
2. Les ministres des Finances de chacun des pays de la C.E.E. se sont rencontrés hier à Bruxelles.
3. Certains parlementaires considèrent que la contribution britannique au budget communautaire est trop importante.
4. Ils se sont prononcés en faveur de l'entrée de l'Espagne et du Portugal dans la C.E.E.
5. Des groupes de pression font campagne pour le retrait de la Grande-Bretagne du Marché commun.
6. La politique agricole commune est une pomme de discorde.
7. Le problème est de savoir comment se débarrasser des excédents de vin.
8. Tout le monde doit respecter les règles de la Communauté européenne.
9. Les intérêts de la Communauté devraient passer avant les intérêts nationaux.
10. On peut voir dans l'Europe une alternative aux deux super-puissances.
11. La question d'une Europe unie ne semble pas être encore à l'ordre du jour.

---

1. **Farmers demonstrated against the milk quotas imposed on them.**
2. **The finance ministers from each EEC country met yesterday in Brussels.**
3. **Certain MP's consider Britain's contribution to the Common Market budget to be too high.**
4. **They voted for Spain and Portugal's entry into the EEC.**
5. **Pressure groups are campaigning for Britain's withdrawal from the Common Market.**
6. **The common agricultural policy is a bone of contention.**
7. **The problem is how to get rid of wine surplusses.**
8. **Everybody should respect the rules of the European Community.**
9. **The interests of the Community should come before national interests.**
10. **Europe can be seen as an alternative to the two superpowers.**
11. **The question of a united Europe doesn't seem to be on the agenda at present.**

the Common Market, le Marché commun
to get rid of, se débarrasser
to canvas, faire campagne
an MP, un député
a shambles, une pagaille
to moan, se lamenter, gémir
to come into being, apparaître
loose, lâche, flou, vague
colony, colonie
central government, gouvernement central
link, tie, un lien
trade, commerce
background, arrière-plan
preconceived notion, idée reçue
commonplace, *(adj.)* banal, commun ; *(nom)* lieu commun, banalité
the man in the street, l'homme de la rue
glamorous, splendide, séduisant
nickname, surnom
frog, grenouille
snail, escargot
E.E.C. (European Economic Community), C.E.E.
entry, entrée
withdrawal, retrait
policy, politique
surplus, excédent
on the agenda, à l'ordre du jour

Vocabulaire complémentaire

agricultural farm prices, prix agricoles
agricultural farm produce, produits agricoles
boom, période de prospérité, de croissance
to boom, prospérer, être en expansion
budget [bœdjit], budget
committee, commission, comité
competition, concurrence
competitive, concurrentiel
competitor, concurrent
consumer goods, biens de consommation
crisis [kraisis], pl **crises**. [kraisi:z], crise(s)
dairy produce, produits laitiers
economic growth, croissance économique
Euro-MP, député au Parlement européen
to go bankrupt, faire faillite
to grant, accorder, octroyer
a grant, une subvention
industrial country, pays industrialisé
new entrants on the job-market, nouveaux arrivants sur le marché du travail
poll, 1) vote au scrutin, 2) **opinion poll**, sondage
to go to the polls, aller voter
polling day, jour du vote
to poll votes, obtenir des voix
profitable, rentable
redundancies, licenciements économiques
to be made redundant, être licencié pour raisons économiques
restructuring, restructuration
Single European Market, marché unique européen
slump, crise économique
standard of living, niveau de vie
to subsidize, subventionner
subsidy, subvention, aide
to tally votes, compter les voix
unemployed, au chômage, sans emploi
unemployment figures, nombre de chômeurs

A ■ Traduire

1. Est-ce que tu penses qu'il va être élu au Parlement européen ? Non, je ne crois pas.

2. L'Europe est en crise et personne ne sait comment en sortir.

3. Les excédents de beurre ont été au centre des discussions des ministres de l'Agriculture hier à Bruxelles.

4. Tous les Européens devraient travailler ensemble pour construire l'Europe unie de l'avenir.

B ■ Compléter

1. Australia and India are members of the ... .

2. French agriculture gets money from the state. It is ... .

3. 1973 is the date of Britain's ... into the EEC.

4. « The frogs » is the ... that the English give to the French.

C ■ Réécrire les phrases suivantes avec : whatever, whoever, whenever, wherever, whichever.

ex. : Everything he does is stupid.
Whatever he does is stupid.

1. He talks to anyone he sees.

2. In every country where you go on holiday, you meet all sorts of people.

3. Every time it rains, there is water in the bathroom.

4. Choose the one which you like.

5. He disagrees with anything you say.

Corrigé

A ■ 1. Do you think he will be elected to the European Parliament ? No, I don't think so.

2. Europe is in a crisis and nobody knows how to get out of it.

3. The butter surplusses were at the centre of the discussions amongst the ministers for agriculture in Brussels, yesterday.

4. All Europeans should work together to build the united Europe of the future.

B ■ 1. commonwealth. **2.** subsidized. **3.** entry. **4.** nickname.

C ■ 1. He talks to *whoever* he sees. **2.** *Wherever* you go on holiday, you meet all sorts of people. **3.** *Whenever* it rains, there is water in the bathroom. **4.** Choose *whichever* you like. **5.** He disagrees with *whatever* you say.

N : Neil J : Janice, two sixth-formers

N— Have you had any replies from the universities [2] that you applied to ?
J— No, not yet. I'm still waiting. What about you ?
N— I got a refusal from Durham and an offer from Lancaster. Bristol wants me to go for an interview[3] next week, but I haven't heard anything from the others.
J— What grades [4] did Lancaster want ?
N— Three B's.
J— They're not very generous, are they ?
N— Well, Law is very difficult to get in to.
J— Do you think you'll get them ?
N— I don't know. I'm alright in History and Economics but I'm not too sure about my French. Perhaps General Studies will help me... I'll see what marks I get in the mocks [5].
J— I've applied to do English and German [6].
N— Where ?
J— I put Cardiff first, Southampton second, Essex third, then Warwick and Bangor.
N— Do you think you'll be accepted ?
J— Your guess is as good as mine. Anyway, if I'm not, I'll apply to Teachers' Training College [7] or Polys [8].
N— It'll be good to leave school and get away from home, won't it ?
J— You're telling me [9] ! The idea of having your own flat and being independent will be a real change.
N— Aren't you going to go to a hall of residence [10] ?
J— No, I've got friends in Manchester who rent a house. I'd like to do the same. It seems fun and is supposed to be cheaper.
N— That's if you find somewhere. I'd rather play safe [11].
J— Why, are you afraid of being alone for once and standing on your own two feet ?
N— Not at all. I'd just like to meet people, that is if I get in anywhere !

Neil	[ni:l]	History	[**his**tri]
Janice	[**dja**nis]	Economics	[i:ke**no**miks]
sixth-formers	[**sikssfo:**mez]	Cardiff	[**ka:**dif]
university	[iou:ni**ve:**siti]	Southampton	[saou**šamp**ten]
Durham	[**doe**rem]	Essex	[**è**siks]
Lancaster	[**laŋ**keste]	Warwick	[**wo**rik]
interview	[**in**teviou:]	Bangor	[**baŋ**ge]
generous	[**djè**neres]	Manchester	[**man**tchiste]

N : Neil J : Janice, deux élèves de terminale

N— Tu as eu des réponses des universités que tu as demandées ?
J— Non, pas encore. J'attends toujours. Et toi ?
N— J'ai eu un refus de Durham et une proposition de Lancaster. Bristol m'a convoqué pour un entretien la semaine prochaine, mais je n'ai eu aucune nouvelle des autres.
J— Quelles mentions demandent-ils à Lancaster ?
N— Trois B.
J— Ils ne sont pas très larges, hein ?
N— Non, c'est difficile d'être admis en droit.
J— Tu crois que tu réussiras à les avoir ?
N— Je n'en sais rien. Ça va en histoire et en économie mais je ne suis pas très sûr de moi en français. Peut-être que l'épreuve de « culture générale » me servira… Je verrai bien quelles notes j'aurai à l'examen blanc.
J— J'ai fait une demande pour m'inscrire en anglais et allemand.
N— Où ?
J— J'ai mis Cardiff en premier, Southampton en second, l'université d'Essex en troisième, puis Warwick et Bangor.
N— Tu crois que tu vas être acceptée ?
J — Je ne suis pas mieux placée que toi pour le deviner. De toute façon, si je ne le suis pas, je ferai une demande pour entrer à l'I.U.F.M. ou dans un institut polytechnique.
N— Ça sera bien de quitter l'école et partir de chez soi.
J— Tu peux le dire ! L'idée d'avoir un logement à soi et d'être indépendant va vraiment faire un changement.
N— Tu ne vas pas aller en résidence universitaire ?
J— Non, j'ai des copains à Manchester qui louent une maison. Je voudrais bien faire pareil. Ça a l'air vraiment marrant et il paraît que ça revient moins cher.
N— Enfin si tu arrives à trouver quelque chose. Moi je préfère prendre mes précautions.
J— Pourquoi, tu as peur d'être livré à toi-même et de voler de tes propres ailes ?
N— Pas du tout. C'est simplement que j'aimerais rencontrer des gens, du moins si je suis admis quelque part !

■ Remarques

1. **sixth-formers,** *élèves de terminale.* La **sixth form** est une classe qui dure deux ans, **lower sixth** (qui équivaut à la 1re) et **upper sixth** *(terminale),* pendant lesquelles on prépare des « **A** » **Levels (Advanced Levels).**
2. **universities that you applied to,** *universités que tu as demandées.* Au premier trimestre de l'année de terminale il faut poser sa candidature par ordre de préférence à cinq universités.
3. **interview,** *entretien.* La réussite aux « **A** » **Levels** n'ouvre pas obligatoirement les portes de n'importe quelle université. Chaque département universitaire pose ses propres exigences quant aux mentions à obtenir aux « **A** » **Levels** et peut accepter sur dossier ou après entretien.
4. **grades,** *mentions.* On passe en général des « **A** » **Levels** dans trois matières et souvent un « **A** » **Level** de culture générale **(General Studies)** en plus. Les mentions que l'on peut obtenir sont par ordre d'excellence **A, B, C** et **D. E** correspond à *passable* et **F** signifie **failure,** *échec.*
5. **the mocks** = **the mock exams. A mock exam,** *un examen blanc.*
6. **English and German,** *anglais et allemand.* Il est fréquent d'étudier deux disciplines en même temps, soit en leur donnant autant d'importance **(combined),** soit en choisissant une principale **(main subject)** et une secondaire (**subsidiary**).
7. **Teacher's Training College,** *Institut Universitaire de Formation des Maîtres* qui prépare à l'enseignement dans le primaire ou le secondaire. Les études durent normalement trois ans jusqu'au **B.Ed. (Bachelor of Education),** *licence d'enseignement.*
8. **Polys** = Polytechnics, *instituts polytechniques.* Considérés à leur création comme des universités de second ordre, ces instituts sont aujourd'hui parfois à la pointe dans certaines disciplines (technologiques en particulier).
9. **You're telling me,** *tu peux le dire* (c'est pas à moi qu'il faut dire ça).
10. **hall of residence,** *résidence universitaire.* Beaucoup d'étudiants optent pour ce type de logement où ils peuvent prendre leurs repas, en 1re année, puis ensuite trouvent plus intéressant de partager à plusieurs le loyer d'une maison meublée.
11. **play safe,** *ne pas prendre de risques, prendre ses précautions.*

Schools in Britain

In Britain schooling is compulsory between the ages of 5 and 16. Nursery schools are a lot less common than in France and are generally used by working mothers who pay to have their children minded. Most children never go to nursery school but go straight into primary school at the age of 5 and remain there for 6 years.

The next step is comprehensive school and this lasts until the end of the fifth form, when pupils sit for G.C.S.E.'s. (Those wishing to go to university stay on for another two years and do "A" Levels after their "O" Levels.) In certain areas the old-fashioned grammar school system is still in operation. Only the best pupils are accepted by these schools.

Should parents choose, they can send their children to " public schools " (which, contrary to their name, are in fact private schools) or state-run confessional schools. State schools only take day pupils, whereas public schools are mostly boarding schools.

Les écoles en Grande-Bretagne

En Grande-Bretagne la scolarité est obligatoire de 5 à 16 ans. Les écoles maternelles sont beaucoup moins répandues qu'en France et sont utilisées en général par des mères qui travaillent et payent pour la garde de leurs enfants. La plupart des enfants ne passent pas par l'école maternelle et vont directement à l'école primaire à l'âge de 5 ans et y restent pendant 6 ans.

L'étape suivante est l'école secondaire et celle-ci dure jusqu'à la fin de la cinquième année quand les élèves passent leurs examens — des « O » **Levels** ou des **C.S.E.*** (Ceux qui désirent aller à l'université y restent deux années supplémentaires pour préparer leurs « **A** » **Levels** après leurs « **O** » **Levels**.) Dans certaines régions le vieux système de lycées classiques (appelés **grammar schools**) fonctionne toujours. Seuls les meilleurs élèves sont admis dans ces écoles.

Si les parents le désirent, ils peuvent envoyer leurs enfants dans des « écoles publiques » (qui, contrairement à ce que leur nom indique, sont en fait privées) ou dans des écoles confessionnelles d'État. Les écoles d'État n'ont pas d'internat alors que les « écoles publiques » sont, pour la plupart, des pensionnats.

* **G.C.S.E. : General Certificate of Secondary Education,** *certificat de fin d'études secondaires.*

Higher education

A great deal of students in Britain study away from home and are awarded maintenance grants from their local Education Authority. Fees are quite expensive but in most cases are paid by the state, the obvious exception being foreign students, who must be self-supporting.

The oldest and most famous British universities are Oxford and Cambridge, where you have to pass an entrance exam before being accepted. Otherwise students choose their university or college according to the course offered and the entry requirements that they are given.

The first degree, after three or four years of study, is the B.A. (Bachelor of Arts) or the B.Sc. (Bachelor of Science). The vast majority of students then look for a job, while a few stay on an extra year to prepare an M.A. (Master of Arts) or an M.Sc. (Master of Science). An even smaller number of students enroll for a Ph.D. (Doctor of Philosophy), obtained after three years of postgraduate study in any subject.

L'enseignement supérieur

En Grande-Bretagne beaucoup d'étudiants quittent leur région pour faire leurs études et reçoivent une bourse de l'Administration de l'enseignement de la région d'où ils viennent. Les droits d'inscription sont assez élevés mais sont, dans la plupart des cas, payés par l'État, sauf évidemment pour les étudiants étrangers qui doivent financer eux-mêmes leurs études.

Les universités britanniques les plus anciennes et les plus célèbres sont Oxford et Cambridge où il faut passer un concours d'entrée. Sinon, les étudiants choisissent leur université ou institut universitaire selon les programmes que ceux-ci proposent et les critères d'entrée qu'ils exigent.

Le premier diplôme universitaire après trois ou quatre ans d'études est la licence ès lettres ou la licence ès sciences. La grande majorité des étudiants cherchent ensuite du travail tandis que quelques autres font une année de plus pour préparer une maîtrise (de lettres ou de sciences). Un nombre encore plus réduit d'étudiants s'inscrivent pour un doctorat qu'ils obtiennent dans n'importe quelle discipline après trois ans d'études suivant la licence.

1. Il a dû redoubler sa 6e à cause de ses faibles résultats.
2. Ils étaient dans la même classe.
3. Elle étudie l'espagnol depuis cinq ans.
4. Je n'ai jamais été bon à l'école et n'avais qu'une envie : la quitter !
5. Est-ce que c'est vrai que vous devez porter un uniforme ?
6. Je vais prendre chimie mais j'abandonnerai la biologie.
7. Le stage en entreprise est obligatoire pour tous les étudiants de 2e année.
8. Je suis débutant mais je me débrouille quand même.
9. Elle a été la première de sa classe.
10. Je fais un travail de recherche en physique appliquée.
11. Il est passé en seconde sans problème.
12. Il ne faut pas tricher aux examens !
13. Ce n'est pas une école mixte, c'est une école de filles.
14. Le directeur a convoqué les parents à l'école car leur fils séchait les cours.
15. C'est une élève sérieuse. Elle fait toujours ses devoirs.
16. L'épreuve sera notée sur 40.
17. Elle a été reçue à son examen avec mention.

---

1. **He had to repeat his first year because of bad marks.**
2. **They were in the same class.**
3. **She has studied Spanish for five years.**
4. **I was never any good at school and couldn't wait to leave.**
5. **Is it true that you have to wear a uniform ?**
6. **I'll take Chemistry but I'll drop Biology.**
7. **Industrial training is compulsory for all 2nd year students.**
8. **I'm a beginner but I can still get by.**
9. **She was top of the class.**
10. **I'm doing research in Applied Physics.**
11. **He got into the fifth form without any problem.**
12. **You shouldn't cheat during exams !**
13. **It's not coeducational, it's a girls' school.**
14. **The Headmaster called the parents up to the school because their son was sciving lessons.**
15. **She's a hardworking pupil. She always does her homework.**
16. **The test will be marked out of forty.**
17. **She passed her exam with distinction.**

sixth-former, élève de 1re ou de terminale
to apply to, poser sa candidature à
refusal, un refus
grade, mention
law, droit
a mark, une note
Teacher's Training College, École normale
Polytechnic, institut polytechnique
hall of residence, résidence universitaire
to stand on your own two feet, voler de ses propres ailes
compulsory schooling, la scolarité obligatoire
nursery school, école maternelle, jardin d'enfants
primary school, école primaire
comprehensive school, école secondaire (polyvalente)
G.C.S.E., General Certificate of Secondary Education, examens que l'on passe à la fin de la seconde.
« A » Levels, advanced levels, niveaux supérieurs. Examens passés à la fin de la terminale (équivalent du bac)
grammar school, lycée classique
public school, école privée secondaire
state-run, géré par l'État
state school, école publique
day pupil, externe ou demi-pensionnaire
boarding school, internat
college, établissement d'enseignement supérieur
(maintenance) grant, bourse
fees, droits d'inscription
to pass an exam, réussir un examen
to sit an exam, passer un examen
degree, licence, diplôme
to enroll, s'inscrire
to scive lessons, sécher les cours

Vocabulaire complémentaire

boarder, interne
coeducational, mixte
competitive exam(ination), concours
to fail an exam, échouer à un examen, être collé
a graduate, un(e) diplômé(e), un(e) licencié(e)
to graduate, obtenir/passer un diplôme
lesson(s), cours
oral exam, oral
postgraduate, étudiant(e) de 2/3e cycle
to prepare for an exam, préparer un examen
to teach, taught, taught, enseigner
a teacher, un(e) enseignant(e), un professeur
undergraduate, étudiant(e) qui n'a pas encore la licence
written test, écrit

The three R's : Reading, (w)Riting and (a)Rithmetic.
Les « 3 R », la lecture, l'écriture et l'arithmétique (la base de l'enseignement primaire).

A ■ Traduire

Which of the following subjects did you study at school ?

☐ maths ☐ physics ☐ chemistry ☐ biology
☐ history ☐ geography ☐ woodwork ☐ religion
☐ home economics ☐ handicrafts ☐ art ☐ Latin
☐ Greek ☐ commerce

B ■ Complétez

1. Children under the age of 5 can go to a . . . school if their parents wish.
2. Schooling is . . . between the ages of 5 and 16.
3. He sat the exam but didn't . . . because he hadn't revised.
4. After three years at university, students come away with a . . . .
5. In order to prepare us for the « A » Levels they are giving us a . . . exam next week.

C ■ Traduire

1. Il a fait un an à l'École normale après avoir obtenu sa licence ès lettres.
2. J'ai raté mon examen parce que j'ai séché les cours.
3. Il est difficile de travailler dans une résidence universitaire à cause du bruit.
4. Nous avons mis nos enfants en pension.
5. J'ai abandonné l'allemand parce que c'est trop dur.

Corrigé

A ■ Lesquelles des matières suivantes avez-vous étudiées à l'école : maths, physique, chimie, biologie, histoire, géographie, menuiserie, religion, économie familiale, travail manuel, arts plastiques, latin, grec, économie ?

B ■ 1. nursery. **2.** compulsory. **3.** pass. **4.** degree. **5.** mock.

C ■ 1. He spent a year at a Teacher's Training College after getting his B.A.
2. I failed my exam because I scived lessons.
3. It's difficult to work in a hall of residence because of the noise.
4. We have sent our children to boarding school.
5. I dropped German because it was too hard.

F : Father S : Son

F— Have you picked[2] anything out for the Grand National[3] ?

S— Oh, I don't even know if I'll have a bet[4] this year. I don't fancy anything at all.

F— Come on, it's only once a year ! Even your mother has put 10p each way[5] on « Red Rum »[6].

S— I didn't even know that it was still running !... No, I'm not tempted. I mean, it's like throwing your money down the drain[7]. Have you ever seen[8] a poor bookie[9] ?

F— Of course I haven't, but that's the fun of the game. I think I'll put my money on « French Navy » — it has won quite a few races recently.

S— It will never last the course[10] ! I reckon « Mighty Quinn » stands a good chance.

F— Yes, but it isn't worthwhile putting any money on it because the odds[11] will be so bad. It's sure to be favourite.

S— I don't know why you waste your time backing outsiders. You always end up losing your money. I'm one for safe bets.

F— Well I can't seem to remember you ever doing any better than me.

S— I got a place last year, and the year before the horse that I backed came second !

F— Well why don't you try then, this year ?

S— Oh go on then, I will. I could do with a few bob[12]. Let's have a look at the paper.

F— I've got « Sporting Life »[13] if you want, as well.

S— No, the normal paper will do. I just want to know what weight « Mighty Quinn » is carrying.

F— Are you really thinking of backing it ? Do you realize, it's already 9 to 4 on and that's only the forecast. By the time the betting stops it will be even worse.

S— That's the risk you've got to take, isn't it ?

gambling	[**gam**bliŋ]	favourite	[**fèï**vrit]
National	[**na**chenl]	outsiders	[**aouttsaï**dez]
Red Run	[**rèd roem**]	horse	[ho:s]
tempted	[**tèm**tid]	forecast	[**fo:**ka:st]
drain	[drèïn]	worse	[we:s]
Mighty Quinn	[**maï**ti **kwin**]		

P : père F : fils

P— Tu as trouvé quelque chose pour le Grand National ?
F— Oh, je ne sais même pas si je vais jouer cette année. Il n'y en a aucun qui me tente.
P— Allez ! Ce n'est qu'une fois par an. Même ta mère a mis 10 pence placé sur « Rhum Rouge ».
F— Je ne savais même pas qu'il courait encore !... Non, ça ne me tente pas. C'est vraiment jeter son argent par les fenêtres. Tu as déjà vu un bookmaker qui était pauvre ?
P— Non bien sûr, mais ça fait partie du jeu. Je pense que je vais mettre mon argent sur « Bleu Marine » — il a gagné pas mal de courses dernièrement.
F— Il ne tiendra jamais la distance ! A mon avis « Quinn le Magnifique » a une bonne chance.
P— Oui mais ce n'est pas la peine de miser sur lui, sa cote sera tellement mauvaise. Il est sûr d'être favori.
F— Je ne sais pas pourquoi tu perds ton temps à miser sur des outsiders. Tu finis toujours par perdre de l'argent. Je suis partisan de jouer la sécurité.
P— En tout cas je ne me rappelle pas que tu aies jamais fait mieux que moi.
F— J'était placé l'an dernier et, l'année d'avant, le cheval sur lequel j'avais misé est arrivé deuxième !
P— Alors pourquoi est-ce que tu n'essayes pas cette année ?
F— Bon, allez, d'accord ! J'ai un peu besoin de sous. Regardons dans le journal.
P— J'ai *Sporting Life,* aussi, si tu veux ?
F— Non, le journal normal, ça ira. Je veux juste savoir quel poids porte « Quinn le Magnifique ».
P— Tu veux vraiment miser sur lui ? Tu te rends compte qu'il est déjà à 9 contre 4 et ce n'est qu'un pronostic. Quand les jeux seront faits, ce sera encore pire.
F— C'est un risque à prendre, non ?

cards/*cartes*	**hearts,** *cœur*
clubs, *trèfle*	**spades,** *pique*
diamonds, *carreau*	**ten,** etc., *dix,* etc.
ace, *as*	**jack,** *valet*
king, *roi*	**trump,** *atout*
queen, *reine*	

1. **Gambling,** *les jeux d'argent ;* **to gamble,** *jouer* (de l'argent).
2. **Have you picked,** *as-tu trouvé, repéré* (sous-entendu parmi les concurrents).
3. **Grand National,** *le Grand National ;* c'est une course hippique qui a lieu tous les ans au printemps sur l'hippodrome d'Aintree à Liverpool. Cette course de 30 obstacles et de plus de 7 km est la plus célèbre et la plus prestigieuse du pays.
4. **a bet,** *un pari ;* **to bet, bet, bet,** *parier ;* **with s.o.** *(avec qqn),* **on sth.** *(sur qch).*
5. **each way,** *placé.* C'est-à-dire que le cheval soit gagnant ou placé dans les 3 ou 4 premiers selon la course.
6. **« Red Rum »,** nom du seul cheval qui ait jamais gagné trois fois le Grand National.
7. **to throw one's money down the drain,** (fam.) *jeter son argent par les fenêtres.*
8. **Have you ever seen,** *avez-vous jamais vu ?* On utilise **ever** *(à un moment ou à un autre)* dans les phrases interrogatives ou quand il y a dans les phrases une négation (**nobody**, etc.) ou un élément semi-négatif (comme **hardly**), et **never** dans les phrases sans autre négation. **Ever** et **never** comme tous les adverbes de fréquence (**always, sometimes, often, usually**) se placent toujours devant un adverbe et après un auxiliaire.
9. **bookie** (fam.) = **bookmaker** = **turf accountant** : *bookmaker.*
10. **it will never last the course** = **it will never finish the race,** *il ne tiendra jamais la distance ;* **the course,** *le parcours* (= **the racecourse**). On remarquera que le mot *course* en français se traduit par le mot **race** ; ici, **a horse race,** *une course hippique.*
11. **the odds,** (pluriel) *la cote* (d'un cheval). **Long odds,** *forte cote ;* **short odds,** *faible cote.* **The odds are 10 to 1,** *la cote est de 10 contre 1.*
12. **bob,** (toujours singulier) = **shilling (5p).** Le mot familier a pratiquement disparu avec les shillings sauf dans un contexte particulier comme celui-ci.
13. **Sporting Life,** journal spécialisé dans les courses hippiques.

There are approximately 8,500 betting shops in Britain. They are private, not state-run, although the bookmaker or turf accountant in question needs an official licence in order to practise his trade. The majority of bookmakers are in fact independent.

Theoretically you can bet on anything at all — even on the date when the Martians will land on Earth ! 93% of all betting is however on horses, and winnings are generally paid out according to the starting price, which is the average price offered by the six or seven most important bookmakers at the race meeting.

Betting tax (at present 8%) is paid either on your stake or on your winnings (the punter decides) and goes to the Government. The minimum stake in a betting shop is 10 to 15p ; at race courses bookmakers do not normally accept bets of less than £ 2. Almost all bookmakers practise a maximum pay-out system of £ 10.000. Betting has been legal for twenty-one years and is considered a national pastime.

Il y a approximativement 8 500 bureaux de paris en Grande-Bretagne. Ils sont privés et non pas dirigés par l'Etat, bien que la personne qui recueille les paris ou le bookmaker en question ait besoin d'une licence officielle pour faire son commerce. La majorité des bookmakers sont en fait indépendants.

Théoriquement on peut parier sur n'importe quoi — même sur le jour où les Martiens débarqueront sur terre ! 93% des paris, cependant, se font sur les chevaux et les rapports sont en général établis sur la cote que les six ou sept bookmakers les plus importants proposent lors de la réunion hippique.

Les taxes sur les paris (actuellement de 8%) sont payées soit sur la mise soit sur les gains (c'est le turfiste qui décide) et vont à l'État. La mise minimum dans les bureaux de paris est de 10 à 15 pence et sur les champs de course les bookmakers, normalement, n'acceptent pas de paris en dessous de 2 livres. Presque tous les bookmakers fixent à 10 000 livres le maximum des gains. Les paris individuels sont légaux depuis vingt et un ans et sont considérés comme un passe-temps national.

Although very many people in Britain like to bet, it would be ludicrous to say that the British are a nation of compulsive gamblers ! Most people do it for the sheer enjoyment.

A form of gambling which is especially popular among women is « bingo » : a game where each player receives a card with a series of numbers written on it. The announcer then proceeds to draw numbers from out of a hat and reads them aloud. When all the numbers on your card have been crossed off you shout « house » and win. Stakes are low but the prize money can be quite substantial.

People also do the football pools on a Saturday — the aim is to forecast the maximum number of score draws in the football league. Others choose to play on slot machines in pubs or in amusement arcades. Lotteries also exist but have not had a great deal of success.

Bien qu'énormément de gens en Grande-Bretagne aiment parier, il serait ridicule de dire que les Britanniques sont un peuple de joueurs invétérés. La plupart des gens jouent simplement pour le plaisir.

Il est une forme de jeu qui est particulièrement populaire parmi les femmes, c'est le « bingo » : un jeu où chaque joueur reçoit une carte où est inscrite une série de nombres. L'organisateur tire ensuite des numéros d'un chapeau et les lit à haute voix. Quand on a barré tous les nombres de sa carte on crie « plein » et l'on gagne. Les mises sont faibles mais les gains peuvent être assez considérables.

Les gens font également les pronostics de football le samedi — le but est de prévoir le plus grand nombre possible de matchs nuls avec buts. D'autres préfèrent jouer aux machines à sous dans les pubs, ou dans les salles de jeux. Il existe aussi des loteries mais elles n'ont pas beaucoup de succès.

1. On lui a interdit l'accès du casino car chaque fois qu'il y va, il perd une fortune.
2. Je ne peux pas résister à l'envie de faire de petites mises sur les chevaux.
3. Si je gagnais au tiercé je m'achèterais une nouvelle voiture.
4. Chaque semaine ma grand-mère achète un billet de loterie mais elle n'a encore jamais gagné !
5. Est-ce que tu veux prendre un billet de tombola ?
6. J'ai fait un concours dans le journal et j'ai gagné un séjour aux Baléares.
7. Le loto : c'est pas cher, c'est facile et ça peut rapporter gros.
8. Est-ce qu'il vous arrive de jouer aux cartes pour de l'argent ?
9. Les jeux d'argent sont pour les gogos !
10. On parie ?
11. Faites vos jeux, mesdames et messieurs ! Rien ne va plus !
12. Quel manque de chance !
13. La course est télévisée cet après-midi.
14. Je ne me rappelle plus où j'ai mis mon ticket de tiercé.
15. Rater c'est rater, même de justesse !

---

1. **He has been barred from the casino because he loses a fortune every time he goes there.**
2. **I can't resist having a flutter on the horses.**
3. **If I won on the tote I'd buy myself a new car.**
4. **My grandmother buys a lottery ticket each week but has never won yet.**
5. **Do you want to buy a raffle ticket ?**
6. **I entered a competition in the newspaper and won a holiday in Mallorca.**
7. **The numerical lottery is cheap and easy and can bring you a lot of money !**
8. **Do you ever plays cards for money ?**
9. **Gambling is a mug's game !**
10. **Shall we have a bet on it ?**
11. **Place your bets, ladies and gentlemen ! The game is about to begin !**
12. **What bad luck !**
13. **The race is televised this afternoon.**
14. **I can't remember where I put my betting slip.**
15. **A miss is as good as a mile.**

gambling, le jeu, les jeux d'argent
bet, pari, **to bet,** parier
bookie, bookmaker
the fun of the game, le plaisir du jeu
fun, amusement
race, course
course, parcours, distance
to reckon, estimer
to be worthwhile, valoir la peine
the odds, la cote, la chance
favourite, favori
to waste, gaspiller
to back, miser sur
to lose, lost, lost, perdre
safe bet, pari sûr
to get a place, être placé
forecast, prévision
to take a risk, prendre un risque
betting shop, bureau des paris
state-run, dirigé par l'Etat
turf-accountant, bookmaker
to practise, pratiquer
trade, commerce, métier
stake, mise, enjeu
winnings (pl.), gains, rapports
average, moyenne
race meeting, réunion hippique
betting tax, taxe sur les paris
punter, turfiste
pastime, passe-temps
ludicrous, ridicule, risible, comique
compulsive, invétéré
sheer, simple
football pools, pronostics sur le football
score draw, match nul *(avec buts)*
slot-machine, machine à sous
amusement arcade, salle de jeux
lottery, loterie
to be barred, être interdit
to have a flutter, risquer une petite somme ; **flutter,** excitation
tote, tiercé
raffle ticket, billet de tombola
numerical lottery, le loto
mug, gogo, dupe, poire
luck, chance
miss, coup manqué

Vocabulaire compémentaire

betting news, compte rendu des courses
billiard, billard
billiard cue, queue de billard
bingo hall, salle de bingo
to boost, relancer *(poker)*
the cast of the die, le coup de dé
die, dice dé (s)
the die is cast, le dé est jeté
game of cards, jeu de cartes
illegal, illégal
the odds are against, les chances sont contre
the odds are 5 to 1, la cote est à 5 contre 1
long odds, forte cote
short odds, faible cote
pack of cards, jeu de cartes
to pay out, débourser
to play dice, jouer aux dés
to put £10 to win on..., jouer 10 livres gagnant sur...
racing season, saison des courses
rider, cavalier, jockey
to raffle, prendre part à une tombola
roulette, roulette
scoreless draw, match nul 0 à 0
tip, tuyau, **to tip,** tuyauter
tipster, donneur de tuyau
trump, atout

A ■ Traduire en anglais

Les paris individuels sont illégaux en France. Les jeux d'argent sont un monopole d'Etat. Si vous voulez miser sur des chevaux il faut que vous pariiez au P.M.U. On peut parier dans certains cafés et l'on doit choisir trois chevaux. Le montant des gains varie selon que vous avez mis les chevaux dans l'ordre ou que vous les avez placés dans un ordre différent. Les rapports qui sont donnés peu de temps après la course sont fixés d'après le nombre des gagnants. L'Etat prend le reste.

B ■ Placer correctement l'adverbe de fréquence

1. They have heard of it. (never)
2. I drink my tea with milk. (generally)
3. It rains in autumn. (often)
4. She is a good student. (always)
5. Does he come back home late ? (ever)
6. She has to do it herself. (nearly always)
7. I can understand what he says. (never)

Corrigé

A ■ Private betting is illegal in France. Gambling is a state monopoly. If you want to back horses you have to bet on the tote. You can put a bet on in certain cafés and have to choose three horses. The amount of money that you win depends on whether you name the horses in the right order or whether they all get placed, but in a different combination. The winnings which are announced a short time after the race are paid according to the number of winners. The state takes the rest.

B ■ 1. They have never heard of it. **2.** I generally drink my tea with milk. **3.** It often rains in autumn. **4.** She is always a good student. **5.** Does he ever come home late ? **6.** She nearly always has to do it herself. **7.** I can never understand what he says.

■ Flying back

John - British   Rob - Australian

J— What time[1] does your plane leave tomorrow ?

R— Eleven o'clock, but I've got to be there an hour before to check my luggage in[2].

J— Oh, I'll drive you to the airport, then.

R— That's awfully kind of you John, but really I don't think it's worth all the bother[3] with the traffic and all that. You'd only end up wasting the whole morning tripping backwards and forth[4].

J— It doesn't matter, I've got plenty of time. Honestly, I'd only be too pleased to do it.

R— No really, John, it's just as easy for me to take the shuttle[5]. My hotel isn't far from the airport and I haven't got much stuff[6] at all.

J— O.K. then, as you wish[7], but if you change your mind you've got my 'phone number. Don't hesitate.

R— I won't.

J— Are you looking forward to flying back ?

R— Oh yes, I always enjoy[8] travelling by plane.

J— Let's hope you have a safe flight[9] !

R— I do too[10], with all the accidents recently !

J— That's just a case of bad luck[11]. I'm sure these things[12] happen, but nowhere near as often[13] as everybody says.

R— I agree. I mean you just need[14] to get into your car and go fifty yards down the road and you can have an accident.

J— True. I'm sure the aviation authorities[15] thoroughly check all the planes. Anyway, to change the subject, I hope you've had a nice stay.

R— I certainly have. It was wonderful. Thanks such a lot for showing me round[16]. Hope I can do the same thing for you sometime.

awfully	[**o:**fouli]	accident	[**ak**sident]
backwards	[**bak**we:dz]	recently	[**ri:**sntli]
honestly	[**o**nistli]	aviation	[èïvi**éï**chen]
shuttle	[**chœ**tl]	authorities	[o:**ṡo**ritiz]
hesitate	[**hè**zitèït]	thoroughly	[**ṡœ**reli]

J— A quelle heure prenez-vous l'avion demain ?
R— A onze heures, mais il faut être là une heure avant pour l'enregistrement des bagages.
J— Dans ce cas, je vous emmène à l'aéroport en voiture.
R— C'est très gentil à vous, John, mais franchement je ne crois pas que ça vaille la peine, avec la circulation et tout. Vous allez perdre toute la matinée rien qu'à faire l'aller et retour.
J— Ça ne fait rien, j'ai tout mon temps. Honnêtement, ça me ferait plaisir.
R— Non, vraiment, John, c'est aussi simple pour moi de prendre la navette. Mon hôtel n'est pas loin de l'aéroport et je n'ai pas grand bagage.
J— Bon, d'accord, comme vous voulez, mais si vous changez d'avis, vous avez mon numéro de téléphone. N'hésitez pas.
R— Entendu.
J— Vous êtes content de repartir ?
R— Oh oui, j'aime bien prendre l'avion.
J— Espérons que tout se passera bien !
R— Je l'espère aussi, avec tous les accidents qu'il y a eu dernièrement !
J— C'est juste un fâcheux concours de circonstances. Bien sûr, ça arrive, mais beaucoup plus rarement qu'on le dit.
R— Absolument. Il suffit de monter dans sa voiture et de faire cinquante mètres pour avoir un accident.
J— C'est bien vrai. Je suis certain que les responsables de l'aviation vérifient minutieusement tous les avions. En tout cas, pour changer de sujet, j'espère que vous êtes content de votre séjour.
R— Tout à fait. C'était merveilleux. Je ne sais comment vous remercier de m'avoir fait visiter. J'espère pouvoir vous rendre la pareille, un de ces jours.

■ Remarques

1. **What time** est beaucoup plus courant que **at what time**.
2. **to check in, to check** exprime l'idée de contrôle alors que **in** indique que ce contrôle doit être effectué avant que les bagages soient introduits dans l'avion.
3. **all the bother, bother** est ici un substantif signifiant *ennui, embêtement*.
4. **tripping backwards and forth :** *faire l'aller et retour ;* **to trip** qui a le sens premier de *marcher d'un pas rapide* indique qu'il s'agit d'un voyage éclair pour ramener Rob à l'aéroport **(backwards)** et en repartir **(forth)**.
5. **shuttle :** *navette* (qui fait un mouvement de va-et-vient) dans l'industrie textile comme dans l'espace.
6. **stuff :** *affaires* (dans le sens de *bagages*), assez familier.
7. **as you wish :** *comme vous voulez.* Niveau de langue supérieur à **as you like**.
8. **enjoy travelling : enjoy** est toujours suivi d'une forme en **-ing** quand il s'agit d'une appréciation portée sur une action.
9. **safe flight :** *voyage sans danger* → **safe :** *sûr, en sécurité*.
10. **I do too :** *moi aussi.* **Do** permet ici, comme dans les « short answers », d'éviter la répétition du verbe qui vient d'être utilisé (ici **hope**).
11. **a case of bad luck :** m. à m. *un cas de malchance.*
12. **these things :** *ces choses-là,* c'est-à-dire les accidents.
13. **nowhere near as often :** m. à m. *très loin d'être aussi fréquent.* Renforce l'idée de rareté par rapport à **not as often**. On notera la métaphore qui explicite dans l'espace une indication de temps.
14. **I mean you just need :** m. à m. *je veux dire qu'on a juste besoin.*
15. **authorities :** a le sens d'*autorités compétentes.*
16. **showing me round :** *me faire visiter.* **Round** permet d'associer l'idée de mouvement *(faire le tour de)* à celle de *montrer des choses à quelqu'un* **(show)**.

1. All passengers must check in luggage one hour before departure time.
2. Hand-luggage should be kept to a minimum.
3. If you see any suspicious looking unattended suitcases, travel bags or parcels, please report this at once to a member of the security staff.
4. The departure lounge and duty free shopping facilities are at the disposition of all passengers.
5. Tickets cannot be exchanged. Passengers who fail to report to the airport terminal at the required time will not be reallocated a seat on another flight.
6. Under no circumstances will the flight be delayed due to the late arrival of passengers.
7. The company declines all responsibility should passengers decide to make unforeseen stopovers.
8. Passengers in transit must not leave the airport compound without first checking with passport control.
9. A meal will be served on board at the company's expense.
10. Landing cards will be issued by the stewardesses.

WE WOULD LIKE TO WISH YOU A NICE TRIP.

---

1. Tous les passagers doivent faire enregistrer leurs bagages une heure avant le départ.
2. Les bagages cabine doivent être aussi réduits que possible.
3. Si vous apercevez des valises, sacs de voyage ou paquets abandonnés d'apparence suspecte, vous êtes prié d'en avertir immédiatement le personnel de sécurité.
4. La salle d'embarquement et les boutiques hors-taxes sont à la disposition de tous les passagers.
5. Les billets ne peuvent être échangés. Aucune place sur un autre vol ne pourra être réattribuée aux passagers qui ne se présenteraient pas à l'aérogare à l'heure prévue.
6. Le retard de passagers ne pourra en aucun cas provoquer le retard du vol.
7. La compagnie décline toute responsabilité au cas où des passagers décideraient de faire des escales non prévues dans leur vol.
8. Les voyageurs en transit ne peuvent quitter les bâtiments de l'aéroport sans s'être présentés au contrôle des passeports.
9. Un repas sera servi à bord aux frais de la compagnie.
10. Les cartes de débarquement seront distribuées par les hôtesses.

NOUS VOUDRIONS VOUS SOUHAITER BON VOYAGE.

The actual inauguration of British civil air transport took place on August 25th 1919, when a daily passenger service was opened between London and Paris.

The year 1919 was also marked by notable pioneer flights including the crossing of the Atlantic by John Alcock and Arthur Whitten Brown and the first flight between England and Australia by Captain Ross Smith and his crew.

Another famous moment in the history of British aviation was the Battle of Britain (1940), which had no formal beginning and no formal end, but lasted roughly from mid-July to mid-September. This vitally important victory for the Royal Air Force cost the lives of many of its bravest and best pilots and prompted Winston Churchill to pay the following tribute : "Never in the field of human conflict was so much owed by so many to so few".

The greatest technical triumph of British aviation is without a doubt the realization of the Anglo-French aeronautical project Concord, which resulted in the invention of the world's first supersonic airliner.

Les véritables débuts du transport civil aérien en Grande-Bretagne datent du 25 août 1919, quand fut inauguré entre Londres et Paris un service quotidien de voyageurs.

L'année 1919 fut également marquée par d'importantes premières telles que la traversée de l'Atlantique par John Alcock et Arthur Whitten Brown et le premier vol de l'Angleterre à l'Australie par le capitaine Ross Smith et son équipage.

Un autre épisode célèbre dans l'histoire de l'aviation britannique fut la Bataille d'Angleterre (1940), qui ne commença ni ne se termina à une date précise mais dura approximativement de la mi-juillet à la mi-septembre. Cette victoire d'une importance vitale pour les Forces aériennes britanniques coûta la vie à beaucoup de ses pilotes les plus courageux et les plus doués et inspira à Winston Churchill l'éloge suivant : « Jamais, dans toute l'histoire des conflits humains, aussi peu d'hommes n'avaient tant fait pour autant d'autres hommes. »

Le plus grand triomphe technique de l'aviation britannique est, sans aucun doute, la réalisation du projet aéronautique franco-britannique Concorde, qui se traduisit par l'invention du premier long-courrier supersonique.

1. Le poids de bagages acceptés en franchise est de...
2. Pourriez-vous m'indiquer les heures de départ et les prix ?
3. Il n'y a pas de vol direct le mercredi.
4. Les voyageurs en transit doivent se présenter à la porte 12.
5. Il nous faudra faire escale à Manchester et probablement y passer la nuit.
6. Il ne restait plus de place en classe « affaire ».
7. Ça ne tient pas dans le casier.
8. Excusez-moi, mais mon écouteur ne semble pas marcher.
9. Adressez-vous à votre agence de voyages pour des renseignements détaillés sur les vols.
10. Attachez vos ceintures et éteignez vos cigarettes.
11. N'oubliez pas de faire reconfirmer votre vol.
12. Ils m'ont mis sur la liste d'attente.
13. Nous sommes obligés de fouiller les passagers à cause des détournements.
14. Nous ne pouvons pas atterrir tout de suite à cause de l'encombrement des pistes.
15. Je ne retrouve pas mon récépissé de bagage.

---

1. **The free luggage allowance is (amounts to) ...**
2. **Could you let me know about departure times and fares ?**
3. **There is no through flight on Wednesdays.**
4. **Stopovers should report to gate 12.**
5. **We'll have to stopover in/at Manchester and probably spend the night there.**
6. **There were no business class seats left.**
7. **It won't go into the overhead compartment (bin).**
8. **Excuse me, but my headphones don't seem to be working.**
9. **Ask your travel agent for more detailed information on the flights.**
10. **Fasten your seat belts and extinguish your cigarettes.**
11. **Don't forget to have your flight (ticket) reconfirmed.**
12. **I've been put on standby.**
13. **We have to frisk passengers because of the hijackings.**
14. **We cannot land immediately because of airport (runway) congestion.**
15. **I can't find my baggage check.**

to fly, flew, flown, voler, prendre l'avion, voyager par avion
plane, avion
to check in, faire enregistrer (bagages), se faire enregistrer
to waste, gaspiller
to trip backward and forth, faire l'aller et retour
shuttle, navette
stuff, affaires (bagages)
to look forward to, attendre impatiemment
safe, sûr, prudent, sans danger
flight, vol
case of bad luck, fâcheux concours de circonstances
thoroughly, en détail, à fond
to check, vérifier
stay, séjour
to show sb round, faire visiter quelqu'un
departure, départ
hand-luggage, bagages cabine
departure lounge, salle d'embarquement
stopover, 1) escale, 2) voyageur en transit
to stopover, faire escale
landing card, carte de débarquement
supersonic, supersonique
airliner, avion de ligne (moyen ou long-courrier)
pioneer, pionnier
crew, équipage
sometime, un jour
hijacking [haïdjakiŋ], détournement

Vocabulaire complémentaire

air-controller, contrôleur aérien, aiguilleur du ciel
aircraft, pl. **aircraft,** avion(s)
air fares, tarifs aériens
airline company, compagnie aérienne
air travel, voyage(s) aérien(s)
automatic pilot system, système de pilotage automatique
to book a seat, louer/ retenir une place
cabin crew, personnel de cabine
cockpit, cabine de pilotage
connecting flight, correspondance
control tower, tour de contrôle
crew, équipage
descent, descente, approche
domestic flight, vol intérieur
journey, voyage
to land, atterrir
landing gear, train d'atterrissage
nonstop flight, vol direct
overhead compartment, overhead luggage bin, casier à bagages *(en cabine)*
rerouting, changement d'itinéraire
route, route, ligne
runway, piste
security check, contrôle de sûreté
tail, queue
terminal connection, liaison avec aérogare
tour operator, organisateur de voyages, « voyagiste »
turbulence, turbulence(s), trous d'air
undercarriage, train d'atterrissage

A ■ Traduire

Leave for the airport early enough so that you will be certain to reach it before the latest check-in time. After this time you may no longer be accepted aboard the flight.

Check in as quickly as possible, and keep your boarding card in your hand. If you have no baggage to check in, you may go directly to the boarding lounge.

B ■ Traduire

1. A quelle heure décolle-t-on ?
2. Il faut arriver une heure à l'avance pour l'enregistrement des bagages.
3. Demande à l'hôtesse si je peux avoir un autre café.
4. Nous volerons à une altitude de 25 000 pieds.
5. Nous allons bientôt commencer notre descente vers Orly.
6. Nous atterrirons à Manchester dans une demi-heure.
7. Soyez prêt à présenter votre carte d'embarquement.
8. Nous avons une heure de battement avant la correspondance.

Corrigé

A ■ Prévoyez un délai suffisant pour vous rendre à l'aéroport, afin d'être sûr d'y arriver avant l'heure limite d'enregistrement ; au-delà de cette heure l'accès au vol peut vous être refusé.

Présentez-vous à l'enregistrement dès que possible et conservez la carte d'embarquement (d'accès à bord) à la main. Si vous n'avez pas de bagages à faire enregistrer (bagages de soute), vous pouvez vous rendre directement en salle d'embarquement.

B ■ 1. At what time do we take off ?
2. You have to check in your luggage an hour in advance. You have to arrive one hour in advance for checking in.
3. Please ask the hostess if I may have one more coffee.
4. We'll cruise at an altitude of 25,000 feet.
5. We shall soon start our descent towards Orly.
6. We'll land at Manchester in half an hour ('s time).
7. Have your boarding card/ pass ready.
8. We have an hour's wait for the connecting flight. (We have an hour's stopover.)

ANNEXES

■ 1711 : Déjà le « franglais » !

Saturday, Sept. 8, 1711

I have often wished that, as in our Constitution there are several Persons whose Business it is to watch over our Laws, our Liberties and Commerce, certain Men might be set apart, as Superintendents of our Language, to hinder any Words of a Foreign Coin from passing among us ; and in particular to prohibit any French Phrases from becoming Current in this Kingdom, when those of our own stamp are altogether as valuable.

The present War has so adulterated our Tongue with strange Words, that it would be impossible for one of our Great-Grandfathers to know what his Posterity have been doing, were he to read their Exploits in a Modern News-Paper. Our Warriors are very Industrious in Propagating the French Language at the same time that they are so gloriously successful in beating down their Power.

Joseph Addison, *The Spectator*.

The Spectator, premier quotidien anglais publié de 1711 à 1712 sous forme d'une feuille imprimée recto-verso, par Joseph Addison et Richard Steele :

Samedi 8 septembre 1711

J'ai souvent souhaité que, de même que notre Constitution confie à plusieurs Personnes le Soin de veiller sur nos Lois, nos Libertés et notre Concurrence, on désigne certains Hommes comme Gardiens de notre Langue, pour empêcher les Expressions Françaises de devenir Courantes dans ce Royaume, alors que celles que nous avons forgées chez nous sont tout aussi valables.

La présente Guerre a tellement altéré notre Langue en y mêlant des Mots étrangers qu'il serait impossible à un de nos Arrière-Grands-Pères, à la lecture des Exploits de ses Descendants dans un Journal d'Aujourd'hui, de savoir de quoi il retourne. Nos Soldats sont fort Actifs dans la Propagation de la Langue Française alors même qu'ils réussissent si glorieusement à abattre le Pouvoir des Français.

■ La formation de la langue anglaise

L'extraordinaire richesse linguistique de l'anglais tient à la diversité de ses origines et à la multiplicité des influences qu'il a assimilées.

Si l'anglais est une langue germanique, il le doit au fait qu'il est le descendant lointain des langues que parlaient les envahisseurs germaniques et barbares qui colonisèrent le pays au Ve siècle : les Angles et les Saxons. Ceux-ci adoptèrent cependant un certain nombre de mots qu'utilisaient les « colonisés » celtes, puis certains que leur laissèrent les envahisseurs danois du IXe siècle. Ainsi se formèrent les dialectes vieil-anglais tels qu'on pouvait les entendre à la cour du roi Alfred à la fin du IXe siècle.

L'invasion de l'Angleterre par les Normands de Guillaume le Conquérant en 1066 et leur installation subséquente marqua à la fois le début de l'ère féodale et la transformation de la langue. Le français devint la langue des maîtres et aucun dialecte n'eut plus la prééminence. C'est alors, au XIVe siècle, que se développèrent les dialectes moyen-anglais avec l'affermissement du pouvoir royal et le développement considérable de Londres comme capitale, et que s'affirma la suprématie du dialecte londonien illustré en littérature par Chaucer et ses *Contes de Canterbury.*

La centralisation politique et la consolidation du pouvoir de la monarchie entraîna la naissance d'une langue plus unifiée et codifiée, nécessitée par les besoins économiques et politiques, qui fut le résultat d'une certaine fusion de la langue des Normands avec les dialectes moyen-anglais, et qui donna à la langue germanique qu'est l'« anglais moderne » un apport latin non négligeable. La traduction de la Bible en anglais (« Authorized Version » de 1536) est considérée comme l'acte de naissance littéraire de l'anglais moderne à qui Shakespeare donna ses lettres de noblesse et qui n'a bien sûr cessé d'évoluer depuis.

■ La langue parlée en Grande-Bretagne

En anglais, l'accent d'intensité que porte une syllabe peut varier selon les mots et leur donner parfois, par un seul déplacement, un sens différent : c'est le cas des substantifs accentués sur la première syllabe et des verbes sur la seconde (cf. **a record** [**rè**ko:d] et **to record** [ri**ko:d**]). L'anglais est donc une langue « tonale » qui se différencie du français où l'accent est toujours porté par la dernière syllabe du mot. Cela la rend plus « musicale » que le français qui paraît aux anglophones plat et monocorde. Cette musicalité explique également la diversité extrême des accents que l'on peut entendre en Grande-Bretagne, où il y a presque autant de différences de prononciations entre les régions qu'il n'y en a avec les types d'anglais parlés aux États-Unis.

La variété des accents est, pour les Britanniques, à la fois un moyen de se constituer une identité irréfutable et un sujet de conversation inépuisable. Car cette différenciation est tout autant régionale que sociale et à peine un Britannique a-t-il entendu un autre anglophone parler pendant dix minutes qu'il peut, presque sans hésitation, deviner le pays ou la région d'origine de son interlocuteur, ainsi que la classe sociale dont il est issu. Plus encore que la façon de s'habiller ou de se comporter, l'accent que l'on a permet de vous identifier et souvent de vous « classer ».

L'anglais « officiel », que l'on appelle **Received Pronunciation,** n'est lui-même qu'une variante d'anglais parlée par les classes dirigeantes originaires du sud-est de l'Angleterre. Cette prononciation « officielle » comporte toutefois de nombreuses variations, et la langue de la reine **(Queen's English),** celle des discours officiels et de la haute bourgeoisie, est beaucoup plus « guindée » et même pincée que celle, pourtant très pure, que l'on peut entendre à la B.B.C. Il est des accents que, par ambition sociale, on essaye de dissimuler, mais rares sont les cas où l'on parvient à les effacer totalement.

Comme pour les classes sociales, les différences régionales se marquent très peu au point de vue du vocabulaire, mais essentiellement au point de vue de l'accent. On distingue très nettement un accent du Nord d'un accent du Sud. Dans le Nord, on a tendance à prononcer le [oe] [ou], comme par exemple **butter** prononcé [**bou**te] et non [**boe**te], et le [èe] [e:] comme pour **where** prononcé [we:] et non [wèe]. Une oreille un peu exercée peut facilement déceler l'accent de Liverpool (**Liverpudlian** ou **scouse accent**), légèrement nasal et très influencé par la prononciation irlandaise, celui de Birmingham **(brummy accent)**, très nasal, celui du Yorkshire ou l'anglais parlé à Newcastle qui est un véritable dialecte appelé **geordie**. Le **cockney**, variété d'anglais parlée à Londres, est souvent très difficile à comprendre, à cause de sa déformation des mots et d'un usage parfois très particulier du vocabulaire. Dans le Sud-Ouest (comme le Dorset), les gens ont tendance à rouler les r. Les oppositions d'accents entre les régions d'Angleterre donnent une petite idée du contraste qui existe entre ces prononciations et l'anglais tel qu'il est parlé par les Écossais qui roulent les r et dont l'intonation paraît beaucoup plus plate, les Gallois à l'accent très chantant et au registre haut, et les Irlandais dont l'accent est tout aussi chantant.

Tout cela donne une palette de prononciation qu'une oreille étrangère a bien du mal à distinguer et qu'elle ne pourra apprécier à sa juste valeur qu'après avoir fréquenté longuement et écouté attentivement les autochtones dont l'anglais est la langue maternelle **(native speakers)**.

Dans le domaine du roman, un certain nombre d'œuvres ont connu un succès qui a largement dépassé les frontières du pays. *1984* de George Orwell (1903-1950), qui parut en 1949 est considéré comme un modèle du roman d'anticipation politique et une dénonciation impitoyable de toutes les atteintes par l'État à la liberté de l'individu. Malcolm Lowry (1909-1957) est surtout célèbre pour son chef-d'œuvre *Au-dessous du volcan,* de 1947. William Golding (né en 1911), qui a été récompensé par le prix Nobel de littérature en 1983, s'est fait connaître en 1954 par un roman allégorique, *Sa Majesté des mouches.* On retrouve le thème de l'enfance dans *le Messager* (1953) de L.P. Hartley.

Un des plus grands best-sellers de l'après-guerre fut la très longue trilogie de l'érudit J.R.R. Tolkien (1892-1973) *le Seigneur des anneaux* (1954-1955) qui entraîna enfants comme adultes dans son univers de la magie et du merveilleux.

Le roman d'anticipation d'Anthony Burgess (né en 1917) *Orange mécanique* (1962), dans la lignée d'Orwell, doit sa gloire autant aux qualités de l'écrivain qu'au film qu'en a tiré Stanley Kubrick.

Lawrence Durrell (né en 1912) est surtout connu en France pour ses récits de voyages et ses romans inspirés par son séjour en Égypte : *Justine* (1957), *Mountolive* (1958) et *Clea* (1960).

John Fowles (né en 1926), auteur de *la Maîtresse du lieutenant français* (1969), Angus Wilson, *En jouant le jeu,* David Storey (né en 1933), *Radcliffe* (1963) et Muriel Spark, *The Public Image* (1968), font également partie des romanciers anglais importants de ces quarante dernières années.

Dans les années cinquante, le retour des conservateurs au pouvoir a marqué la fin d'un certain nombre d'espoirs en une société plus juste qu'avaient fait naître les mesures sociales prises par les travaillistes. C'est dans ce contexte que s'inscrivit le mouvement des « jeunes gens en colère » (Angry young men) qui s'est exprimé au théâtre, au cinéma, dans la poésie et dans des romans tels que : *Hurry on Down* (1953) de John Wain, *Lucky Jim* (1954) de Kingsley Amis, *The Outsider* (1956) de Colin Wilson, *Room at the Top* (1957) de John Braine et *Saturday Night and Sunday Morning* (1958) d'Alan Sillitoe.

Il est plus difficile de citer un seul nom d'ouvrage pour des écrivains aussi populaires et prolifiques que Iris Murdoch (née en 1919), A.J. Cronin ou Graham Greene (né en 1904) qui ont accumulé les romans à succès.

La romancière Doris Lessing, née en 1919, et qui passa sa jeunesse en Afrique australe, tient une place essentielle dans la littérature anglaise contemporaine par ses nombreux romans et nouvelles, dont *le Carnet d'or* (1962). Et sa série *les Enfants de la violence* (1964-1965) où elle lutte contre les préjugés raciaux et pour l'égalité des droits dans un style tout à fait remarquable.

C'est aussi en Angleterre que l'on trouve beaucoup des grands maîtres du roman populaire contemporain, que ce soit dans le genre « roman à l'eau de rose » avec Barbara Cartland, dans celui de la science-fiction avec A.C. Clarke, John Wyndham et J.G. Ballard, dans le roman d'espionnage avec Eric Ambler, John Le Carré (né en 1931) et Ian Fleming (1908-1964), le créateur de *James Bond,* et dans le roman policier avec Leslie Charteris, James Hadley Chase (1906-1985), Dorothy Sayers (1893-1957) et surtout la légendaire Agatha Christie (1891-1976) qui reste l'un des auteurs les plus vendus dans le monde.

La poésie n'a jamais eu la chance de connaître des tirages aussi fabuleux. Dans les années trente, un groupe d'anciens étudiants d'Oxford autour de Stephen Spender et W.H. Auden (1907-1973) renouvela la tradition poétique anglaise. D'autres poètes furent plus directement influencés par le surréalisme comme le Gallois Dylan Thomas (1914-1953), George Barker et David Gascoyne.

L'explosion musicale des années soixante a eu également des répercussions dans la poésie, en particulier à Liverpool avec Adrian Henri et Roger McGough.

Les poètes les plus populaires de ces dernières années sont principalement le très traditionnel John Betjeman, le classique Philip Larkin et des poètes plus modernes tels que Thom Gunn, Ted Hughes et l'Irlandais Seamus Heaney.

Au théâtre s'opposent deux courants : celui de la tradition du « West End » qui repose avant tout sur les mots d'auteur, le comique de situation ou les numéros d'acteur et celui d'un théâtre plus marginal, plus intellectuel et souvent plus engagé qui expérimente de nouvelles formes et sensibilise le spectateur aux problèmes politiques et existentiels de l'homme d'aujourd'hui.

Les comédies légères de Noel Coward (1899-1973) illustrent parfaitement le premier courant qu'alimentent des auteurs comme Peter Ustinov, Peter Shaffer, Peter Nicols et dans une certaine mesure Tom Stoppard.

Le théâtre politique semble avoir été une tradition irlandaise puisque Brendan Behan (1923-1964) redonna vigueur à cette forme qu'avait inaugurée Sean O'Casey (1880-1964) dans les années 20, en traitant notamment de la condition carcérale dans sa pièce *The Quare Fellow,* jouée en 1954.

En 1956 la pièce de John Osborne *Look Back in Anger* peut être considérée comme l'acte de naissance du nouveau théâtre anglais de critique sociale, qu'on appela parfois « théâtre de l'East End » car c'est ce milieu que dépeignent Arnold Wesker, Alun Owen, Bernard Kops, David Mercer et John Arden.

Mais le grand nom du théâtre contemporain est, sans conteste, Harold Pinter (né en 1930) qui a su, avec des pièces comme *The Birthday Party* (1957), *The Homecoming* (1965), *Old Times* (1971) ou *No Man's Land* (1975), faire une synthèse de ce théâtre de satire sociale et du théâtre de l'absurde qu'avait créé Samuel Beckett.

THE UNITED KINGDOM OF GREAT-BRITAIN AND NORTHERN IRELAND

LE ROYAUME-UNI DE GRANDE-BRETAGNE ET D'IRLANDE DU NORD

Le Royaume-Uni se compose de quatre entités principales :

- l'Angleterre **(England)**
- l'Écosse **(Scotland)**
- le Pays de Galles **(Wales)**
- l'Irlande du Nord **(Northern Ireland)**

et de quelques îles au statut particulier :

- les îles anglo-normandes **(Channel Islands)** dont les plus connues sont Jersey, Guernesey **Jersey, Guernsey**
- l'Ile de Man **(Isle of Man)**

La superficie totale du Royaume-Uni est de 94,216 *square miles,* soit environ 246 500 km². Le principal fleuve est la Tamise **(Thames),** d'une longueur de 210 *miles* (environ 338 km). Le pays s'étend entre le 50° (Land's End) et le 60° parallèle (John O'Groats) de latitude dans l'hémisphère nord, soit 600 *miles* ou 1 000 km en ligne droite. Le méridien de Greenwich, qui indique la longitude 0°, passe pratiquement par Londres, la capitale. D'est en ouest, la plus grande largeur est de 300 *miles* ou 500 km. Le point le plus à l'est est à 1°45 de longitude, le plus à l'ouest, en Irlande du Nord, à 10°30.

Les Iles Britanniques, dont fait partie le Royaume-Uni (seule la république d'Irlande est indépendante), n'ont pas un relief très accusé. Les montagnes les plus hautes sont, dans un ordre décroissant :

- Ben Nevis, en Écosse : 4,406 ft (1 343 m).
- Snowdon, au Pays de Galles : 3,560 ft (1 085 m).
- Scafell, en Angleterre (Lake District) : 3,210 ft (980 m).
- Slieve Donard, en Irlande du Nord : 2,796 ft (853 m).

Pays tempéré au climat océanique, les Iles Britanniques ont des températures moyennes de 4 à 16° centigrades. Contrairement à une idée reçue, la pluviosité n'y est pas élevée, mais plutôt régulière : de 97 mm en novembre à 61 mm en juin (en moyenne).

Les îles (**Britain** ou **Great Britain**, la plus grande, appelée à tort Angleterre en français ; **Ireland** ou **Eire,** etc.) ont à peu près 2,500 *miles* de côtes, soit environ 4 000 km. Aucun point n'est à plus de 120 km de l'influence des marées.

La population est estimée à environ 56 millions d'habitants, sans grand changement depuis 1971. Elle est surtout urbaine, avec un nombre important de grandes villes (cf. 2e page de couverture).

Un peu d'histoire

Il ne peut être question, en quelques pages, de faire autre chose que de souligner les grandes lignes et les traits essentiels de l'histoire anglaise, considérée comme le cœur du Royaume-Uni. Très schématiquement, on remarque qu'il y a eu quatre grandes phases :

- la conquête romaine, avec un point culminant en 150, jusque vers 600 ;
- l'installation, l'assimilation et l'évangélisation des « barbares » ensuite, jusqu'en 1066 ;
- la tentation d'un vaste empire franco-anglais et de l'intervention directe sur le continent — leur échec permet la constitution de la nation anglaise ;
- le renoncement au rêve continental entraîne l'essor mondial de l'Angleterre, d'environ 1 500 à nos jours ; une nouvelle époque commence-t-elle avec l'adhésion de l'Angleterre au Marché commun ?

Il faut ajouter que l'histoire de l'Angleterre est très étroitement associée à celle de la France, l'autre grande puissance européenne à partir du XVIIe siècle. Les liens entre les familles royales, les questions de religion et de relation avec la papauté, le commerce, les alliances politiques destinées à contrecarrer l'expansion du grand rival, tout marque que l'histoire des quatre siècles écoulés, en Europe mais aussi dans le monde avec la constitution de deux vastes empires coloniaux, tourne en grande partie autour de la suprématie de la France ou de l'Angleterre. Ce n'est qu'au XXe siècle que ces deux pays s'allieront, contre la troisième puissance née au XIXe siècle, l'Allemagne. Enfin, l'un comme l'autre ont été les victimes des grands conflits du siècle, qui ont permis paradoxalement l'émergence des États-Unis d'Amérique, dont la naissance a bénéficié de leur rivalité ancienne.

Les origines

Peuplée de Celtes depuis l'âge du bronze, l'Angleterre fut conquise par Jules César en 55 av. J.-C. ; la présence romaine se poursuivit pendant des siècles : le mur d'Hadrien, construit entre 122 et 126 à la frontière du nord, et quelques villes (Colchester, York, Lincoln, St Albans) en témoignent encore de nos jours, par leurs noms ou leurs ruines. Cette présence romaine se traduisit aussi par une influence linguistique qui, reprise et amplifiée lors de la conquête normande mille ans plus tard, explique la double nature latine et germanique de la langue anglaise parlée de nos jours.

Le christianisme fut introduit à partir du IIIe siècle. Les Saxons païens firent leurs premières incursions sur les côtes orientales dès le IVe siècle pour s'installer définitivement dans la deuxième moitié du Ve . Ils implantèrent peu à peu leur langue, d'origine germanique, et adoptèrent le christianisme. Les invasions, en provenance du nord et de l'est de l'Europe, se succédèrent (Saxons encore, Jutes, Angles), au cours d'une sombre période de 150 ans dont on ne sait pas grand-chose. Puis vinrent les Danois, auxquels Alfred le Grand, roi de Wessex (région de Winchester), imposa un traité qui les contint (878). Au XIe siècle, l'Angleterre fut pourtant sous le joug danois, jusqu'à l'élection de Harold comme roi d'Angleterre. Ce dernier fut lui-même battu à la bataille d'Hastings (14 octobre 1066) par le duc Guillaume de Normandie, héritier d'une autre lignée d'hommes venus du nord pour envahir l'Ouest de la France. La conquête normande **(Norman Conquest)** a eu une influence déterminante dans l'histoire de l'Angleterre. C'est en effet de cette époque qu'on peut dater la prépondérance de la cour d'Angleterre, au détriment du Wessex, de la Mercie, et du royaume danois. Dès lors, la primauté du roi sur les grands barons tendra à s'affermir, et les grands problèmes d'administration du royaume passeront sous sa coupe. L'unité de l'Angleterre peut s'amorcer, avec la mise en place, autour de la Cour et du roi, d'un appareil de gouvernement central, avec l'influence du système féodal sur la société anglaise, avec les rapports de l'Église avec la Papauté, et les débuts de l'influence anglaise sur le continent.

Cette période se caractérise par la part accordée par Guillaume et ses successeurs à leurs vassaux français et par la méfiance dans laquelle était tenue la noblesse anglaise d'origine. C'est d'autre part la dernière fois qu'une invasion continentale réussira ; désormais, les armées les plus puissantes, y compris celles de Napoléon et de Hitler, échoueront en-deçà d'un bras de mer d'environ trente kilomètres.

L'administration anglo-normande et les Plantagenêts

Le règne des Plantagenêts n'a jamais rompu avec les traditions antérieures à la conquête, même s'il s'appuyait sur la loyauté des barons normands. Il visait à établir son autorité par l'organisation de la justice, de l'Église confiée à un archevêque nommé par le roi, ce qui retardera un certain temps les conflits entre l'Église et la monarchie, et d'une certaine forme de décentralisation par la présence dans les provinces de **justices,** *juges,* et de **sheriffs** représentant le pouvoir royal, et, notamment avec Henry II (1154-

1189), par une volonté d'asseoir le pouvoir sur la stabilité financière et une saine administration. Le renforcement du pouvoir central connaîtra toutefois bientôt ses limites avec l'acceptation par Jean sans Terre des articles de la Grande Charte **(Magna Carta)** en 1215. Cette époque est aussi celle du repli insulaire, la Normandie étant tombée aux mains de Philippe Auguste, scellant la perte d'une bonne partie de l'empire continental.

Les rois suivants auront à cœur de reprendre leurs possessions d'Aquitaine, de Poitou et de Normandie, pour reconstituer un vaste ensemble franco-anglais. Ils garderont longtemps l'espoir de régner sur la France (guerre de Cent Ans, 1339-1453). Pour mener à bien leurs campagnes continentales ils s'efforceront de développer le commerce (notamment celui de la laine). Les marchands formaient déjà dans les grandes villes une sorte d'aristocratie constituée en guildes.

Les débuts de l'Angleterre moderne

Une longue période de visées continentales s'achève. C'est aussi la fin de la dynastie des Plantagenêts, auxquels succéderont les Tudors. L'Angleterre se replie sur ses îles, règle ses problèmes de succession (guerre des Deux Roses, 1461-1485), qui amènera la Maison de Lancastre sur le trône. Avec Henri VII, une période de calme et de prospérité commence. Ce sera ensuite, avec Henri VIII, la rupture avec Rome, et la mise en place d'un système politique où le roi est fort, mais a besoin de l'appui du Parlement pour conduire ses guerres aux frontières immédiates (Écosse, Irlande) ; on note une différence prononcée avec les monarchies absolutistes du continent. L'Angleterre est de moins en moins continentale, et aspire à la domination des mers, qui lui donne la prospérité économique sous le signe du mercantilisme (règne d'Élizabeth Ire, 1558-1603).

Le règne des Stuarts fut une période difficile, marquée par la volonté de cette maison royale d'Écosse de restaurer le catholicisme et l'absolutisme envers et contre tous, Anglais comme Écossais. La lutte aboutira à une forme de république, née de la déposition du souverain, qui, jugé et condamné par le Parlement, fut décapité (Charles 1er, 1625-1649). Le Commonwealth est créé et dirigé par les Cromwell (1641-1660), et voit la conquête de l'Irlande catholique. Une restauration ramène le fils du roi décapité, aussi intransigeant que son père, Charles II (1660-1685), soutenu par Louis XIV. Ce sont alors d'incessants conflits avec le Parlement, qui vote le **Bill of Habeas Corpus** (loi qui confirme et étend les libertés individuelles). A sa mort, son frère Jacques II, gendre du roi de France, lui succédera, mais la menace du retour d'une lignée de monarques catholiques entraînera la « Glorieuse Révolution » qui, sans effusion de sang, mettra définitivement sur le trône d'Angleterre la maison d'Orange. Guillaume d'Orange (1695-1702), monarque antipapiste éclairé, adversaire habile de Louis XIV, saura affermir un pouvoir qui donnera naissance à la monarchie constitutionnelle actuelle.

Guillaume mort, la succession protestante à la couronne d'Angleterre est réglée par l'Acte d'Établissement (**Act of Settlement**, 1701) qui donne le trône d'abord à Anne, puis à la mort de celle-ci, sans postérité, au premier roi de la lignée hanovrienne, George Ier (la maison allemande de Hanovre est apparentée aux Stuarts.)

C'est à cette époque que de nombreux succès concrétisent la domination anglaise en Europe grâce aux alliances contre la France de Louis XIV (prise de possession de Gibraltar, 1704, percée aux Amériques [espagnole au sud, française au nord], aux Indes, etc.), mais aussi, à l'intérieur, par la réunion de l'Écosse à l'Angleterre dans le Royaume-Uni de Grande-Bretagne (**Act of Union**, 1707). Tout au long du XVIIIe siècle, l'Angleterre s'achemine vers un régime parlementaire (les partis Tory et Whig sont nés dans le dernier quart du siècle précédent, et sont désormais bien organisés pour le jeu du pouvoir), et amorce la constitution du plus grand empire maritime et colonial jamais vu. La fonction de Premier ministre **(Prime Minister)** a pris toute son importance au début du siècle, et permettra à un homme brillant, William Pitt, d'assainir ce que la vie politique et sociale de la première moitié du siècle avait de corrompu ; son fils, le « second Pitt », porté par un large soutien populaire et tout aussi brillant que son père, établira définitivement l'équilibre des pouvoirs entre le Parlement et la Couronne. Il conduira plus tard, contre la France de la Révolution, une lutte tenace, reprise par ses successeurs contre Napoléon.

La Révolution anglaise, elle, est industrielle. Elle a commencé à la fin du XVIIe siècle, ayant profité de la longue période de paix née sous le ministère Walpole (1720-1742) pour jeter des bases durables : inventions mécaniques (surtout dans le textile et la métallurgie) et essor du chemin de fer, main-d'œuvre abondante et progression de la population, maîtrise des mers et donc des routes commerciales, etc. La politique extérieure consiste d'une part à surveiller ce qui se passe sur le Continent, en intervenant le cas échéant par le financement de coalitions principalement dirigées contre la France, d'autre part à agir directement dans le reste du monde pour tout ce qui touche à son expansion économique et maritime (Indes, Canada, Louisiane, Floride...). Mais elle connaît des revers : révolte américaine (indépendance des États-Unis soutenus par la France et l'Espagne, 1782), traité de Versailles. Si ensuite les guerres napoléoniennes lui seront d'un poids financier énorme, en revanche elles lui vaudront la maîtrise totale des routes commerciales et maritimes dans le monde. Cependant, à l'intérieur, les séquelles de la lutte impitoyable menée contre Napoléon ont des répercussions : montée des revendications de la bourgeoisie, qui réclame des réformes politiques et l'élargissement de la franchise électorale, misère du peuple dans une économie surchauffée où la main-d'œuvre est devenue surabondante à la fin des conflits, agitation quasi permanente en Irlande. Le pouvoir exerce une répression impitoyable par crainte de mouvements sociaux qu'il qualifie de « révolutionnaires », notamment ceux qui surviennent sur le Continent (1830).

La stabilité politique s'appuiera pendant la seconde moitié du XIXe siècle sur des réformes (abolition des « bourgs pourris » qui permettaient l'élection de députés dans des circonscriptions fantômes, élargissement du corps électoral), sur la clairvoyance d'excellents Premiers ministres (Lord Grey, Gladstone pour les Whigs libéraux, Palmerston, Disraeli pour les Tories conservateurs), et surtout sur le très long règne de Victoria (1837-1901). Elle symbolisera désormais la dignité de la monarchie anglaise, et la puissance extraordinaire d'un pays qui possède un empire immense (la reine devient Impératrice des Indes en 1876). La vie politique évolue vers une adaptation à la société et aux mentalités, mais le problème le plus difficile est celui de la question sociale dans un contexte économique qui, il faut le rappeler, est celui qui inspira l'œuvre de Karl Marx. En effet, s'il existe en principe deux partis dont l'alternance au pouvoir préfigure une forme de démocratie moderne, l'un et l'autre partagent une vue de la société qui privilégie la richesse économique (libre-échangisme) aux dépens de la justice sociale, même si, en principe, les libéraux sont supposés y être plus sensibles.

L'émergence du parti travailliste **(Labour Party)**, se fera très progressivement à partir de revendications radicales qui peu à peu, mais toujours après des luttes très dures, verront la création au grand jour des unions ouvrières, amorce du futur syndicalisme anglais. Les conditions de travail étaient terribles : travail des femmes et des enfants dans les mines, horaires très longs, prix élevés, obligation pour les indigents de choisir l'« atelier de travail » **(work-**

house), émigration vers les taudis **(slums)** des villes, etc. Sorties peu à peu de la clandestinité, les unions ouvrières **(Trade Unions)** deviendront une puissante force politique, et finiront par supplanter le parti libéral dont ils n'ont pas obtenu grand-chose (ce sont même les Tories qui feront voter les premières lois sur les rapports entre ouvriers et patrons en 1874). Entre 1906 et 1914, avec des séries de grèves dures, les ouvriers obtiennent le vote de nombreuses lois sociales. La guerre et ses besoins en matériel permettront de nouveaux acquis sociaux, mais la paix accentuera les difficultés économiques liées à la concurrence extérieure et aux problèmes de réadaptation intérieure, pour aboutir finalement à l'élection et au gouvernement de la première majorité travailliste (1924).

En politique extérieure, l'adversaire n'est plus la France mais l'Allemagne, qui l'a vaincue en 1870 et qui, à son tour, s'industrialise et se modernise. Il subsiste néanmoins une grande méfiance envers la France, toujours présente dans le monde avec son empire colonial rival (Afrique, Indochine, Soudan, Madagascar, Égypte), et envers la Russie, qui inquiète par son expansionnisme naissant : première alliance franco-anglaise contre la Russie (guerre de Crimée).

Celle-ci illustre le pragmatisme britannique, qui n'apprécie pourtant pas l'action française en Italie et dans le monde. En 1914, elle n'hésitera pourtant plus et choisira le camp franco-russe contre l'Allemagne. Dans les autres parties du monde, ce pragmatisme lui fera reconnaître rapidement les nouveaux États nés des premières décolonisations.

Le XXe siècle sera très difficile. L'Irlande devient indépendante après de durs combats (1921), les guerres mondiales, où l'Angleterre fait la preuve de sa ténacité, la laissent doublement exsangue. Les conflits sociaux ne l'épargnent pas, malgré la soupape de sécurité parlementaire que constitue le parti travailliste qui alterne au pouvoir avec les conservateurs et les libéraux, lesquels finiront par ne plus constituer qu'une force d'appoint. La libération des peuples colonisés et la perte de son empire (voir l'article **Commonwealth**) lui porteront un coup très dur, ajouté aux sacrifices énormes consentis pour la lutte contre le nazisme. Le salut de la Grande-Bretagne réside sans doute dans sa capacité à évoluer, liée à son pragmatisme, et dans ses ressources intellectuelles, scientifiques et technologiques, dans son réel désir, enfin, d'intégrer la Communauté européenne.

■ Les relations franco-anglaises à travers les âges

L'Entente cordiale avec l'ennemi héréditaire

Les rapports entre les deux voisins français et britannique ont plus souvent été des rapports de rivalité que de bon voisinage. L'incompréhension, l'envie et la méfiance, toujours mêlées à une crainte et une admiration réciproques, ont, de part et d'autre de la Manche, alimenté plus de querelles que de collaborations.

Les derniers colonisateurs de la Grande-Bretagne furent les Normands de Guillaume le Conquérant et la Normandie faisait alors partie du royaume d'Angleterre. De 1154 à 1189, sous le règne d'Henri II Plantagenêt, l'Angleterre et une grande partie de la France sont unies sous une même couronne. Henri a épousé Aliénor d'Aquitaine, première femme répudiée de Louis VII. Henri Plantagenêt était duc de Normandie et comte d'Anjou.

En 1204 Philippe Auguste dépouille le roi John (« Jean sans Terre ») de la Normandie puis de l'Anjou, du Maine, de la Touraine et d'une partie du Poitou.

En 1259 Saint Louis (Louis IX) et Henri III d'Angleterre signent le traité de Paris qui met fin à l'état de guerre.

En 1337 commence la « guerre de Cent Ans ».

En 1346 Edouard III d'Angleterre bat Philippe VI à Crécy.

En 1347 les Anglais prennent Calais.

En 1356 le prince noir (« Black Prince »), fils d'Edouard III, gagne la bataille de Poitiers.

En 1360, la France se sauve de l'assujettissement total mais abandonne un certain nombre de territoires à l'Angleterre en signant le traité de Brétigny qui met fin provisoirement à la guerre.

En 1369, les Français, sous Charles V et avec Du Guesclin, reprennent les armes contre les « envahisseurs » et regagnent peu à peu le terrain perdu, en anéantissant notamment la flotte anglaise en rade de La Rochelle.

En 1375 les Anglais ne possèdent plus qu'une étroite frange côtière et les ports de Calais, Cherbourg, Brest, Bordeaux et Bayonne.

En 1415 les Anglais d'Henri V se lancent à la reconquête des territoires perdus et battent les Français à Azincourt. Ils reprennent ensuite la Normandie et, par le traité de Troyes de 1420, Philippe le Bon livre la France aux Anglais. Tout le pays est alors directement ou indirectement sous contrôle anglais, ce qui suscite des mouvements de résistance.

■ Les relations franco-anglaises à travers les âges

En 1429, Jeanne d'Arc se dit chargée par Dieu de « bouter les Anglais hors de France », mais son épopée se termine deux ans plus tard sur un bûcher à Rouen. Toutefois elle a réussi à forger un fort sentiment national anti-anglais qui débouche sur les victoires françaises de Formigny (1450) et de Castillon (1453) ; cette dernière clôt la guerre de Cent Ans et met fin à la présence militaire anglaise en France, exception faite pour Calais et sa région.

La guerre de Cent Ans avait donné à la France conscience de son unité nationale et rendu à l'Angleterre sa vocation insulaire.

Aux XVIIe et XVIIIe siècles, l'Angleterre et la France rivalisent pour la conquête des places et des marchés outremer et, après le traité de Paris de 1763, l'Angleterre apparaît comme la maîtresse incontestée des mers. Cette rivalité ne fit que s'amplifier par la suite, en particulier au début du XIXe siècle où la France menace la suprématie anglaise en Amérique du Nord après avoir aidé les États-Unis à devenir indépendants.

Napoléon a l'ambition d'en finir une fois pour toutes avec l'Angleterre en envahissant le pays mais voit ses projets annihilés par l'écrasante victoire navale anglaise de Trafalgar en 1805. Après cette défaite, Napoléon tente d'isoler l'Angleterre par un blocus, mais échoue finalement. L'épanouissement de la légende napoléonienne entretient l'animosité populaire contre la « perfide Albion ».

Pendant tout le XIXe siècle la rivalité commerciale et économique se développe sur tous les marchés coloniaux, en particulier en Afrique, aux Antilles et en Asie.

Le fils de la reine Victoria, Edouard, longtemps prince de Galles, apprécie beaucoup la France et son art de vivre et c'est sous son règne (1901-1910) qu'est consacrée l'expression « Entente cordiale » qui désignera dès lors l'alliance scellée entre les deux pays qui affronteront côte à côte les deux guerres mondiales.

Ce double aspect de rivalité et de collaboration se retrouve encore aujourd'hui tant dans les luttes sportives qu'économiques. Le général de Gaulle raviva les sentiments anti-français en refusant aux Britanniques l'entrée dans le Marché commun, et actuellement encore on parle à propos des querelles communautaires de « guerres » du porc ou du mouton. Il faut néanmoins remarquer que Français et Britanniques ont su conjuguer leurs efforts pour faire aboutir d'ambitieux projets technologiques, comme dans le domaine de l'aérospatiale avec le *Concorde.*

De toute évidence, cette relation, faite d'amour et de haine **(love-hate relationship)**, n'est pas près de s'éteindre.

Le nom signifie la *mise en commun des biens et des richesses* ; il fut employé pour la première fois par Oliver Cromwell, qui assura la « protection » du royaume d'Angleterre au cours de la vacance du pouvoir royal (1649-1659), entre les règnes de Charles Ier, décapité en 1649, et de son fils Charles II, rétabli sur le trône en 1660.

Histoire politique

Aujourd'hui, le terme désigne l'association volontaire entre États souverains et indépendants issus de l'empire colonial britannique. « *Ce sont des communautés autonomes... jouissant de l'égalité de statut, ... unies par une même allégeance à la Couronne* (d'Angleterre)... » (Statut de Westminster, 1931). Ce principe d'un groupe de pays reconnaissant leur allégeance à une couronne unique fut modifié en 1949, date à laquelle l'Inde devint une république. Toutefois, les autres pays membres admettent qu'elle pourrait continuer de faire partie du Commonwealth, sur la base de sa reconnaissance du roi George VI comme symbole de cette libre association d'États membres indépendants, et, en tant que tel, comme chef du Commonwealth. Depuis, tous les États membres continuent de reconnaître la reine d'Angleterre comme chef du Commonwealth, quel que soit leur régime.

De fait, la plupart de ces pays sont officiellement des démocraties parlementaires (le Bangladesh, le Ghana, le Nigeria et l'Ouganda sont gouvernés par des militaires, mais des élections législatives ont été promises pour un avenir plus ou moins proche).

Un lien unique : la reine d'Angleterre

La reine Elizabeth II est le chef de l'État dans douze des pays du Commonwealth : l'Australie, les Bahamas, la Grande-Bretagne, le Canada, les îles Fidji, la Grenade, la Jamaïque, l'île Maurice, la Nouvelle-Zélande, la Papouasie-Nouvelle-Guinée, les îles Salomon, et Tuvalu. Dans chacun de ces États, exception faite de la Grande-Bretagne, la reine est représentée par un Gouverneur général, nommé par elle sur proposition du gouvernement local.

Vingt États sont des républiques : le Bangladesh, le Botswana, Chypre, la Gambie, le Ghana, la Guyana, l'Inde, le Kenya, le Malawi, Malte, Nauru, le Nigeria, les Seychelles, la Sierra Leone, Singapour, Sri Lanka, la Tanzanie, Trinidad et Tobago, l'Ouganda, la Zambie. La Malaisie, le Lesotho, Tonga et le Swaziland ont leur propre monarque ; le chef d'État de la Samoa occidentale a les prérogatives d'un monarque constitutionnel.

Vie de l'association

L'association de ces trente-huit pays avec la Grande-Bretagne au sein du Commonwealth se traduit par des réunions entre chefs d'États et de gouvernements et par des consultations entre ministres, mais aucune politique commune ne s'en dégage. Les traités ou alliances sont établis librement par chaque État en fonction de ses positions propres. Les législations sont en général inspirées de celle du Royaume-Uni. Des aides financières sont attribuées par les pays industrialisés aux pays en voie de développement. Toutefois, après l'adhésion de la Grande-Bretagne au Marché commun, les avantages directs en matière d'exportations vers ce pays durent prendre d'autres formes ; pour les pays les moins riches, cela se traduisit notamment par leur adhésion à la Convention de Lomé, qui leur ouvre un accès préférentiel à la Communauté Économique Européenne.

Pays membres avec leur date d'indépendance

Royaume-Uni de Grande-Bretagne		Malte	1964
Australie	1901	Maurice	1968
Bahamas	1973	Nauru (membre associé)	1968
Bangladesh*	1948-1972	Nigeria	1960
Barbade	1966	Nouvelle-Zélande	1907
Botswana	1966	Ouganda	1962
Canada	1867	Papouasie-Nouvelle-Guinée	1975
Chypre	1960	îles Salomon	1978
Fidji	1970	Samoa occidentale	1962
Gambie	1965	Seychelles	1976
Ghana	1957	Sierra Leone	1961
Grenade	1974	Singapour**	1963-1965
Guyana (ex-Guyane brit.)	1966	Sri Lanka (ex-Ceylan)	1948
Inde	1947	Swaziland	1968
Jamaïque	1962	Tanzanie***	1961
Kenya	1963	Tonga	1970
Lesotho	1966	Trinidad et Tobago	1962
Malaisie (Fédération de)	1957	Tuvalu	1978
Malawi	1964	Zambie	1964

* A l'origine, indépendant depuis en tant que Pakistan oriental, séparé de l'Inde en 1947.

** Indépendante au sein de la Fédération de Malaisie depuis 1963, a fait sécession comme république en 1965.

*** D'abord Tanganyka, devenu république en 1962, prend le nom de Tanzanie après l'union avec Zanzibar en 1964.

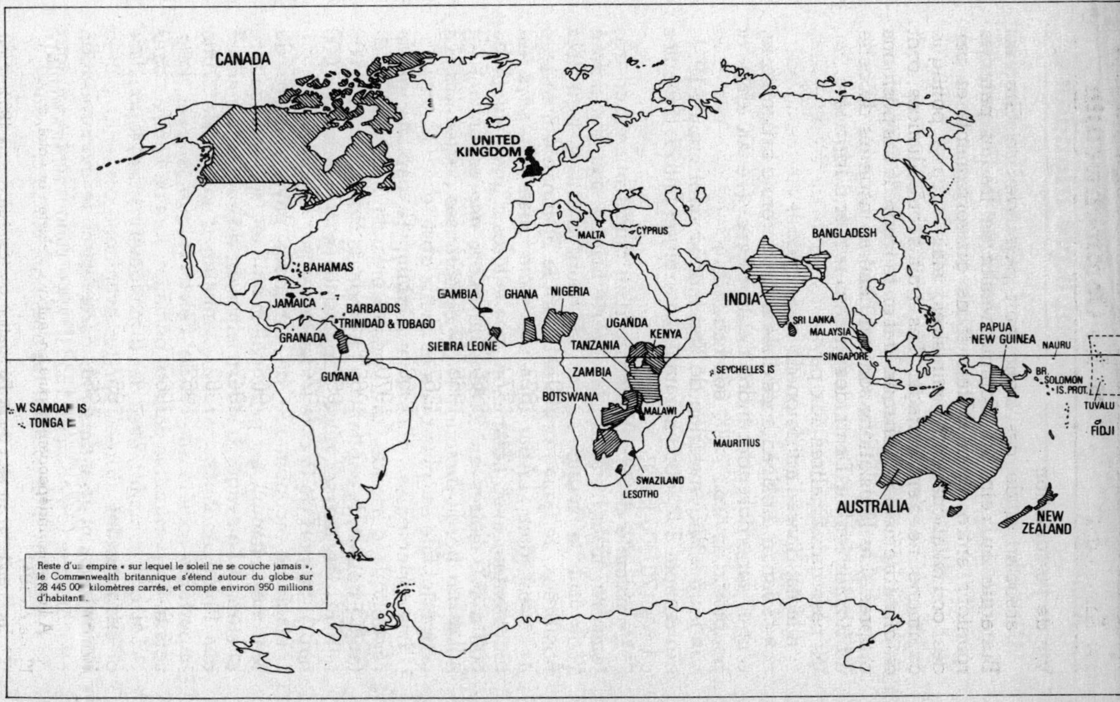

Reste d'un empire « sur lequel le soleil ne se couche jamais », le Commonwealth britannique s'étend autour du globe sur 28 445 000 kilomètres carrés, et compte environ 950 millions d'habitants.

■ Eire* : la République irlandaise

L'Irlande, située à l'ouest de la Grande-Bretagne, est l'une des deux grandes îles qui constituent les Iles Britanniques. C'est « le dernier avant-poste du continent eurasien, au bord de la grande fosse atlantique ».

L'île, qui s'étend entre 51° 26' et 55° 21' de latitude nord, 5° 25' et 10° 30' de longitude ouest, se trouve à une distance qui varie de 13 1/2 miles (env. 20 km) au large de l'Écosse, à 50 miles (env. 80 km) au sud dans la mer d'Irlande (St George's Channel).

Elle est divisée en deux entités politiques :

- l'Irlande du Nord, rattachée à la couronne britannique, d'une superficie de 5,500 miles carrés (14 300 km²) et peuplée d'environ 1 500 000 habitants ;
- la république d'Irlande, État indépendant depuis 1921, qui compte 3 500 000 habitants environ, et fait 27,136 miles carrés (70 300 km²).

L'ensemble de l'île bénéficie d'un climat atlantique très tempéré, mais humide : la « Verte Erin* » doit son nom à l'eau qui la baigne : lacs et cours d'eau y sont très nombreux, le fleuve principal étant le Shannon qui se jette à l'ouest dans l'Atlantique. La côte ouest du pays est tourmentée, avec notamment des falaises d'une hauteur de 600 à 700 mètres qui créent un décor impressionnant, et aussi des fjords profonds et de nombreuses petites îles. La côte orientale est plus plate et mieux abritée.

Les principales villes sont **Dublin,** la capitale de la république d'Irlande, qui compte près de 1 000 000 habitants ; **Belfast,** la capitale de l'Irlande du Nord (env. 490 000 hab.) ; les autres villes importantes sont **Cork** (138 000 hab.), un port de la côte sud, **Galway** sur la côte ouest.

L'activité économique de l'Irlande, pays membre du Marché commun, est principalement axée sur l'agriculture et surtout l'élevage. L'industrialisation du sud a commencé dès l'indépendance par l'implantation d'une filiale d'une importante société allemande d'électronique, et s'est poursuivie, en particulier dans ce domaine, lors de l'entrée dans le Marché commun, avec des firmes américaines, japonaises et européennes attirées par les avantages consentis par le gouvernement irlandais afin de favoriser la modernisation économique (création en 1958 d'une « zone franche » autour de l'aéroport international de Shannon, sur la côte ouest).

---

* Erin : cet ancien nom de l'Irlande, qui est devenu Eire [èere], vient du grec Iverio, qui a donné Vuerdon en breton, Hiberia en latin (où on retrouve la péninsule ibérique !).

En effet, l'activité économique quasiment nulle du pays sous la domination anglaise (qui a duré plus de 400 ans) a toujours constitué le principal problème, avec pour conséquence dramatique des famines endémiques, surtout au XIXe siècle, une émigration massive principalement vers les États-Unis, où la population d'origine irlandaise est bien plus nombreuse que dans l'ensemble de l'Irlande (elle sera la base stratégique et financière de la lutte de libération contre les Anglais), et un dépeuplement continu de l'île depuis le milieu du siècle dernier (le nombre d'habitants est passé de près de sept millions à environ quatre millions et demi malgré une natalité (20,3 %) qui se situe parmi les plus élevées du monde occidental).

L'histoire de l'Irlande est une suite continue de luttes farouches dès les débuts de notre ère entre les petits royaumes celtes qui se partageaient l'île jusqu'à la conquête normande qui s'imposa là aussi, relayée ensuite par la guerre impitoyable imposée par le grand voisin anglais, surtout après que celui-ci eut renoncé à ses visées territoriales sur le continent.

Le pays est divisé en quatre provinces : **Leinster** à l'est, **Muster** au sud, **Connacht** à l'ouest, **Ulster** au nord dont la quasi-totalité reste rattachée au Royaume-Uni sous le nom d'Irlande du Nord. La domination anglaise s'établit à partir de 1485, et fut définitivement consommée sous Cromwell (1652), après des massacres et des pillages par lesquels les Irlandais payèrent chèrement leur appartenance au catholicisme, qui reste de loin la religion de l'immense majorité de la République irlandaise. La distribution des terres aux conquérants anglais acheva de placer la population sous le joug impitoyable de la couronne anglaise, jusqu'à la dernière révolte du début du XXe siècle qui aboutit enfin à une partition de l'île entre le Royaume-Uni et la République irlandaise (1922, puis 1949, date du retrait de l'Irlande du Sud du Commonwealth britannique auquel la jeune République avait été contrainte de participer lors du traité de 1921), sans réussir toutefois à effacer des siècles de haine et de terreur.

La situation que connaît actuellement l'Irlande du Nord résulte pour l'essentiel du refus par l'I.R.A. (Irish Republican Army), dont le parti Sinn Feinn est la représentation politique, de la partition imposée en 1921 par le Premier ministre de l'époque, Lloyd George. Ce conflit armé, qui vise de la part des catholiques à la réunification, s'explique par le fait que ceux-ci, minoritaires dans le Nord (40 % contre 60 % de protestants), n'ont ni la même représentation politique, ni le même niveau de vie. Il faut ajouter que la confrontation entre les deux communautés est encore durcie par l'intransigeance ancienne des protestants, plus récente des catholiques.

L'Irlande est un pays très attachant, à la fois par ses habitants et ses paysages (on peut d'ailleurs dire la même chose des régions périphériques de la Grande-Bretagne). La pluie n'est jamais un obstacle à la découverte de la campagne irlandaise, et la douceur des températures, accrue dans les régions de l'ouest baignées par le Gulf Stream où poussent les palmiers, est surprenante.

Dublin est une capitale très animée, avec une vie culturelle remarquable pour un pays de cette dimension. Il faut à ce sujet signaler l'extrême importance de la contribution de l'Irlande à la culture en général, et à la littérature en particulier, du monde anglo-saxon. Parmi les meilleurs écrivains de langue anglaise, on ne peut faire une place à tous, mais on doit citer, pour le théâtre qui est un lieu de prédilection des écrivains anglo-irlandais : W. Congreve, G. Farquhar, O. Goldsmith, R.B. Sheridan, Oscar Wilde, George Bernard Shaw, Sean O'Casey, Brendan Behan ; parmi les poètes : J.M. Synge et William Butler Yeats, qui a donné son nom à la région de Sligo, dans le nord-ouest, où il vécut ; pour la prose : Jonathan Swift, Laurence Sterne, Liam O'Flaherty, qui écrivit aussi en gaëlique, et bien sûr, James Joyce. Sans compter les nombreux écrivains d'origine irlandaise qu'on classe dans la littérature américaine ou anglaise.

L'Irlande a donné aussi des musiciens, des acteurs ou des réalisateurs de cinéma (John Ford !). On peut noter une grande attirance des Irlandais pour la parole et tout ce qui touche à la langue. La question de l'indépendance irlandaise fut liée presque dès ses débuts à celle du retour à la langue irlandaise. Celle-ci, dite « gael » (gaëlique ou irlandais), est un rameau de la branche celtique proche de l'écossais. Toutefois, cette tentative n'a pas vraiment abouti, sauf dans l'ouest du pays, d'ailleurs appelé Gaeltacht. En revanche l'anglais parlé en Irlande, sans doute parce que c'était une langue apprise, et même de force, est très pur, quoique marqué par un accent caractéristique : le th [θ] ressemble beaucoup à une sorte de T ; le r est assez proche de l'américain, etc. Signalons que, eu égard au nombre d'Américains d'origine irlandaise, il ne faut pas s'étonner de certaines similitudes linguistiques ou autres.

■ Eire : la République irlandaise

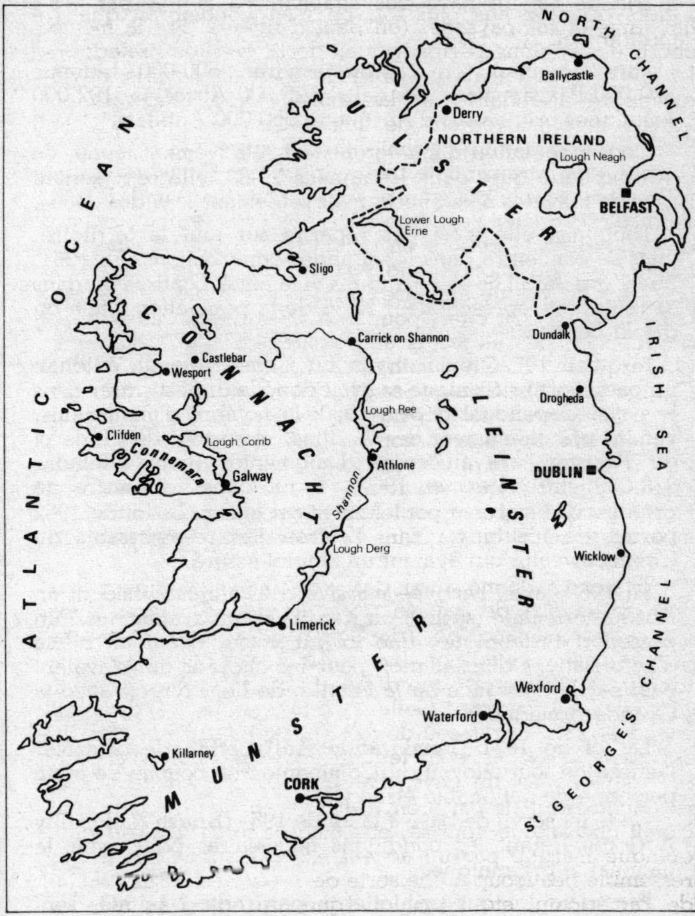

L'immigration en Grande-Bretagne

En 1981, sur une population de 56 millions d'habitants, la Grande-Bretagne comptait environ 2,2 millions de personnes originaires de pays du tiers-monde, anciennes colonies britanniques, soit un peu plus de 4 % de la population, alors que dix ans plus tôt, on n'en dénombrait que 1,4 million, soit 2,7 %.

Parmi ceux-ci, on compte environ 500 000 Indiens, 370 000 Pakistanais et Bengalis, 125 000 Africains, 192 000 Asiatiques originaires d'Afrique et 650 000 Antillais.

Cette population d'immigrants est relativement jeune, ce qui explique que, dans les années 79-80, elle représentait plus de 8 % des naissances, mais seulement 1 % des décès.

Toutefois, elle n'est pas répartie sur tout le territoire, mais se concentre dans les grandes conurbations. En 1981, 55 % des Antillais et Asiatiques vivaient à Londres ou dans sa région et représentaient 12 % de la population totale du grand Londres.

Jusqu'en 1962, tout citoyen du Commonwealth détenait un passeport britannique et avait donc le droit d'entrer dans le pays. Cependant depuis 1950, le nombre d'immigrants, venant principalement des Antilles, et surtout de l'Inde et du Pakistan, n'avait cessé d'augmenter (pour atteindre 338 000 entre 1960 et 1962). Il fut donc nécessaire de prendre des mesures pour limiter cet afflux. La loi de 1962 permit de n'autoriser que l'entrée des ressortissants du Commonwealth qui avaient un emploi assuré.

En 1968, avec l'arrivée massive d'Asiatiques résidant en Afrique orientale (surtout au Kenya) et qui avaient aussi un passeport britannique, une loi fut votée, fixant un quota d'autorisations d'installation pour les citoyens qui n'avaient pas, par la naissance ou la famille, de liens directs avec la Grande-Bretagne.

La loi de 1971 **(Immigration Act)** permit de contrôler l'entrée de tout citoyen du Commonwealth comme de toute personne de nationalité étrangère.

Cette loi servit de base à la loi de 1981 **(British Nationality Act)** qui définit les conditions nécessaires pour avoir la nationalité britannique.

Par cette loi qui prit effet à partir du 1-1-1983, sont considérés comme citoyens britanniques :

1) les citoyens du Royaume-Uni et des colonies qui sont nés ou ont été adoptés, naturalisés ou inscrits à l'état civil en Grande-Bretagne ;

2) tout enfant né d'une personne ou adopté par une personne entrant dans la première catégorie ;

3) tout enfant né d'une personne ou adopté par une personne qui, au moment de la naissance, était citoyen britannique et était lui-même né d'une personne ou adopté par une personne entrant dans la première catégorie ;

4) tout citoyen du Royaume-Uni et des colonies qui, au 1-1-1983, réside de façon continue dans le Royaume-Uni depuis au moins 5 ans et qui y a élu définitivement domicile.

Par conséquent, désormais, un citoyen du Commonwealth n'a le droit de résider en Grande-Bretagne que s'il avait déjà ce droit avant le 1-1-1983 :

a) parce qu'il est né d'une personne ou a été adopté par une personne qui, au moment de la naissance, était citoyen britannique né en Grande-Bretagne,

b) parce que, si c'est une femme, elle a épousé une personne qui avait droit de résidence.

La loi des relations raciales de 1976 **(Race Relations Act)** rend illégale toute mesure de discrimination raciale, que celle-ci soit directe ou indirecte. Cette loi a mis en place une commission pour l'égalité raciale **(Commission for Racial Equality)** qui est chargée d'aider toute personne qui a été victime d'une mesure de ségrégation.

Une loi de 1976 stipule également que toute incitation à la haine raciale peut entraîner des poursuites judiciaires et une peine d'emprisonnement.

Cependant, beaucoup d'immigrants se plaignent du comportement raciste de certains Blancs (en particulier ceux d'extrême-droite).

D'autre part, bien que le fait de résider en Grande-Bretagne les oblige à respecter les coutumes et règlements en vigueur dans le pays, ceux-ci se trouvent parfois en contradiction avec leur propre façon de vivre. C'est une des causes du mécontentement de la communauté antillaise qui estime être l'objet de tracasseries policières et qui a manifesté ce mécontentement de façon très violente dans des émeutes dont les plus importantes eurent lieu à Bristol en 1979, et surtout en 1981 à Londres, dans les quartiers de Brixton et de Southall, à Liverpool et à Manchester ainsi qu'en 1985 à Birmingham.

La société britannique se présente aujourd'hui donc comme une société multiraciale qui, malgré des problèmes souvent aggravés par une situation très défavorable de crise économique, veut tenter le pari de faire vivre et travailler ensemble des communautés de race, de culture et de religion très différentes, dans un esprit de tolérance et de respect mutuel.

Ces diverses minorités ethniques apportent déjà, dans des domaines comme le sport, la danse ou la musique, une contribution essentielle au rayonnement du pays.

Les Britanniques, au travers d'une lente évolution amorcée voilà plusieurs siècles, se sont dotés d'institutions, connues sous l'appellation de régime parlementaire (adopté, avec des variantes, par de nombreux pays).

Ce système comprend trois partenaires :

- un souverain,
- une assemblée « héréditaire », la Chambre des Lords,
- une assemblée élue, la Chambre des Communes.

Réunis, ces trois éléments forment le pouvoir législatif. Séparés, ils exercent chacun des fonctions particulières et jouissent chacun de droits et privilèges propres.

Qui détient le pouvoir ?

Depuis plus d'un siècle, le système est fondé sur le fait que le pouvoir exécutif est responsable devant l'assemblée élue. C'est donc le parti qui obtient la majorité des sièges — mais pas nécessairement la majorité des voix — lors des élections législatives, ou qui peut rallier le soutien de la majorité des députés de la Chambre des Communes, qui forme le gouvernement.

Le chef du parti majoritaire est désigné comme Premier ministre par le souverain et les postes de ministres sont pourvus selon ses recommandations.

Le parti minoritaire le plus important devient l'opposition officielle, avec son propre chef (rémunéré spécialement à ce titre) et son propre Cabinet, le **Shadow Cabinet** (Cabinet fantôme).

- **La Couronne**

Le souverain règne mais ne gouverne pas. La reine est le chef de l'Église anglicane, elle ouvre chaque session du Parlement en prononçant un discours préparé pour elle par le Premier ministre, elle nomme le Premier ministre et les membres les plus importants du gouvernement, de l'armée et de la diplomatie.

La force de son pouvoir réside, a-t-on dit, non pas en celui qu'elle exerce, mais en ce qu'elle empêche que d'autres s'en emparent. Sa fonction d'arbitre, écrivait George Orwell, empêche ainsi l'émergence d'un dictateur.

La reine qui, depuis son accession au trône, a vu se succéder sept Premiers ministres, est perçue par les Britanniques, dans un monde changeant et tourmenté, comme un élément rassurant de continuité.

- **La Chambre des Communes**

C'est une assemblée élue au suffrage universel. Il y a actuellement 630 sièges aux Communes : 511 pour l'Angleterre, 36 pour le Pays de Galles, 71 pour l'Écosse et 12 pour l'Irlande du Nord.

Le principal personnage de la Chambre des Communes est son président, appelé le **Speaker**, qui a deux fonctions principales :
— il est le porte-parole de la Chambre dans ses rapports avec la Couronne, la Chambre des Lords et les autres corps de l'État ;
— c'est lui qui préside les débats de la Chambre et qui veille à ce que la bonne marche des travaux soit respectée. Notamment, pendant les débats, c'est à lui que les orateurs doivent s'adresser et c'est lui qui leur donne la parole.

S'il se lève pour trancher une question, ils doivent écouter en silence et aucun autre membre ne peut rester debout en même temps que lui. Il veille à ce que les députés se gratifient mutuellement du titre d'« Honorable Membre » et il les interrompt si leur langage devient grossier.

Choisi comme étant une personne restée à l'écart des controverses de parti, et accepté par tous les groupes de la Chambre, le **Speaker** reste en fonction jusqu'à sa mort ou jusqu'à ce qu'il choisisse de renoncer à son poste.

• **La Chambre des Lords est composée :**
— d'aristocrates, pairs et pairesses héréditaires,
— de pairs « à vie », titre conféré par le souverain sur avis du Premier ministre, pour service rendu à la communauté (de l'ancien Premier ministre au footballeur).

La Chambre des Lords a pour rôle principal l'examen des lois et constitue une sorte de Cour d'appel suprême.

• **Élections et partis politiques**

En Grande-Bretagne, les élections générales ont lieu normalement tous les 5 ans. Dans chaque circonscription, le candidat qui obtient le plus de voix est élu, après un seul tour, en tant que député. Le scrutin a lieu le jour du vote : les électeurs se rendent au bureau de vote, en général dans une école, pénètrent dans l'isoloir et glissent le bulletin dans l'urne. Pour pouvoir voter, il faut avoir au moins 18 ans, posséder la nationalité britannique et être inscrit sur la liste électorale.

Pendant des années, la vie politique du pays a été dominée par deux principaux partis politiques : le **parti conservateur,** connu sous le nom de parti **Tory,** et le parti **travailliste** qui reçoit un soutien considérable des syndicats. La création récente du **parti social-démocrate**, principalement par des dissidents de l'aile droite du parti travailliste, puis son alliance avec le **parti libéral** ont été vues par beaucoup comme une tentative de briser le bipartisme en Grande-Bretagne. Jusqu'à présent, leurs résultats électoraux n'ont pas répondu à leurs ambitions.

■ La religion en Grande-Bretagne

Il n'y a pas eu en Grande-Bretagne, comme en France, de séparation de l'Église et de l'État. La preuve en est que c'est la reine qui est chef à la fois de l'Église et de l'État. L'Église d'Angleterre **(The Church of England)** ne reconnaît plus l'autorité du pape depuis Henry VIII (en 1535) et elle a été profondément marquée par la réforme calviniste, mais elle a conservé beaucoup des rites et des croyances de l'Église catholique et peut donc se présenter comme une synthèse du catholicisme et du protestantisme. Son chef spirituel est l'archevêque de Canterbury, et son second dans la hiérarchie est l'archevêque d'York. Il existe des Églises anglicanes au Pays de Galles, en Irlande et en Écosse (l'Église épiscopale d'Écosse par opposition à l'Église d'Écosse presbytérienne qui est établie).

Les Églises libres **(Free churches)** sont des communautés protestantes qui se distinguent par leurs pratiques. Il y a parmi elles les Églises presbytériennes, les Églises unitériennes, les Églises du Christ ainsi que la Société des amis qui regroupe les **quakers** et l'Armée du salut **(The Salvation Army)** qui fut fondée en Angleterre en 1865. Mais les trois « Églises libres » qui rassemblent le plus de fidèles sont l'Église congrégationnaliste **(The Congregational Church)**, l'Église baptiste qui ne baptise que les croyants adultes, et surtout l'Église méthodiste qui fut créée en 1729 par John Wesley (1703-1791), en réaction contre le conservatisme de l'Église établie (700 000 fidèles). L'Église catholique, appelée **The Roman Catholic Church**, compte quant à elle plus de six millions de fidèles.

La Grande-Bretagne a aussi beaucoup de communautés non-chrétiennes, en particulier la plus importante communauté juive d'Europe (un demi-million de personnes) et de très nombreux musulmans (surtout immigrants pakistanais).

Ainsi l'on peut dire qu'en dépit du fait qu'elle ait une religion d'État, la Grande-Bretagne fait preuve d'une grande tolérance religieuse et est un pays où la liberté de culte est partout respectée. Cela n'exclut pas d'éventuelles frictions entre communautés qui peuvent être exacerbées par des problèmes politiques, comme c'est le cas en Irlande du Nord.

Les syndicats en Grande-Bretagne

Les syndicats se sont développés en Grande-Bretagne d'abord à partir de 1824, qui est la date de la reconnaissance officielle de leur existence, puis après 1871 où ils reçoivent un statut légal. Leur influence ne cessa d'augmenter par la suite jusqu'à ce qu'ils deviennent l'institution qu'ils sont aujourd'hui et que d'aucuns considèrent comme un véritable « État dans l'État ».

Les **Trade Unions** qui, comme leur nom l'indique, ont leur origine dans les anciennes corporations, sont organisés soit par profession (même emploi dans différentes branches), soit par secteur économique (tous les employés d'une même industrie).

Le syndicat le plus important est celui des transports **(Transport and General Workers' Union).** Le congrès des **Trade Unions (Trades Union Congress : TUC)** regroupe la plupart des syndicats et est chargé de défendre leurs intérêts communs, en particulier auprès du gouvernement et du patronat (organisé principalement au sein de la **C.B.I. : Confederation of British Industry).**

Les syndiqués de la base **(the men of the shop floor)** sont regroupés en sections et élisent un délégué syndical (appelé **shop steward**), qui est le porte-parole de leurs revendications et est chargé de recruter de nouveaux membres, de collecter les cotisations et de s'assurer du respect des conventions collectives. Ces sections sont regroupées en une section locale **(area office)** qui dépend elle-même d'un bureau régional **(regional office)** chargé d'appliquer dans chaque région les directives d'un bureau national **(head office),** à la tête duquel se trouve un secrétaire général.

Il y a en Grande-Bretagne près de 500 syndicats différents et 11 millions et demi de syndiqués sur une population active de 24 millions. Sans être des organisations politiques, beaucoup de syndicats soutiennent financièrement le parti travailliste.

On a dit des Britanniques qu'ils étaient tellement attachés à leur individualisme qu'ils s'associaient pour le défendre... Ce trait de caractère est peut-être à l'origine d'une institution inventée par les Anglais : le **club**, regroupement d'individus que rassemblent des goûts, des souvenirs, une appartenance sociale ou des intérêts communs.

Certains y voient la marque du système éducatif anglais qui habitue les futurs adultes à la vie commune sous un même emblème (cravate, badge, casquette aux couleurs de l'école). D'autres vont jusqu'à y voir la manifestation de traditions remontant à l'aube de l'histoire des hommes, quand ceux-ci vivaient en tribu. Ils en donnent pour preuve la résurgence, de nos jours, dans les milieux urbains défavorisés, de bandes organisées selon le système tribal. Nommées **firms**, elles possèdent les caractères de base des clubs : limitation du nombre des membres, signes distinctifs (tenues symboliques, vocabulaire spécifique), mais les expriment en termes d'agressivité et d'intolérance — notamment lors des matchs de football.

En dehors de ces cas limites, inquiétants au demeurant, les clubs jouent un rôle régulateur dans le pays, réalisant une sorte de synthèse entre le besoin d'appartenance à un groupe et celui de cultiver une singularité.

Basé au départ sur deux vieilles idées anglaises — comme le souligne un des meilleurs analystes de la société anglaise, Anthony Sampson — : la ségrégation des classes et la séparation des sexes, les clubs ont eu la réputation d'avoir pour principal souci de savoir qui ils n'acceptaient pas. Ils ont, à cet égard, et comme bon nombre d'institutions, évolué vers l'ouverture (en particulier aux femmes), en dehors de quelques bastions qui entretiennent une atmosphère très exclusive remontant aux beaux jours de l'aristocratie victorienne.

Les clubs sont un phénomène qui touche toutes les catégories de la société, des anciens élèves aux sportifs, des ouvriers ou des mineurs aux intellectuels ou aux hommes politiques.

Rappelons par ailleurs que la notion de syndicat fut dans une large mesure une invention britannique, et que les premières **unions**, n'étant ouvertes qu'aux membres d'une même corporation, participaient de l'esprit du club.

■ Monnaie, mesures et tailles

• Monnaie

La livre sterling **(sterling pound)** qu'on écrit £ est, depuis 1970, divisée en 100 pence (100p).

Il existe des billets **(banknotes)** de £1, £5, £10, £20 et £50, et des pièces **(coins)** de un penny (1p) [woe*n*pi:], deux pence (2p), 5 pence (5p), 10 pence (10p), 20 pence (20p), 50 pence (50p) qui est une pièce heptagonale et enfin une pièce d'une livre, **one pound.**

Au pluriel, on parle de **pennies** quand il s'agit des pièces de 1 penny même et de **pence** quand on parle d'unités, par ex : 35 pence.

Dans la langue populaire, on utilise le mot **quid** [kwid] pour désigner la livre.

• Longueur

1 **inch (1 in,1")** = 2,54 centimètres (un pouce).
1 **foot (1 ft,1')** = 12 inches = 30,48 cm (un pied).
1 **yard (1 yd)** = 3 ft = 0,914 mètre.
1 **mile** = 1 760 **yards** = 5 280 feet = 1 609 mètres (un mille).

• Surface

square inch (sq.in) = 6,45 cm^2.
square foot (sq. ft.) = 9,29 dm^2.
square yard (sq. yd.) = 0,83 m^2.
acre *[èïke]***(ac.)** = 40,47 ares (un arpent).

• Capacité

1 **pint** = 0,568 litre.
1 **quart** = **2 pints** = 1,14 litre.
1 **gallon** = **4 quarts** = 4,54 litres.

• Poids

1 **dram (dr)** = 1,77 gramme.
1 **ounce (oz)** = 16 drams = 28,35 g.
1 **pound (lb)** = 16 ounces = 0,454 kg.
1 **stone (st)** = 14 pounds = 6,35 kg.

• Température

• Fahrenheit (F)		• Celsius (C)
194	=	90
104	=	40
98,6	=	37
68	=	20
59	=	15
50	=	10
32	=	0

Pour les conversions : °C en °F = ×9:5 +32
°F en °C = —32 ×5 :9

• Taille

chaussures :	*GB*	*5*	*6*	*7*	*8*	*9*	*10*	*11*
	F	38	39	40	41	43	44	45½
chemises :	GB	14	14½	15	15½	16	16½	17
	F	36	37	38	39	41	42	43
robes :	GB	10	12	14	16	18	20	
	F	38	40	42	44	46	48	
pantalons :	GB	28	30	32	34	36	38	
	F	36	38	40	42	44	46	
vestes :	GB	36	38	40	42	44	46	
	F	46	48	50	52	54	56	

Quelques sigles et abréviations les plus utilisés en anglais.

AA = **Automobile Association** : association automobile, service de défense et d'assistance des automobilistes.
AC = **Ante Christum** : avant Jésus-Christ.
AD = **Anno Domini** : après Jésus-Christ.
« A » level = **Advanced level** : examen dans une discipline, passé à la fin du 2e cycle du secondaire.
am = **ante meridiem** : avant midi.
BA = **Bachelor of Arts** : licence ès lettres.
B and B = **Bed and breakfast** : chambre à la nuit chez l'habitant, avec petit déjeuner.
BBC = **British Broadcasting Corporation** : Société britannique de radiotélédiffusion.
B Ed = **Bachelor of education** : licence d'enseignement.
BP = **British Petroleum** : Compagnie britannique des pétroles.
BR = **British Rail** : Chemins de fer britanniques.
BSc = **Bachelor of Science** : licence ès sciences.
CBI = **Confederation of British Industry** : Fédération patronale.
CID = **Criminal Investigation Department** : police judiciaire.
c/o = **care of** : chez.
colloq. = **colloquial** : familier.
CSE = **Certificate of Secondary Education** : certificat de fin d'études secondaires.
DIY = **Do it yourself** : bricolage.
DJ = **disc jockey**.
EEC = **European Economic Community** : CEE.
e.g. = **exempli gracia** : par exemple.
ENT = **Ear, Nose and Throat** : oto-rhino-laryngologie (ORL).
FA = **Football Association**.
GB = **Great Britain** : Grande-Bretagne.
GLC = **Greater London Council** : conseil municipal du grand Londres.
GMT = **Greenwich Mean Time** : heure de Greenwich.
GNP = **Gross National Product** : produit national brut (PNB).
GP = **General Practitioner** : médecin généraliste.
GPO = **General Post Office** : poste principale.
HH = **His (her) Highness** : Son Altesse.
Hi-Fi = **High fidelity** haute fidélité.
HM = **His (her) Majesty** : Sa Majesté.
HMS = **His (her) Majesty's Ship (Service)** navire (service) de Sa Majesté.

HP = **Hire purchase** : à crédit.
HQ = **Headquarters** : quartier général.
hr = **hour** : heure.
ibid = **ibidem** : au même endroit.
i.e. = **id est** : c'est-à-dire.
IMF = **International Monetary Fund** : Fonds monétaire international (F.M.I.).
IOU = **I owe you** : je vous dois.
IQ = **Intelligence Quotient** (Q.I.).
IRA = **Irish Republican Army** : armée républicaine irlandaise.
KO = **knock-out.**
Lab. = **Labour** : travailliste.
Lancs = **Lancashire.**
lb = **libra** : livre (capacité).
LEA = **Local Education Authority** : Administration régionale de l'éducation.
LSD = **lysergic acid diethylamide.**
LW = **Long wave** : grandes ondes.
MA = **Master of arts** : maîtrise ès lettres.
min = **minute.**
MOT = **Ministry of Transport** : ministère des Transports.
MP = **Member of Parliament** : député.
MSc = **Master of science** : maîtrise ès sciences.
mth = **month.**
MW = **medium wave** : petites ondes.
NATO = **North Atlantic Treaty Organisation** : OTAN.
NCO = **non-commissioned officer** : sous-officier.
NHS = **National Health Service** : Service national de santé.
NUM = **National Union of Mineworkers** : Syndicat national des mineurs.
NUS = **National Union of Students** : Syndicat national des étudiants.
NUT = **National Union of Teachers** : Syndicat national des enseignants.
NW = **North West** : nord-ouest.
OAP = **Old Age Pensioner** : retraité (du 3e âge).
OED = **Oxford English Dictionary** : dictionnaire d'anglais d'Oxford.
« O » level = **ordinary level** : examen de 1er cycle secondaire passé dans une discipline.
PA = **Public Address (system)** : sono.
PC = **Police Constable** : agent de police.
PhD = **Doctor of Philosophy** : doctorat de 3e cycle.
pm = **post meridiem** : après-midi.
PTO = **Please Turn Over** : tournez s'il vous plaît.

RAC = **Royal Automobile Club** : Service de défense et d'assistance des automobilistes.
RAF = **Royal Air Force** : Forces aériennes britanniques.
Rd = **Road** : route.
Rep = **representative** : représentant.
RM = **Royal Mail** : Poste britannique.
RN = **Royal Navy** : Marine nationale britannique.
RP = **Received Pronunciation** : prononciation « officielle ».
RSPCA = **Royal Society for the Prevention of Cruelty to Animals** : Societé protectrice des animaux.
RSPCC = **Royal Society for the Prevention of Cruelty to Children** : Société protectrice des enfants.
SALT = **Strategic Arms Limitation Talks** : négociations sur la limitation des armes stratégiques.
SDP = **Social Democratic Party** : parti social-démocrate.
SHAPE = **Supreme Headquarters of Allied Powers Europe** : Quartier général des puissances alliées en Europe.
SNP = **Scottish National Party** : parti nationaliste écossais.
St = **Saint, street** (rue).
SW = **South West** (Sud-Ouest) ; **Short Wave** (ondes courtes).
TCP = **trichlorophenylmethyliodosalicyl** : antiseptique.
TTL = **To Take Leave** : pour prendre congé (PPC).
TUC = **Trade Unions Congress** : congrès des syndicats.
TV = **television**.
UK = **United Kingdom** : Royaume-Uni.
UNESCO = **United Nations Educational, Scientific and Cultural Organisation** : Organisation culturelle, scientifique et éducative des Nations Unies.
UNICEF = **United Nations International Children's Emergency Fund** : Fonds de secours international à l'enfance des Nations Unies.
UNO = **United Nations Organisation** : ONU.
USA = **United States of America** : États-Unis d'Amérique.
USSR = **Union of Soviet Socialist Republics** : **U.R.S.S.**
v = **versus** : contre.
VAT = **Value Added Tax** : T.V.A.
VC = **Victoria Cross** : croix de Victoria (distinction militaire).
VHF = **Very High Frequency** : modulation de fréquence.
VIP = **Very Important Person** : personne très importante.
viz = **videlicet** : à savoir.
W = **West** : Ouest.
WHO = **World Health Organisation** : Organisation mondiale de la santé (O.M.S.).
wk = **week** : semaine.

wt = weight : poids.
X = Christ.
Xmas = Christmas.
yd = yard.
YHA = Youth Hostel Association : Association des auberges de jeunesse.
YMCA = Young Men's Christian Association : Association des jeunes chrétiens.
yr = year : année.
YWCA = Young Women's Christian Association : Association des jeunes chrétiennes.

Les numéros qui suivent les mots renvoient aux chapitres.

Paris

Office Britannique de Tourisme
6, place Vendôme, 75001. Tél. 42.96.47.60
British Council (Bibliothèque, cours, etc.)
9, rue de Constantine, 75007. Tél. 45.55.71.99
Ambassade de Grande-Bretagne
109, rue du Faubourg-Saint-Honoré, 75008. Tél. 42.66.91.42
Automobile Association
2, place de la Madeleine, 75008. Tél. 42.60.33.20
Royal Automobile Club
8, place Vendôme, 75001. Tél. 42.60.51.19

Librairies

Brentano's : 37, av. de l'Opéra, 75002. Tél. 42.61.52.50.
Galignani : 224, rue de Rivoli, 75001. Tél. 42.60.76.07.
Keltic : 22, passage Dauphine, 75006. Tél. 46.33.72.14.
Le Nouveau Quartier Latin : 78, bd Saint-Michel, 75006. Tél. 43.26.42.70.
Librairie Attica : 23, rue Jean-de-Beauvais. Tél. 46.34.62.03.
Shakespeare & Co : 37, rue de la Bûcherie, 75005.
Smith : 248, rue de Rivoli, 75001. Tél. 42.60.37.97.

Londres

British Tourist Authority
64, St. James Street, SW I - Tél. 499.93.23.
City of London Information Center
St Paul's Churchyard - EC 4 - Tél. 606.30.30.
London Tourist Board
Heathrow, Victoria Station & Grosvenor Gardens - SW I - Tél. 730.07.91.
Ambassade de France
Knightsbridge - SWI - Tél. 235.80.80.
Consulat de France
24, Rutland Gate - SW 7. Tél. 584.96.28.